Friedrich Schlegel, geboren am 10. März 1772 in Hannover, ist am 12. Januar 1829 in Dresden gestorben.

Im Rahmen einer geplanten, jedoch im Nachkriegsdeutschland der zwanziger Jahre nicht realisierbaren Buchreihe *Deutscher Geist 1750 – 1850* hatte Hesse auch diesen Band mit der von Friedrich Schlegel nacherzählten *Geschichte des Zauberers Merlin* und der allzulang verschollenen Sage von *Lother und Maller* vorgesehen. Mit einem Geleitwort Hesses und einer Vorrede Schlegels kann diese Edition nun endlich, sechzig Jahre nach ihrer Konzeption, erscheinen.

»Die Schönheit dieser Dichtungen, die Magie der Merlin-Sage zusammen mit der Gediegenheit und der vortrefflichen Form der Schlegelschen Wiederherstellung ließen mir dies Buch einer Neuausgabe ganz besonders würdig scheinen.«

Hermann Hesse

insel taschenbuch 930

Friedrich Schlegel

Romantische Sagen des Mittelalters

Friedrich Schlegel

ROMANTISCHE SAGEN DES MITTELALTERS

Herausgegeben von Hermann Hesse

Insel Verlag

insel taschenbuch 930
Erste Auflage 1986

Hinweise zu dieser Ausgabe am Schluß des Bandes
Vertrieb durch den Suhrkamp Taschenbuch Verlag
Umschlag nach Entwürfen von Willy Fleckhaus
Satz: Weihrauch, Würzburg
Druck: Nomos Verlagsgesellschaft, Baden-Baden
Printed in Germany

1 2 3 4 5 6 – 91 90 89 88 87 86

Romantische Sagen des Mittelalters

Geleitwort von Hermann Hesse

Zu den Leistungen und Werten einer geistigen Epoche gehört keineswegs nur das, was sie neu denkt und dichtet, sondern ebensosehr ihr Verhalten zur Vergangenheit, die Art, wie sie aus der Vorzeit das ihr Verwandte sich zu eigen macht, wie sie sich Vergessenes neu aneignet, wie sie die Reste der Vergangenheit neu deutet und sich im scheinbar Fernen Vorbilder und Bestätigungen sucht.

Das geistige Deutschland der großen Zeit hat sich nach zwei Seiten hin der Vergangenheit neu bemächtigt. Der klassische, Weimarer Geist, bewußt an humanistische Traditionen anknüpfend, zeichnete sein Menschenideal nach antiken Maßstäben und Vorbildern. Im Bildungsideal des humanistischen Gymnasiums haben wir heute noch die Reste jener enthusiastischen Einstellung zum Altertum. Im Gegensatz zu diesem Humanismus suchte die deutsche Romantik, in den Spuren des jungen Goethe und Herders, den Geist des Mittelalters und der deutschen Vorzeit zu beschwören und wandte sich mit außerordentlicher Liebe dem Studium und der Wiedererweckung der älteren volkstümlichen Dichtung zu. Einige der schönsten, strahlendsten Werke der neuern deutschen Literatur, obenan des Knaben Wunderhorn und die Märchen der Brüder Grimm, sind solche Beschwörungen eines volkstümlichen, schon zum Aussterben verurteilten Geistes.

Von allem Anfang an gehörte es zum Plan dieser unsrer Bücherreihe, einen Band diesen romantischen Leistungen und Versuchen, diesen Bemühungen um die Beschwörung des Volkstümlichen und des Mittelalterlichen, zu widmen. Doch war es schwer, die Wahl zu treffen. Das Wunderhorn und Grimms Märchen und Sagen sind in jedermanns Händen, sie neu zu drucken war kein Bedürfnis. Für die sogenannten Deutschen Volksbücher hingegen sind die Bearbeitungen, die sie durch die Romantiker erfuhren, für uns Heutige schon wieder veraltet.

Als ich, nach einigen Umwegen, mit diesen Gedanken einst den siebenten Band von Friedrich Schlegels Werken zur Hand nahm, hatte ich das Gesuchte gefunden. Hier war ein Stück Mittelalter, von einem der führenden Geister der Romantik der Neuzeit wiedergewonnen, Stoffe von höchstem Interesse und Formungen von hohem Wert, und dabei waren diese überaus schönen Dinge völlig in Vergessenheit geraten! Ein Glück, daß sie wenigstens in Schlegels (übrigens sehr unvollständigen) Werken stehen, welche allerdings sehr selten geworden sind.

Unser Buch enthält zwei Kleinode, welche in Schlegels Bearbeitung aufbewahrt und vor dem völligen Verlorengehen bewahrt zu werden verdienen. Von jenem in der Literaturgeschichte wohlbekannten Schlegel, dem kühnen Denker, dem scharfen Kritiker, dem leidenschaftlichen und launischen Feuergeist, zeigt unser Buch kaum einen der bekannten Züge. In diesen beiden

Bearbeitungen und Übertragungen hat er, der Subjektive und Anspruchsvolle, ganz selbstlose, stille, treue Arbeit getan, hat unter Verzicht auf Kritik, Polemik und Stilistenehrgeiz eine der tiefsten Sagen und eine der liebenswertesten Rittergeschichten des Mittelalters erneuert und unsrer Zeit in einer Form hinterlassen, die bisher nicht übertroffen worden ist.

Woran es liegt, daß diese beiden Dichtungen, zumal der Merlin, nicht allzusehr beachtet wurden und heute nahezu vergessen sind, soll hier nicht untersucht werden. Die Schönheit der Dichtungen, die Magie der Merlin-Sage und die Innigkeit der Geschichte von Lother (Loher) und Maller, zusammen mit der Gediegenheit und der vortrefflichen Form der Schlegelschen Wiederherstellung, ließen mir dies Buch einer Neuausgabe ganz besonders würdig scheinen. Tieferes hat die mittelalterliche Sagenwelt nicht hervorgebracht als die Sage von Merlin und seiner, des Zauberers, Verzauberung durch ein Weib. Und Rührenderes gibt es in der ganzen Ritterdichtung nicht als die Geschichte der Freunde Lother und Maller.

Geschichte des Zauberers Merlin

Erstes Kapitel

Der böse Feind war sehr ergrimmt und voller Zorn, als unser Heiland Jesus Christus zur Hölle hinabgestiegen war, und Adam und Eva daraus erlöste, samt allen, die mit ihnen in der Hölle waren. Wer ist dieser Mensch, sagten die Teufel voller Furcht und Schrekken, welcher die Pforten der Hölle zerbricht, und dessen Macht wir nicht widerstehen können? Hätten wir doch niemals geglaubt, daß ein Mensch vom Weibe geboren, nicht uns angehören sollte, und dieser da zerstört unser Reich. Ei wie kommt es wohl, daß er geboren werden können, ohne daß wir ihn versündigten, so wie es den andern Menschen geschieht? Da antwortete ein andrer und sprach: er ist ohne Fehl, ohne Verderbnis und ohne Gebrechen geboren, und nicht aus des Mannes Samen, sondern nach dem Willen Gottes durch seinen heiligen Geist in Jungfrauen Leibe. Darum wäre es wohl gut, wenn wir Mittel finden möchten, gleichfalls einen Leib in einem Weibe zu bilden, der nach unserm Ebenbilde geformt sei, der nach unserm Willen täte, und alle geschehene Dinge, und alles was geschieht und gesprochen wird, wüßte so wie wir. Ein solcher könnte uns von großem Nutzen und von großer Hilfe in unsern Taten sein. Denn wir müssen darauf denken, wie wir wieder gewinnen mögen, was der Welterlöser uns raubte. Da waren alle Teufel einstimmig und riefen: Ja laßt uns Mittel finden, wie einer von uns einen solchen Menschen durch das Weib erzeugen möge. Da rief einer von ihnen: Ich habe Gewalt über ein Weib, so daß sie mir gehorcht, und vieles tut was ich will; auch habe ich die Macht, die Gestalt des Menschen anzunehmen. Dies Weib nun, über welche ich Gewalt habe, soll mir sicherlich Mittel verschaffen, einen Menschen mit einer Jungfrau zu erzeugen. Es ward also unter ihnen beschlossen, daß dieser gehen sollte das Werk auszuführen; aber sie trugen ihm vorher noch auf, daß er ja sorgen solle, daß der Mensch, den er erzeuge, ihnen ähnlich werde und nach ihrem Willen handle.

Der Rat des Satans ging wieder auseinander, nachdem sie dies Werk verabredet hatten; der Abgesandte aber eilte, und versäumte keine Zeit, um zu dem Weibe zu kommen, über welches er Gewalt hatte.

Es war dies Weib die Frau eines sehr reichen Mannes, der viele Güter besaß, viel Vieh, und andere Schätze, von denen manches zu erzählen wäre; er hatte auch mit dieser Frau drei Töchter und einen Sohn.

Satan fand das Weib ganz bereit, alles zu tun was er verlangte, denn wo Gott viel tut für den Menschen, da vergißt der Böse, der nur den Menschen zu betrügen sucht, sicher seinen Anteil nicht. Er fragte also das Weib, ob es ein Mittel gäbe, ihren Mann zu betrügen, oder denselben in des Satans Gewalt zu geben. Das Weib antwortete, das könnte nur geschehen, wenn er ihn erzürnte und betrübte. Sie riet ihm desfalls, daß er hinginge und einen Teil seines Viehs umbrächte. Das tat auch der Teufel sogleich. Da die Hirten die Hälfte der Herden erschlagen sahen, liefen sie zu ihrem Herrn und sagten es ihm an, worüber er sehr erschrak. Als der

Böse merkte, daß er schon um die Hälfte seiner Herden so erschrak, ging er in den Stall und tötete zehn der besten Pferde in einer Nacht. Als der reiche Mann das erfuhr, fehlte wenig, daß er nicht rasend ward; er schrie und tobte, und rief: da der Teufel schon so viel geholt habe, gäbe er ihm das übrige alles dazu. Als Satan dies hörte, war er sehr erfreut und nahm auch alles übrige hin. Der Mann, der auf einmal sich aller Schätze beraubt sah, betrübte sich so darüber, daß er ganz schwermütig ward, sich ganz von allen den Seinigen entfernt hielt, sich nicht um sie kümmerte und sie nicht um sich leiden mochte, sondern beständig einsam lebte. Der Teufel, der ihn nun so die Menschen hassen sah und wie er alle Gesellschaft floh, war jetzt gewiß, alle Gewalt über ihn zu haben, und in seinem Hause schalten und walten zu können. Er ging auch sogleich hin und erwürgte des guten Mannes einzigen schönen Sohn. Darüber wollte der Vater vor Herzeleid und Betrübnis ganz vergehen. Der Teufel ging darauf zur Frau, die er ganz allein fand, und versuchte sie dergestalt mit der Vorstellung ihres Unglücks, daß sie einen Strick nahm und sich daran aufhing. Bald darauf starb der gute Mann, aus Gram über den schrecklichen Tod seiner Frau und seines Sohns.

Nachdem der Böse dies vollbracht hatte, überlegte er, wie er die Jungfrauen, die jungen Töchter dieses reichen Mannes in seine Gewalt bekommen möchte; um sie zu betrügen, mußte er erst sich ihnen gefällig bezeigen. Er holte also einen schönen Jüngling, den er schon längst in seiner Gewalt hatte, und brachte ihn zu den Jungfrauen. Der Jüngling brachte es so weit mit lieblichen Reden, mit Hin- und Wiedergehen, bis die eine der Jungfrauen sich in ihn verliebte, worüber Satan sehr vergnügt war, seinen Anschlag so gelingen zu sehen. Nun ruhte er auch nicht eher, sie mußte dem Jüngling ganz zu eigen werden. Dann ging er hin und entdeckte es der ganzen Welt, damit die Jungfrau zuschanden werden mußte; denn damals war das Gesetz so, daß, wenn ein Mädchen, das kein öffentliches war, des Umgangs mit einem Manne überwiesen ward, so mußte es sterben. Satan also durch seinen Verrat brachte es dahin, daß die Richter es erfuhren. Der Jüngling entfloh, und die Jungfrau ward vor Gericht geführt. Die Richter hatten großes Mitleiden mit ihr um ihres Vaters willen, der ein sehr braver Mann gewesen war. Wunder! sagten die Richter, wie konnte dem armen Mädchen solches Leid widerfahren, es ist ja noch gar nicht lange her, daß ihr Vater, der frömmste Mann im Lande, starb. Sie ward verurteilt, und lebendig begraben, aber aus Achtung für ihre Anverwandte geschah es in der Nacht, um das Aufsehen zu vermeiden. So geht es denjenigen, die sich dem Satan einmal ergeben haben.

Zweites Kapitel

Es lebte nicht weit von dem Orte, wo die Jungfrauen wohnten, ein Einsiedler, der einen überaus frommen Wandel führte und sehr verständig war. Als dieser nun die wunderbare Begebenheit erfuhr, daß die eine der Jungfrauen lebendig begraben worden sei, ging er hin zu den beiden andern Schwestern, um ihnen mit seinem Rate beizustehen. Zuerst fragte er sie, auf welche Weise sie Vater, Mutter und alle Güter verloren hätten. Das Schicksal, sagten sie, hat es so gewollt; wir werden von Gott gehaßt, und er hat uns zu solcher Betrübnis bestimmt.

Gott haßt keinen Menschen, sagte der fromme Einsiedler, vielmehr geht ihm alles, was ihr Böses tut, sehr nahe; durch die Einwirkung des Teufels ist eure Schwester zu solcher Schande verführt worden. Da ihr aber nichts davon wißt, und bis jetzt noch befreit davon seid, so hütet euch ferner nur vor der schlechten Gesellschaft und bösen Eingebungen. Der fromme Mann gab ihnen darauf noch viele vortreffliche Lehren. Er unterrichtete sie im Glauben, lehrte sie die göttlichen Gebote und die Tugenden des Heilands. Der ältesten Tochter gefielen diese Lehren wohl, und sie nahm sie sehr zu Herzen, gab sich auch große Mühe, alles zu erlernen, und alles das jeden Tag zu tun, was der fromme Einsiedler ihr zu tun gebot. Wirst du, sagte er darauf zu ihr, meinem Rate immer so folgen, meine Tochter, und pünktlich so tun, wie ich es dir heiße, so wirst du zu vielen Ehren und großem Gute kommen; also folge meinem Rate. Komme immer zu mir, sooft du über etwas im Zweifel bist, oder in Versuchung gerätst, damit ich dich wieder auf den rechten Weg führe, mit Hilfe Gottes. Laß dich nur von nichts bestürzt machen, sondern vertraue auf Gott. Nachdem der fromme Mann die beiden Jungfrauen so gestärkt und unterrichtet hatte, ging er wieder in seine Einsiedelei, sagte ihnen aber vorher noch einmal, daß sie zu ihm kommen und ihn um Rat fragen sollten, sooft ihnen etwas begegnen würde.

Dem Satan war der Zuspruch des frommen Mannes nicht lieb, er fürchtete sehr die beiden Jungfrauen zu verlieren; sah auch ein, daß er sie nie würde betrügen können, außer mit Hilfe eines andern von ihm besessenen Weibes. Er kannte eine, die schon oft seinen Willen getan, und deren er ganz mächtig war. Diese schickte er zu den Jungfrauen; sie wandte sich sogleich an die jüngste, denn mit der ältesten zu reden, wagte sie nicht, weil sie zu fromm war, und sich so demütig und bescheiden betrug, daß es ein Wunder war. Das Weib nahm also die jüngste auf die Seite, und fragte sie, wie sie lebte, und wie sie sich mit ihrer Schwester stünde? Meine Schwester, antwortete das junge Mädchen, ist über die vielen Begebenheiten, die wir in so kurzer Zeit hintereinander erlebt haben, so nachdenklich geworden, daß sie Essen und Trinken vergißt, und weder mir noch andern ein freundliches Gesicht zeigt. Ein guter frommer Mann hat ihr Gemüt ganz zu Gott gewendet, sie glaubt und tut nichts, als was dieser Mann ihr sagt.

Schade, sagte nun das Weib darauf, daß ein so schönes Mädchen, als du bist, unter einer solchen Vormundschaft steht; denn niemals wirst du dich bei deiner Schwester deiner Schönheit erfreuen können. Ei mein süßes Töchterchen, fuhr sie fort, wenn du wüßtest, welche Freude und welches Wohlleben die andern Frauen genießen, du würdest alles, was du bei deiner Schwester hast, für nichts achten. Trocknes Brot in Gesellschaft von Männern, ist angenehmer, als alle Güter der Welt bei deiner Schwester. Wie kannst du es nur so allein aushalten; eine Frau, die keinen Mann kennt, und mit keinem umgeht, weiß gar nicht was Freude ist.

Ich sage es dir, schönes Kind, du wirst niemals die Liebe eines Mannes genießen, deine Schwester wird sie eher genießen als du, denn sie ist die älteste, und wird heiraten; dann wird sie sich aber gar nicht mehr um dich bekümmern, und du wirst die Freuden deines schönen Leibes nicht kennen lernen. Diese Reden machten das junge Mädchen ganz nachdenklich.

Wie dürfte ich das wohl tun, fing sie wieder an, man würde mich lebendig begraben, wie meine Schwester. Deine Schwester, sagte das Weib, war eine Törin, und hat es sehr übel angefangen; wenn du mir folgen willst, so sollst du alle Lust deines Leibes genießen, und kein Mensch soll dir etwas anhaben können. Jetzt darf ich nicht länger mit Euch reden, sagte das junge Mädchen, meine Schwester möchte es gewahr werden; entfernt Euch jetzt, und kommt einen andern Tag wieder. Das Weib ging fort, und Satan freute sich des guten Anfangs.

Als das Mädchen nun allein geblieben war, überlegte sie unaufhörlich die Reden des Weibes, und sprach immer mit sich selber davon. Dadurch wuchs die Lüsternheit in ihr immer mehr, die der Teufel durch jene Reden in ihr entzündete; so daß, als sie des Abends ihre Kleider abgelegt hatte, sie ihren schönen Leib betrachtete und sich dessen freute. In Wahrheit, sagte sie, die kluge Frau hat recht, ich wäre ohne den Genuß eines Mannes ganz verloren. Sie ließ auch bald darauf jenes Weib wieder zu sich rufen, und fragte sie, wie sie es machen müßte, einen Mann zu lieben, und nicht verraten und getötet zu werden, wie ihre Schwester? Du darfst nur, sagte jene, dich einem jeden öffentlich preisgeben. Zu dem Ende fliehe wie erzürnt hier aus dem Hause, und sage, daß du es nicht länger mit deiner Schwester zusammen aushalten kannst; nachher kannst du tun, was dir gefällt, und niemand darf dich vor Gericht fordern, oder dich verurteilen. Wenn du dann einst des wilden Lebens müde bist, so kannst du immer noch einen Mann finden, der dich heiratet, um deiner vielen Reichtümer willen; so wirst du alsdann aller Freuden dieser Welt froh.

Die Jungfrau folgte wirklich dem verderblichen Rate des verfluchten Weibes, entfloh aus dem Hause ihrer Schwester, und gab sich öffentlich jedem preis.

Drittes Kapitel

So sehr der böse Feind sich freute, diesen Anschlag gelungen zu sehen, so sehr entsetzte sich die Schwester des Mädchens über diese Begebenheit. Es fehlte wenig, so wäre sie aus Betrübnis darüber wahnsinnig geworden; und sogleich machte sie sich auf den Weg und lief zu dem Einsiedler. Als dieser sie so betrübt ankommen sah, ging er ihr entgegen und sagte: Mach ein Kreuz, meine Tochter, und empfiehl dich Gott; ich sehe, du bist sehr niedergeschlagen. Auch habe ich wohl Ursache dazu, sagte jene, und erzählte ihm darauf, wie ihre Schwester entflohen sei, und sich, wie man ihr gesagt, der Schande öffentlich preisgegeben. Der fromme Mann war sehr betrübt über diese Nachricht, und sagte: Noch ist der böse Feind um dich her, und wird auch nicht so bald aufhören, dich zu verfolgen, um dich in seine Schlingen zu fangen, wenn Gott dich nicht in seine besondere Obhut nimmt. Ich bitte dich also, und befehle dir, daß du dich nicht dem Zorne und der Traurigkeit überlassest, denn über niemand hat der Böse mehr Macht, als über solche, die sich diesen Leidenschaften hingeben. Komm zu mir, sobald dir ein Hindernis, oder etwas Verderbliches in den Weg gelegt, oder etwas dir zugemutet wird, was dich versündigt vor Gott dem Herrn, der gebenedeiten Jungfrau, und allen Heiligen des Paradieses, zu welchen ich täglich bete, daß sie dich bewahren und beschützen mögen. Mache jeden Tag, ehe du etwas ißt oder trinkst, das Zeichen des Kreuzes an dir und lasse stets da, wo du schläfst, ein Licht brennen, denn der Böse scheut das Licht.

Nach diesen Lehren des frommen Mannes ging die Jungfrau wieder nach Hause. Viele Leute aus der Stadt besuchten sie, und rieten ihr, sich zu verheiraten, damit sie nicht so allein, und in Traurigkeit versenkt bliebe. Sie antwortete ihnen aber jedesmal: Gott wird mir gewiß nichts anders schicken, als was mir gut ist.

Mehr als zwei Jahre lang blieb die Jungfrau in ihres Vaters Hause, und führte ein sehr gottesfürchtiges frommes Leben. Der Böse konnte durchaus keine Gewalt über sie haben, weder in Gedanken noch in Werken; er suchte beständig sie zu erzürnen, damit sie im Zorne die Befehle des frommen Mannes vergessen möchte. Zu dem Ende führte er eine Nacht ihre entlaufene Schwester wieder zu ihr, damit sie sich über sie erzürnen möchte; und gleich nach der Schwester schickte er einen Haufen junger Burschen ins Haus, die ihr nachliefen. Als die Jungfrau diese erblickte, erschrak sie sehr, und sagte zu ihrer Schwester: So lange du eine solche Lebensart führst, solltest du doch nicht zu mir ins Haus kommen, denn du bist schuld, daß ich in übeln Ruf komme. Jene, als sie hörte, daß ihre Schwester ihr Schuld gäbe, ward ergrimmt und erhitzt, und redete wie eine, die vom Teufel besessen ist, drohte ihrer Schwester, und warf ihr vor, sie liebe den frommen Einsiedler mit weltlicher Liebe, und sie würde hingerichtet werden, wenn die Leute es wüßten. Die Jungfrau ward hoch erzürnt über diesen Vorwurf, und befahl ihr, aus dem Hause zu gehen. Jene erwiderte aber, sie habe zu dem Hause so viel Recht, als sie, und wolle nicht hinaus gehen. Die Jungfrau wollte sie bei den Schultern hinausstoßen, als sie auf ihren Befehl nicht gehen wollte, aber sie und die jungen Burschen, die mit ihr waren, wehrten sich und schlugen die arme erzürnte Jungfrau. Sie entfloh ihnen endlich, und schloß sich in ihr Zimmer ein; sie warf sich in ihren Kleidern aufs Bett, weinte sehr, und vergaß in ihrer Betrübnis das Zeichen des Kreuzes über sich zu machen, so wie ihr der fromme Mann befohlen hatte. Der Böse wachte neben ihr, und als er sah, daß sie sich selbst vergessen, sagte er: Nun ist es Zeit, daß wir den Menschen in ihr erschaffen, denn sie steht jetzt nicht in Gottes Obhut.

Darauf legte der Teufel sich zu ihr, und sie empfing, vergraben im festen Schlafe. Gleich nachher erwachte sie, und ihr erster Gedanke war an den frommen Einsiedler; sogleich machte sie das Zeichen des Kreuzes über sich. Heilige Jungfrau Maria, betete sie, wie ist mir geschehen? Ich fühle mich entehrt! Selige Mutter Gottes, bitte deinen glorreichen Sohn für mich, daß er meine Seele vor Verdammnis bewahre, meinen Leib vor Qualen, und mich schütze gegen die Macht des Bösen. Nachdem sie so gebetet hatte, stand sie auf von ihrem Bette, und besann sich auf alle ihre Bekannten und suchte zu erraten, welcher Mensch ihr solches wohl möchte getan haben. Sie lief und untersuchte ihre Tür, fand sie aber dicht verschlossen, so wie sie selbst sie verschlossen hatte, eh sie sich niederlegte; suchte auch allenthalben in ihrer Kammer herum, aber ohne etwas zu finden. Da ward sie es gewahr, daß sie vom bösen Feind überlistet und entehrt sei; warf sich sogleich auf ihre Knie und betete lang und inbrünstig zu Gott, daß er sie in seinen Schutz nehmen und sie vor Schande bewahren möge.

Als der Tag anbrach, führte der böse Feind die Schwester samt den jungen Leuten wieder zum Hause hinaus; da stand sie auf vom Gebete, öffnete ihre Kammer und überließ sich ganz ihrem übermäßigen Schmerz. Darauf ließ sie durch ihren Diener zwei ehrbare Frauen holen, und von diesen begleitet ging sie sogleich zu ihrem Einsiedler, um zu beichten. Und wie der fromme Mann sie so voller Leid sah, und sie darum befragte, erzählte sie ihm alles, was ihr in dieser Nacht geschehen war; gestand auch ein, daß sie im Zorne, und vor Schrecken, seinen Befehl vergessen habe, und wie sie dann im Schlafe sich entehrt gefühlt habe, ohne einen Mann zu kennen, von dem sie dies vermuten könne, da ihre Tür fest verschlossen war, und sie niemand in der Kammer gefunden habe. Der fromme Mann glaubte ihr erst nicht und beschuldigte sie der Lüge; da sie aber fest auf allem bestand und große Betrübnis zeigte, so legte er ihr eine strenge Buße auf, weil sie seinen Befehl vergessen hatte. Die nahm sie weinend an, und versprach sie lebenslänglich zu halten; nämlich er hatte ihr die Buße auferlegt, so lange sie lebe, nur einmal am Tage zu essen. Nachdem sie dies gewiß zu halten versprochen, segnete er sie und betete über sie, sagte ihr auch, daß sie jedesmal wieder zu ihm kommen möchte, wenn sie seines Trostes bedürfe. Sie ging nach Hause, und der böse Geist fand sich zu seinem Verdruß dennoch durch ihre Reinheit und Frömmigkeit getäuscht, denn obgleich er sie im Schlafe betrogen, konnte er ihre Seele dennoch nicht verderben, und hatte nicht im geringsten Gewalt über sie, worüber er sehr erbost war.

Viertes Kapitel

Nach einiger Zeit aber wuchs das Kind im Leibe der Jungfrau, und ihre Schwangerschaft ward sichtbar vor den Augen aller Menschen. Da kamen viele Leute zu ihr und fragten sie, weil sie ihren Zustand nicht leugnen konnte, wer der Mann sei. So gebe Gott mir Freude, antwortete sie, ich weiß es nicht, von wem ich das Kind habe. Da verspotteten sie sie, und sagten mit Gelächter: also hattest du mit so vielen Männern zu schaffen, daß du den Vater deines Kindes nicht kennst? Niemals, antwortete sie, mag ich erlöst werden, wenn ich jemals einen Mann gekannt, oder ein Mann meines

Willens oder Wissens mit mir zu schaffen gehabt! – Da machten die anwesenden Frauen das Zeichen des Kreuzes. Dies ist nicht möglich, sagten sie, dies geschieht keiner Frau. Vielmehr denken wir, du liebst den Mann, der dich verführte, mehr als dich selbst, und willst ihn nicht anklagen. Sehr schade ist es um dich; wenn die Richter es erfahren, so mußt du sterben. Die Jungfrau wiederholte noch einmal, daß sie von keinem Manne wisse. Die Weiber entfernten sich, erklärten sie für wahnsinnig, und meinten, die Reichtümer des Vaters müßten ein übel erworbenes Gut sein, weil nun alles so verloren gehe, und es an den Kindern gestraft werde. Die Jungfrau war sehr erschrocken, ging sogleich wieder zu dem Einsiedler und erzählte ihm alles, was die Leute zu ihr gesagt hatten. Da der fromme Mann sie wirklich schwangern Leibes sah, konnte er sein Erstaunen nicht verbergen, fragte sie auch, ob seitdem dies Wunderbare sich nicht wieder ereignet, und ob sie ihre Buße und seine übrigen Befehle ordentlich gehalten habe? Das erste verneinte sie, auf das letzte aber antwortete sie mit Ja.

Der fromme Einsiedler, über dieses Wunder ganz erstaunt, schrieb Nacht und Stunde auf, wo sie zuerst ihm davon gebeichtet. Jetzt, sagte er, werde ich es genau wissen, ob du mir Lügen sagtest oder nicht; denn ich vertraue auf Gott, und glaube, daß er dich, wofern du Wahrheit redetest, nicht wird wirklich sterben lassen; aber die Furcht vor dem Tode wirst du doch ausstehen müssen. Denn sie werden sagen, daß die Strafe dir von Rechts wegen zukomme; aber eigentlich werden sie dich um deines großen Reichtumes willen gern umbringen wollen. Sobald du aber ins Gefängnis gesetzt wirst, so laß es mich wissen, ich will dir, wo möglich zu Hilfe kommen.

Die Jungfrau ward wirklich bald hernach vor die Richter gefordert, und alsobald sandte sie nach dem Einsiedler, der sich auch sogleich auf den Weg zu ihr machte. Als er aber ankam, stand sie schon vor Gericht. Sobald die Richter den frommen Mann erblickten, erzählten sie ihm die Begebenheit, und fragten ihn, ob er wohl glaube, daß ein Weib empfangen könne, ohne mit einem Mann Umgang zu pflegen. Ich weiß Euch hierüber nichts zu sagen, antwortete er, aber mein Rat ist, daß Ihr sie nicht während ihrer Schwangerschaft hinrichtet, denn es ist weder recht noch billig, daß das Kind mit bestraft werde, da es doch nicht gesündigt hat. Diesen Worten beschlossen die Richter zu folgen, schickten sie nach seinem fernern Rat in einen festverschloßnen Turm, und gaben ihr zwei Weiber, ihr in der Stunde der Geburt zu helfen, wenn es Zeit sein würde; kein andrer Mensch durfte aber zu ihr gelassen werden. Er riet ihnen ferner, die Mutter leben zu lassen, bis das Kind reden könne; alsdann, sagte er, werdet Ihr die Wahrheit erfahren und sie nach der Gerechtigkeit richten können. Die Richter taten alles nach dem Rate des frommen Einsiedlers, gaben ihr zwei Frauen mit in den Turm, die geschicktesten und verständigsten Hebammen und Wärterinnen zu der Zeit; oben im Turm ward ein Fenster gemacht, durch welches man ihnen alles, was sie benötigten, reichen konnte. Ehe die Jungfrau hineingeführt ward, sagte ihr der Einsiedler: Meine Tochter, laß dein Kind taufen, wenn du niedergekommen sein wirst, und sollten sie dich hinrichten wollen, so sende nach mir und laß mich rufen.

Als nun die Zeit der Geburt gekommen war, gebar sie einen Sohn, der die Macht und den Willen des bösen Feindes, seines Erzeugers, haben sollte; aber Satan hatte sich selbst betrogen, indem er die Jungfrau im Schlaf betrog, aber ihre Seele nicht verführte, die ganz des Herrn voll war, der Tod und Marter erlitten hatte, um das Menschengeschlecht zu erlösen. Auch war sie gleich, nachdem sie aufwachte, aufgestanden, hatte andächtig gebetet, und sich der Dreieinigkeit empfohlen; war dann, so schnell sie konnte, zu dem frommen Manne gelaufen, hatte gebeichtet, Gott und die heilige Kirche angerufen, und Buße und Absolution empfangen; seitdem auch Gottes und der Kirche Gebote auf das treulichste befolgt. Daher kam es, daß der böse Feind wieder verlor, was er erobert zu haben glaubte.

Das Kind der Jungfrau hatte die Ähnlichkeit mit seinem Erzeuger, dem Teufel, daß es alles wußte, was in der gegenwärtigen Zeit geschah und gesprochen wurde, aber durch die Frömmigkeit der Mutter, und vermittelst der Reinigung der Taufe und der Gnade Gottes, erhielt es von Gott die Gabe, die Zukunft vorherzuwissen; so daß das Kind sich Gott, oder dem Satan überliefern könne, oder auch Gott wiedergeben, was es von ihm hatte, und dem Teufel, was es von dem Teufel hatte. Der Teufel hatte ihm bloß den Körper, Gott aber hatte ihm die Seele und den Verstand gegeben, und zwar diesem Kinde mehr als jedem andern, weil es ihm not tat.

Als er zur Welt kam, fürchteten sich die Frauen vor

ihm, denn er war groß und ganz behaart, und niemals hatten sie ein solches Kind zur Welt kommen sehen. Sie überreichten ihn der Mutter, die ein Kreuz machte, als sie ihn ansichtig ward. Mein Sohn, du erschreckst mich, sagte sie. Auch wir, sagten die Frauen, sind so über seinen Anblick erschrocken, daß wir ihn kaum halten können. Die Mutter befahl, daß man ihn zum Fenster hinunterlasse, damit er getauft würde. Wie soll er heißen? fragten die Frauen. Gebt ihm den Namen, den mein Vater hatte, antwortete sie, er hieß Merlin.

So geschah es; das Kind ward zum Fenster hinuntergelassen, das Volk nahm ihn, ließ ihn taufen, und gab ihm auf Verlangen der Frauen, im Namen der Mutter, den Namen Merlin, wie sein Großvater hieß. Darauf ward er wieder zu seiner Mutter gebracht, denn keine andre Frau würde es gewagt haben, ihn an die Brust zu legen und saugen zu lassen, so sehr fürchteten sich alle vor ihm.

Bis er achtzehn Monate alt war, blieben die Frauen geduldig um die Mutter, und leisteten ihr Gesellschaft, mußten sich aber immer mehr über das Kind wundern, das schon in einem Alter von zwölf Monden so groß und stark war, als wäre er mehr als zwei Jahre alt. Als er aber achtzehn Monate alt war, sagten sie zur Mutter: Frau, wir wünschten nun wohl von hier weg und zu unsern Freunden und Verwandten zurückzugehen, die uns so lange nicht gesehen haben; uns dünkt, wir hätten nun schon Zeit genug bei euch zugebracht. Die arme Frau fing bitterlich an zu weinen: O, sagte sie, wenn Ihr von mir weggeht, so wird man mich hinrichten! Sie bat die Frauen mit vielen Tränen und Wehklagen, sie doch jetzt noch nicht zu verlassen, und die Frauen traten weinend und die Arme bedauernd in ein Fenster. Ach mein Sohn, sagte die Mutter, indem sie ihr Kind auf dem Schoß betrachtete, ach mein Sohn, um dich muß ich sterben, und habe doch nicht den Tod verdient; niemand als ich weiß die Wahrheit, aber niemand will mir glauben! – Und als sie so über das Kind weinte und wehklagte, und unsern Heiland anrief, daß er sie stärken möchte, sah das Kind auf einmal sie lächelnd an, und sprach zu ihr: Fürchte dich nicht, Mutter, du sollst um meinetwillen nicht sterben. Die Mutter erschrak so heftig als sie ihn reden hörte, daß sie ohnmächtig zurücksank, und das Kind fallen ließ, das heftig schrie, als es zur Erde fiel. Die beiden Frauen liefen eilends herzu, und meinten, sie wolle aus Verzweiflung ihr Kind töten. Warum schreit das Kind? fragten sie, hast du es töten wollen? warum liegt es an der Erde? – Ich dachte nicht daran, ihm ein Leides zu tun, sagte die Mutter, als sie aus ihrer Ohnmacht wieder erwachte, aber ich habe ihn fallen lassen, denn Herz und Arme entsanken mir vor Schrecken über das, was er zu mir gesprochen. – Und was, fragten jene, hat er Euch gesagt, worüber Ihr so erschrocken seid? – Daß ich um seinetwillen nicht sterben würde! – Hat er dies wirklich gesagt, so wird er wohl noch mehreres sprechen, erwiderten die Frauen; nahmen ihn auf den Arm, küßten und herzten ihn, und sprachen freundlich zu ihm, um zu sehen, ob er ihnen etwas antworten würde. Aber er blieb ganz still, und redete nicht ein Wort. Drauf nahm die Mutter, die nur wünschte, daß er in Gegenwart der Frauen reden möchte, ihn auf den Arm und sagte: droht mir einmal, sagt, ich würde um seinetwillen verbrannt werden. – Ihr seid doch sehr bejammernswert, sagten sie, daß Ihr um des Kindes willen müßt verbrannt werden, wäret Ihr doch lieber niemals geboren! Ihr lügt, sagte das Kind hierauf, die Mutter befahl Euch so zu sprechen. – Die Frauen erschraken heftig, als sie ihn so reden hörten; dies ist nicht ein gewöhnliches Kind, sagten sie, es ist ein böser Geist, er weiß alles, was wir gesprochen haben. Drauf fragten sie ihn vielerlei und machten viele Worte. Laßt mich ruhig, sagte das Kind. Ihr seid törichte Weiber und größere Sünderinnen als meine Mutter. – Dies Wunder darf nicht verborgen bleiben, sagten die Frauen, die Richter müssen es erfahren, und die ganze Welt; gingen darauf an das Fenster, riefen die Leute unten am Turme zusammen und erzählten ihnen alles, was das Kind gesprochen hatte. Die Leute liefen zu den Richtern, und verkündigten ihnen das Wunder und die seltsamen Dinge, die das Kind geredet, da es doch überhaupt noch nicht in dem Alter war, wo gewöhnlich die Kinder zu reden anfangen. Es ist Zeit, sagten die Richter, als sie es voll Erstaunen hörten, daß wir diese Frau hinrichten lassen; ließen auch allgemein bekannt machen, daß nach vierzig Tagen Gericht über diese Frau würde gehalten werden.

Als sie dies erfuhr, fürchtete sie sich sehr, und ließ sogleich den frommen Mann wissen, daß der Tag ihrer Hinrichtung schon festgesetzt sei. Als nun unter Klagen und Leiden der neununddreißigste Tag anbrach, als der Tag vor dem ihres Todes, da weinte die unglückliche Frau sehr, und war im Herzen betrübt: das Kind aber sah seine Mutter an, war fröhlich und lachte. –

Kind, Kind, sagten die Frauen, du denkst wenig an die Leiden deiner armen Mutter, die morgen um deinetwillen verbrannt werden soll; verflucht sei die Stunde, in welcher du geboren wurdest, denn du bist schuld und die Ursache ihrer Leiden. Da lief das Kind zu seiner Mutter hin und sprach: Höre mich, teure Mutter; ich verspreche dir, daß solange ich lebe, soll kein Mensch so kühn sein dürfen, noch irgendein Gericht so mächtig, daß sie dich zum Tode verurteilen lassen; in Gottes, des Welterlösers, Hand allein steht dein Leben. Die Mutter und die beiden Weiber freuten sich dieser Worte, und hatten große Hoffnung zu der Weisheit des Kindes, das schon jetzt seine Mutter tröstete.

Fünftes Kapitel

Als nun der Tag anbrach, an welchem sie hingerichtet werden sollte, begaben die Richter sich an den Turm und ließen die Mutter mit den beiden Weibern zu sich herabkommen. Die Mutter trug das Kind auf ihrem Arm. In diesem Augenblick eilte der fromme Einsiedler herzu. Als die Richter ihn gewahr wurden, sagten sie der Jungfrau, sie solle sich zum Tode bereiten, denn sie müsse sterben. Erlaubt, sagte sie, daß ich mit diesem frommen Mann vertraulich spreche. Die Richter erlaubten es ihr, und sie ging mit ihm in ein besonderes Zimmer, das Kind aber ließ sie draußen bei den Richtern. Sie versuchten allerlei um ihn zu bewegen, daß er sprechen solle, aber er kümmerte sich nicht um sie, und sprach kein Wort.

Als nun die Mutter dem frommen Einsiedler gebeichtet und unter heißen Tränen mit ihm gebetet hatte, ging er wieder hinaus zu den Richtern, sie aber zog ihre Kleider aus, und hüllte sich bloß in einen Mantel, weil sie glaubte, zum Tode geführt zu werden. Darauf ging sie wieder hinaus; als sie die Türe öffnete, lief das Kind auf sie zu, sie nahm es auf den Arm, und trat zu den Richtern. Gute Frau, sagten die Richter, jetzt gesteht, wer der Vater Eures Kindes ist, und gedenkt nicht länger zu leugnen, oder uns etwas verbergen zu wollen. Darauf antwortete sie: Gestrenge Herren, ich weiß es sehr wohl, daß ich schon jetzt zur Todesstrafe verurteilt bin, und so möge Gott sich meiner nicht erbarmen, noch mir Gnade erzeigen, wenn es nicht die Wahrheit ist, daß ich niemals einen Mann erkannt habe, und auch von keinem Mann auf Erden weiß, noch in irgendeiner Gemeinschaft mit irgendeinem gelebt habe. Ihr seid zum Tode verdammt, riefen hierauf die Richter, denn nach dem Zeugnis aller andern Frauen ist es unmöglich wie Ihr sagt, und es ist weder Sinn noch Wahrheit in Eurer Aussage. Da sprang das Kind Merlin seiner erschrockenen Mutter vom Arm, und sagte: Fürchte dich nicht, Mutter, du sollst nicht sterben, solange ich lebe. Dann wandte er sich zum obersten Richter: Du hast sie verurteilt lebendig verbrannt zu werden, aber dafür werde ich sie wohl behüten, denn keineswegs hat sie solches verdient. Geschähe allen den hier gegenwärtigen Männern und Frauen recht, die heimlich sündigten, und mit andern als mit ihren Eheherren, und ihren Ehefrauen lebten, so würden sie von beiden Teilen verbrannt werden müssen. Ich weiß ihre heimliche Taten, so gut als sie sie selber wissen; wollte ich sie nennen, so müßten sie sich hier in Eurer Gegenwart alles dessen schuldig bekennen, wessen Ihr meine Mutter beschuldigt, die in Wahrheit niemals schuldig war. Dieser fromme Mann hier ist auch so davon überzeugt, daß er vor Gott ihre Schuld auf sich lud.

Ja, sagte der Einsiedler, es ist wahr, sie hat mir gebeichtet, und ich habe sie ihrer Sünde ledig gesprochen. Sie selber hat Euch auch gestanden, wie sie im Schlafe und ohne Schuld betrogen worden. Da aber vorher noch nie ein solches Wunder ist gehört worden, so wird auch mir solches zu glauben sehr schwer. Ihr habt, sagte das Kind zum Einsiedler, die Stunde und den Tag aufgeschrieben, an welchem sie zu Euch kam und Euch ihren Fall beichtete, jetzt dürft Ihr nur nachsehen, ob es mit dem, was sie jetzt spricht, übereintrifft. Du sprichst die Wahrheit, antwortete der Einsiedler, du weißt auch wahrlich mehr als wir andern alle. Hierauf sagten die beiden Weiber, die mit ihr im Turme gesessen hatten, die Stunde und den Tag aus, nach welcher sie, wie sie vorgegeben, betrogen worden, und diese stimmte genau mit der zusammen, welche der Einsiedler aufgeschrieben hatte. Dies alles spricht sie nicht los, sagte der Richter, sie muß durchaus den Vater des Kindes nennen, damit wir ihn bestrafen können.

Da rief das Kind Merlin ganz erzürnt und heftig: Herr, ich kenne meinen Vater besser, als Ihr den Eurigen; Ihr wißt nicht, wer Euer Vater ist, aber Eure Mutter weiß genauer, wer Euch gezeugt hat, als meine Mutter weiß, wer mich erzeugte. Da rief der Richter ergrimmt: weißt du etwas über meine Mutter zu sagen, so sprich! Ja, antwortete das Kind, wenn Ihr über Eure Mutter ebenso wollt Gericht halten, denn sie hat viel eher den Tod verdient, als meine Mutter! Wenn ich Euch etwas über Eure Mutter sagen werde, das sie eingestehen wird, werdet Ihr alsdann meine Mutter lossprechen? Denn ich sage Euch noch einmal, sie ist unschuldig und hat den Tod nicht verdient; sie kennt wirklich den, der mich erzeugt hat, nicht. Der Richter, voll Zorn, seine Mutter vor allem Volke so geschmäht zu sehen, sagte: Kannst du das tun, wessen du dich berühmst, so soll deine Mutter frei sein; aber wisse, wenn du etwas sagst über meine Mutter, das nicht die Wahrheit ist, und sie es nicht bezeugt, so wirst du samt deiner Mutter verbrannt. So sende hin, und laß deine Mutter herholen, sagte Merlin.

Der Richter sandte hin; Mutter und Kind wurden wieder ins Gefängnis geführt und genau bewacht, nach fünf Tagen sollten sie wieder vor Gericht erscheinen; der Richter selber war unter den Wächtern. Oft wurde nun während dieser Zeit das Kind von seiner Mutter sowohl als von andern ausgefragt, und versucht, ihn zum Sprechen zu bringen; aber es war umsonst, es redete nicht ein einziges Wort bis am fünften Tage, da die Mutter des Richters anlangte. Hier ist nun meine Mutter, sagte er zum Knaben Merlin, von welcher du so vieles sagtest, jetzt komm her und sprich; sie wird dir auf alles, was du willst, antworten. Sogleich antwortete Merlin und sagte: Es ist nicht vernünftig von Euch, daß Ihr nicht zuerst mit Eurer Mutter in geheim redet, und sie selber befragt. Geht und schließt Euch erst mit ihr ein, mit Euren vertrautesten Räten: so wie auch ich die

Räte meiner Mutter befragen will, diese sind keine andern als der allwissende Gott und der fromme Einsiedler. Alle Anwesende erschraken, als sie das Kind mit so vieler Weisheit reden hörten, und der Richter sah wohl ein, daß er recht geredet hatte. Darauf fragte das Kind noch einmal die Richter und alle Anwesende: wenn ich meine Mutter diesesmal von der gedrohten Strafe und Schande errette, wird sie dann auch auf immer frei sein, und keiner ihr weiter etwas anhaben? Sie soll frei ausgehen, antworteten alle, und in Ruhe bleiben. Darauf entfernte sich der Richter mit seiner Mutter, die Räte und Anverwandte folgten ihm, und sie blieben die ganze Nacht hindurch in ein besonderes Zimmer eingeschlossen. Den andern Morgen ließ der Richter den Merlin insgeheim zu sich kommen: was wollt Ihr von mir? fragte Merlin. Höre, sagte der Richter, wenn du eingestehen willst, daß du nichts von meiner Mutter zu sagen weißt, so soll deine Mutter frei sein; doch mir insgeheim mußt du alles erzählen, was du weißt. Hat deine Mutter nichts verbrochen, sagte Merlin, so werde ich nichts von ihr zu sagen haben, denn ich will weder meine Mutter noch sonst jemand gegen Recht und Gerechtigkeit verteidigen. Meine Mutter hat nie die Strafe verdient, die ihr zuerkannt worden ist von Euch, ich will nichts, als daß ihr Recht geschehe. Folgt mir, laßt sie frei, und wir wollen niemals mehr davon, als einer sehr verdrießlichen und verwickelten Sache reden; es soll dann von Eurer Mutter gar nicht mehr die Rede sein. – So kommst du nicht davon, sagte der Richter, du mußt uns noch ganz andere Dinge entdecken, wenn du deine Mutter befreien willst; und wir sind hier dazu versammelt, sie vor dir zu vernehmen. Da antwortete das Kind und sprach: Ich sage Euch, meine Mutter weiß es nicht, wer mich erzeugte, doch weiß ich es, und kenne meinen Vater sehr wohl. Ihr aber kennt nicht den, der Euch erzeugte, obgleich Eure Mutter ihn sehr wohl kennt. Wenn sie die Wahrheit reden wollte, so könnte sie Euch sagen, wessen Sohn Ihr eigentlich seid; meine Mutter aber kann Euch nicht sagen, wer mich erzeugte, denn sie weiß es nicht. Werte Mutter, sagte der Richter, indem er sich zu ihr wandte, bin ich denn nicht der Sohn Eures ehrenwerten Gemahls und Herrn? O Gott, mein lieber Sohn! antwortete die Mutter, wessen Sohn könntest du wohl sein, als der meines teuren Eheherrn, der gestorben ist, Gott sei seiner Seele gnädig. Hierauf sagte Merlin, ich werde mich sicher nur an die Wahrheit halten; wird Euer Sohn mich und meine Mutter losgeben, so sage ich nicht ein Wort, will er aber nicht, so werde ich alles entdecken, sowohl was vorhergegangen, als was nachher geschehen. Ich will nun, rief der Richter, daß du alles sagest, was du über diese Sache weißt. Besinne dich wohl, sagte Merlin, was du tust, denn dein Vater, den ich dir nennen werde, lebt noch, und soll meine Aussage selber bezeugen. Da die Räte ihn so reden hörten, riefen sie Wunder, und machten ein Kreuz über sich. Nun Dame, sagte Merlin zur Mutter des Richters, bekennt Eurem Sohn die Wahrheit, und sagt ihm, wer sein Vater ist, denn ich weiß wer er ist, und wo er anzutreffen ist. Du Satan, Teufel aus der Hölle, fing die Dame an, habe ich es dir nicht schon einmal gesagt? – Ei, erwiderte ihr Merlin, Ihr wißt es gar wohl, daß er nicht der Sohn des Mannes ist, den er bis jetzt für seinen Vater gehalten. – Nun, wessen Sohn ist er denn? frug die Dame ganz bestürzt. – Er ist Eures Beichtvaters Sohn, und das wißt Ihr selber recht sehr wohl, denn Ihr selber sagtet ihm, nachdem er das erstemal bei Euch gewesen war, Ihr fürchtetet schwanger von ihm zu sein. Er sagte darauf, es könnte nicht sein, schrieb sich aber den Tag und die Stunde auf, in welcher er Euch beigewohnt hatte, damit Ihr ihn nicht betrügen und mit andern zu tun haben könntet, denn damals war Euer Herr und Gemahl unzufrieden mit Euch, und Ihr lebtet lange Zeit in Zwist mit ihm. Als Ihr Euch aber schwanger fühltet, eiltet Ihr Euch mit ihm zu versöhnen, wozu der Beichtvater Euch verhalf. Ist es nicht so? Sagt nein, wenn Ihr dürft, denn wenn Ihr es nicht gesteht, so will ich es den Beichtvater selber gestehen lassen. – Der Richter geriet in großen Zorn, als er Merlin so mit seiner Mutter reden hörte, und fragte sie, ob es wahr sei? Die Mutter war ganz erschrocken, und sagte, o Gott, willst du, mein lieber Sohn, diesem Erbfeinde glauben? – Werdet Ihr nicht sogleich die Wahrheit eingestehen, sagte Merlin, so will ich noch andre Dinge sagen, die Euch auch bekannt sind. Die Dame schwieg, und Merlin fing wieder an: Nachdem Ihr Euch mit Hilfe des Beichtvaters mit Eurem Eheherrn ausgesöhnt hattet, so daß er mit Euch wieder lebte, und Euren Sohn, mit dem Ihr schwanger waret, für den seinigen halten konnte, und auch wirklich dafür hielt, so wie alle die andern Personen, die Euch kannten, habt Ihr das Verständnis mit dem Beichtvater, und Euer Leben mit ihm fortgeführt, und noch jetzt, noch täglich lebt Ihr mit ihm in

Vertraulichkeit. Den Morgen noch ehe Ihr hier her reistet, hat er Euch umarmt, hat Euch eine gute Strecke weit begleitet, und beim Abschied sagte er lachend: »Gnädige Frau, tut ja alles, was Euer Sohn von Euch begehrt, und was er wünscht.« Denn er weiß wohl, daß er für seinen eignen Sohn redete.

Die Dame ängstigte sich, und erschrak sehr, als das Kind dies erzählte, denn sie fürchtete sich, nun statt der andern verurteilt zu werden. Da redete der Richter sie an und sagte: Geliebte Mutter, wer auch mein Vater sein mag, so bleibe ich doch immer Euer Sohn, und werde Euch als meine Mutter behandeln. So erbarme dich meiner um Gotteswillen, mein lieber Sohn, rief die Dame, denn ich kann dir die Wahrheit nicht länger verbergen, dies Kind weiß alles, und es hat die lautere Wahrheit erzählt. Ei, sagte der Richter, er hat es mir wohl gesagt, daß er meinen Vater besser kenne als ich; ich kann also von Rechts wegen seine Mutter nicht verurteilen, weil ich die meinige nicht bestrafe. Ich bitte dich, Merlin, fuhr er fort, im Namen Gottes, und um deiner, und deiner Mutter Ehre willen, nenne mir deinen Vater, damit ich deine Mutter vor dem Volke rechtfertigen kann. – Gerne will ich ihn dir entdecken, antwortete Merlin, viel lieber freiwillig als gezwungen. So wisse denn, ich bin der Sohn des Teufels, der meine Mutter durch List hinterging, und sie während sie schlief, bezwang, so daß sie von ihm mit mir schwanger ward. Wisse auch, daß ich seine Macht besitze, sein Gedächtnis und seinen Geist, wodurch mir denn alle geschehenen Dinge, und alles was gesprochen ward, bekannt ist, daher ich auch alles das weiß, was deine

Mutter getan hat. Weil aber meine Mutter gleich gebeichtet, mit Leib und Seele Buße getan, und die Absolution ihrer Sünden von dem frommen Einsiedler empfangen hatte, so hat Gott um meiner Mutter willen mir die Gabe verliehen, daß ich die Zukunft und die Gegenwart weiß, so daß ich mehr Macht, und höhere Gaben besitze, als sonst die Menschen von der Natur empfangen. Auch wirst du über ein kurzes von allem, was ich sagte, überzeugt werden. – Wie das? fragte der Richter. Da nahm ihn Merlin beiseite und sagte ihm heimlich: Deine Mutter wird dem, der dich erzeugte, alles wieder erzählen was hier vorgegangen; darauf wird er aus Furcht vor dir entfliehen, und der böse Geist, der noch immer viel Gewalt über ihn hat, wird ihn zu einem Fluß treiben, da wird er sich hineinstürzen und sich ertränken. Du wirst also erfahren, ob ich nicht alles Zukünftige weiß. Wenn dies wirklich geschieht, sagte der Richter, so sollst du und deine Mutter auf immer von aller Verantwortung frei sein.

Hierauf kamen Merlin, der Richter, seine Mutter, und alle seine Räte heraus zum Volke; und der Richter sprach laut und vernehmlich, so daß ihn jeder verstehen konnte: Hört mich, ihr Männer und Mitbürger, ich hatte die Mutter des Knaben Merlin fälschlich und ohne Recht verurteilt; durch seine große Weisheit und Wissenschaft aber hat er mir die wahren Begebenheiten seiner Mutter entdeckt, und sie dadurch von der Todesstrafe befreit. Wegen der Weisheit, und der Schuldlosigkeit des Knaben also, habe ich seine Mutter freigesprochen; auch befehle ich hiemit, daß man die Mutter sowohl als ihren Knaben auf immer in Frieden lasse und verbiete bei harter Strafe, einem jeden unter euch, ihnen etwas zuleide zu tun oder sie zur Verantwortung zu ziehen, denn meiner Einsicht nach wird man niemals einen weiseren Menschen als diesen sehen. Das versammelte Volk rief einstimmig, Gott sei Lob und Dank! Denn die Mutter war beliebt beim ganzen Volke, und sie hatten sie wegen ihres Unglücks sehr beklagt.

Der Richter schickte hierauf seine Mutter wieder zurück und zwei Frauen zu ihrer Begleitung, denen er heimlich Befehl gegeben, auf alles genau achtzugeben, und ihm wieder zu sagen, was bei seiner Mutter geschehen würde. Sobald sie bei sich angelangt war, ließ sie den Beichtvater holen, und erzählte ihm Wort für Wort, was sich bei ihrem Sohn zugetragen, und alles was Merlin gesprochen hatte. Darüber entsetzte sich der Beichtvater gewaltig, und konnte kein Wort hervorbringen. Er ging auch sogleich, ohne Abschied von ihr zu nehmen, aus der Stadt hinaus, und gerade nach dem Fluß hin, denn er dachte, geblendet vom Satan und verzweifelnd, der Richter würde ihn gefangen nehmen und schimpflich hinrichten lassen. Er zog es also vor, sich selber den Tod zu geben, stürzte sich in den Fluß und ertrank. Als der Richter dies von den beiden Weibern erfuhr, war er erstaunt, ging auch sogleich zu Merlin, und sagte ihm, er habe wahr gesagt. Ich lüge niemals, erwiderte ihm Merlin, aber ich bitte dich, gehe zu dem frommen Einsiedler Meister Blasius und teile ihm diese Nachricht mit. Der Richter tat es sogleich, worauf Merlin, seine Mutter, und ihr Beichtvater Meister Blasius sich in Frieden zurückbegaben nach ihrer Behausung.

Sechstes Kapitel

Meister Blasius war ein frommer und sehr gelehrter Mann, der Gott von ganzem Herzen diente. Er war ganz erstaunt, das Kind Merlin so weissagen zu hören, und solchen übermenschlichen Geist bei ihm wahrzunehmen. Er war im Herzen über diese Seltsamkeit bekümmert, und suchte auf allerhand Art den Merlin hierüber auszufragen, um die Ursache davon zu erforschen. Meister Blasius, fing Merlin endlich an, ich bitte dich, gib dir keine Mühe mich zu erforschen, denn je mehr du mich wirst reden hören, desto mehr Ursach wirst du finden zu erstaunen; beruhige dich, glaube mir, und tue was ich dich heißen werde. Wie sollt' ich dir glauben, erwiderte Blasius; sagtest du nicht selbst, du wärst ein Kind des Teufels? Wenn ich dies nun glaube, so wie ich es wirklich glaube, muß ich nicht alsdenn fürchten, daß du mich täuschst und hintergehst? – Sieh, sagte Merlin, es ist die Macht der Gewohnheit aller bösen Gemüter, daß sie eher das Böse glauben und annehmen als das Gute. Der Böse sieht nichts als Böses, so wie der Gute nur das Gute sieht. – Er erklärte ihm darauf vollkommen das Geheimnis seiner Erzeugung, und wie der Teufel durch sich selber betrogen worden, indem er ihn in dem Leibe einer Gottgeweihten und reinen Jungfrau erzeugt habe. Jetzt aber, fuhr er dann fort, höre mich und tue was ich dir sagen werde. Verfertige ein Buch, darin du alle Dinge aufschreiben sollst, die ich dir vorsagen werde. Allen Menschen, welche künftig das Buch lesen werden, wird es eine große Wohltat sein, denn es wird sie bessern, und sie vor Sünden bewahren. Sehr gern, sagte Blasius, will ich das Buch auf dein Wort, und nach deinem Worte verfertigen, ich beschwöre dich aber zuerst im Namen Gottes, der Dreieinigkeit, und aller Heiligen, daß du mich nichts schreiben läßt, was dem Willen und den Geboten unsers Herrn Jesu Christi entgegen ist. Ich schwöre dir, sagte Merlin. Nun so bin ich bereit, erwiderte Blasius, von ganzem Herzen und ganzer Seele zu schreiben, was du mir befiehlst, ich habe auch Tinte und Pergament, und alles was zu einem solchen Werke nötig ist.

Nachdem er alles in völlige Bereitschaft gesetzt, fing Merlin an ihm vorzusagen; zuerst die Freundschaft von Christus und Joseph von Arimathia, wie auch von Adalam und de Perron und von den andern Gefährten, so wie es sich mit ihnen zugetragen, sowie auch das Ende des Joseph, und aller andern. Nach allem diesen sagte er ihm die Geschichte, und die Ursache seiner wunderbaren Erzeugung vor, mit allen Umständen, so wie wir sie hier vor uns haben.

Blasius war immer mehr erstaunt über alle die wunderbaren Dinge, die er von Merlin vernahm; die Worte, die er schreiben mußte, dünkten ihm alle gut und wundervoll, und er schrieb eifrig fort. Als sie aber recht mit dem Werke beschäftigt waren, sagte Merlin eines Tages zu ihm: Meister, es steht dir große Not bei deinem Werke bevor, mir selber aber eine noch weit größere. Wie das? fragte Blasius. Man wird mich, antwortete Merlin, nach dem Abendlande holen kommen; diejenigen aber, die von ihrem Herrn mich zu holen gesandt werden, haben ihm mit einem Eid zugesagt, mich zu erschlagen und ihm mein Blut zu überbringen. Sie werden aber, sobald sie mich gesehen, und mich reden gehört, keine Lust haben mir Übles zu tun; ich werde alsdann mit ihnen gehen. Du aber begib dich von hier weg, und zu denen hin, die das Gefäß des heiligen Gral besitzen; sei aber stets bemüht, die Bücher weiter zu schreiben.

Diese Bücher werden immer und zu jeder Zeit gern von allen gelesen werden, aber man wird ihnen nicht glauben, weil du kein Apostel Christi bist; denn diese Apostel schrieben nichts auf, als was sie mit eignen Augen sahen, mit ihren Ohren hörten, du aber schreibst bloß das, was ich dir sage. Und ebenso wie ich den Leuten jetzt verborgen und unbekannt bin, gegen welche ich mich nun rechtfertigen muß, ebensowohl werden es auch diese Bücher bleiben, nur wenige Menschen werden sie erkennen und dir Dank dafür wissen. Auch das Buch von Joseph von Arimathia nimm mit dir, wenn ich werde fortgeführt sein. Wenn du einst dein Werk vollendet haben wirst, so muß dieses Buch von Joseph mit dazu gehören; diese beiden Bücher zusammen werden ein schönes und herrliches Werk ausmachen. Diejenigen, welche es künftig lesen und verstehen, werden uns für unsre Mühe segnen. Alle Gespräche und die eigentlichen Worte zwischen Christus und Joseph von Arimathia sage ich dir nicht, diese gehören nicht hierher.

Siebentes Kapitel

Zur selben Zeit regierte ein König, namens Constans. Wir erwähnen hier nichts von den Königen, die vor ihm regierten; wer aber ihre Anzahl und ihre Geschichte zu wissen verlangt, der muß die Historia von Bretagna lesen, welche Brutus genannt wird; Meister Martin von Glocester hat sie aus dem Lateinischen in die romanische Sprache übertragen. – König Constans hatte drei Söhne, die hießen: Moines, Uter und Pendragon. Auch lebte in seinem Lande ein Mann, namens Vortigern, ein sehr tapferer und mächtiger Ritter von großem Ansehen. Als König Constans starb, beratschlagte das Volk sich, wen es zum Nachfolger erwählen sollte; der größte Teil des Volkes, wie die meisten Edlen, waren dafür, den Moines, ältesten Sohn des verstorbenen Königs, zu erwählen, ungeachtet er nur noch ein Kind war; ihm aber, und keinem andern gehörte das Reich von Rechts wegen; Vortigern, als der Mächtigste und Verständigste im Lande, war auch derselben Meinung. Der junge Moines ward also zum Könige, und Vortigern einstimmig zu seinem Seneschall ernannt.

Damals war das Reich im Kriege mit den Heiden; sie kamen von Rom und von andern Seiten her, verheerten das Land und bekriegten die Christen. Vortigern aber regierte das Reich nach eigner Willkür, ohne sich des jungen Königs anzunehmen, der noch zu unverständig und zu kindisch war, um sich selber raten zu können. Nachdem Vortigern nun sich erst des ganzen Regiments bemächtigt, so daß niemand ihm entgegen sein durfte und das ganze Reich nur von ihm abhing, ward er hochmütig und geldgeizig, bekümmerte dabei sich weder um den König noch um das Land, denn er wußte wohl, daß niemand als er selbst etwas unternehmen oder ausführen konnte, zog sich von allem zurück und lebte bloß für sich. Die Heiden versammelten, als sie diese Nachricht über den Seneschall erhielten, sogleich ein großes Heer und fielen damit in das Land der Christen.

König Moines ward sehr bestürzt, daß sein Seneschall sowohl das Regiment als das Heer verlassen und sich zurückgezogen hatte; begab sich auch sogleich in seiner Bestürzung zu ihm hin und bat ihn flehentlich, doch das Heer wieder gegen den Feind anzuführen. Vortigern aber entschuldigte sich gegen den König mit seinem hohen Alter, das ihm nicht mehr erlaube, in den Krieg zu gehen, noch sich der Regierungsgeschäfte viel anzunehmen. Nehmt, sprach er zum Könige, einen andern zu Euerm geheimen Rat; Euer Volk haßt mich, weil ich stets zu sehr auf Euern Vorteil bedacht gewesen war; erwählt also einen unter ihnen und übergebt ihm mein Amt, denn ich will sicher nichts mehr damit zu schaffen haben.

Die, welche mit dem Könige bei Vortigern waren, beschlossen, da sie ihn so reden hörten, der König selber solle sich an ihre Spitze stellen, und sie wollten mit ihm gegen den Feind ziehen. Hastig wurde also ein Heer zusammengerafft, und sie zogen ins Feld, König Moines an ihrer Spitze; er war aber viel zu jung und zu unerfahren in Kriegssachen, auch war das Heer der Heiden viel stärker, als das ihrige, auch ihre Anführer sehr tapfer und verständige Männer, daher kam es, daß das Heer des Königs Moines geschlagen ward und floh; er selber entfloh mit ihnen.

Nun jammerte und klagte das Volk um seinen Seneschall. Hätte Vortigern, riefen sie, das Heer angeführt, nimmer hätte er die Schlacht verloren, nimmer hätten die Heiden so viel Christen erschlagen! Auch murrten viele der Großen und Edlen des Reichs gegen den König; er hatte sie durch unvorsichtiges Betragen und durch allerlei Zumutungen, die nicht ganz schicklich waren, sich zu Feinden gemacht.

Es entstand also eine große Empörung unter dem Volke, und die Vornehmsten und Mächtigsten darunter gingen zum Vortigern, und riefen ihn zu Hilfe. Wir sind ohne Oberhaupt, sagten sie, denn unser König tut seine Pflicht nicht, wir bitten Euch, nehmt Euch um Gotteswillen unsrer an, seid Ihr unser König und unser Herr; kein Mann auf Erden ist weiser und tapferer als Ihr, also gibt es auch keinen, der dieses Amt besser als Ihr bekleiden könnte, und darum verlangen wir auch keinen andern als Euch.

Darauf antwortete Vortigern: Solange Euer rechtmäßiger König noch lebt, kann und werde ich niemals Euer König sein. Ei, riefen die andern, wir wünschten ihn lieber tot als lebendig zu sehen. Nun, sagte Vortigern, so bringt ihn um, denn solange er am Leben ist, kann ich nicht Euer König sein. Bei dieser Rede blieb er, was jene auch sagen mochten. Sie gingen also wieder fort, beratschlagten sich aber, und hielten eine Versammlung, zu welcher sie ihre besten Freunde und nächsten Verwandte zogen; hier beschlossen sie, den König Moines wirklich ermorden zu lassen, in der

Hoffnung, daß wenn Vortigern durch ihren Verrat würde König geworden sein, er ihnen alsdann diesen Dienst wohl belohnen werde, und sie durch ihn die eigentlichen Herrscher des Landes sein würden. Sie erwählten zwei der stärksten und gewandtsten Männer unter ihnen; diese gingen hin und ermordeten den jungen König Moines auf eine schändliche verräterische Weise, denn er war noch ein schwacher wehrloser Knabe, und hatte keinen Menschen um sich, der ihn bewachte oder verteidigte; keiner kümmerte sich um ihn, und so ließen sie ihn hilflos ermorden.

Nach vollbrachter Tat eilten die Mörder zu Vortigern, und erzählten ihm, was sie getan hätten, um ihn zum Könige zu erheben, und daß sie den jungen König Moines erschlagen haben. Vortigern, als er dies vernahm, stellte sich äußerst erschrocken und bis zum Tode betrübt: Ihr habt übel getan, rief er, daß Ihr Euern Herrn, Euern gesalbten König erschlagen habt; Ihr sollt auch dafür bestraft werden; erfährt das Volk Eure Tat, so müßt Ihr sterben. Darum flieht, flieht, meidet dies Land und das Reich, denn wenn sie Euch fangen, so müßt Ihr alle sterben! Warum mußtet Ihr hierher zu mir kommen, um mir eine solche Botschaft zu bringen! Weh Euch! Geht, kommt nie wieder vor meine Augen! Die Mörder entfernten sich schnell, und meinten, Vortigern wäre im Ernst sehr betrübt und erzürnt wegen ihrer Tat.

Achtes Kapitel

Vortigern wurde einstimmig vom ganzen Volk und von allen Edlen zum König erwählt, mit Hintansetzung der beiden jüngeren Brüder des ermordeten Königs Moines. Diese beiden Knaben hatten jeder einen Hofmeister, weise Männer, welche beide dem alten Könige Constans, Vater des jungen Moines und ihrer beiden Zöglinge, lange Zeit hindurch treu gedient hatten; auch hatte der alte König sie zum Lohn für ihre Treue zu Hofmeistern der beiden Prinzen ernannt. Diese beiden Herren nun waren erstaunt darüber, daß die beiden Königssöhne von der Krone ausgeschlossen wurden, und sahen voraus, daß Vortigern gewiß nicht unterlassen würde, die Knaben zu erschlagen, sobald sie in das Alter gekommen sein würden, auf das Reich Anspruch zu machen, welches von Rechts wegen ihnen zukäme. Sie entflohen also mit den beiden Prinzen und gingen nach Bourges in Berry; hier waren sie sicher, und hier erzogen sie die beiden Knaben und gaben nie zu, daß ihnen irgendein Leid geschähe, solange sie lebten.

Sobald Vortigern zum König gekrönt und gesalbt worden, meldeten sich die Mörder des Königs Moines bei ihm; Vortigern tat aber, als kenne er sie nicht und als hätte er sie nie vorher gesehen, worüber jene sich sehr ärgerten, da sie eine ganz andere Aufnahme vom König Vortigern erwartet hatten. Wie, Herr König, sprachen sie: Ihr erinnert Euch unsrer nicht mehr? Ihr wißt ja wohl, daß Ihr bloß durch uns seid König worden. Denkt doch daran, wenn es Euch beliebt, ob Ihr hättet König werden können, wenn wir nicht um Euretwillen den König Moines getötet hätten? – Haltet diese Mörder fest, rief der König laut aus, und führt sie ins Gefängnis; da Ihr jetzt Eure Mordtat bekannt habt, so sollt Ihr Euch auch selber Euer Urteil sprechen. Ihr habt Euern Herrn und König totgeschlagen, wer gab Euch ein Recht dazu, solches zu tun? Ihr könntet auch ebensogut mich umbringen, aber das sollt Ihr nun wohl lassen. Herr König, riefen diese Männer ganz erstaunt und erschreckt, den Vortigern so sprechen zu hören: Herr König, wir taten es ja aus Liebe zu Euch. – Ei, sagte König Vortigern, ich werde Euch zeigen, wie man die Leute liebt.

Sie wurden darauf alle Zwölfe gefangen und gevierteilt, so daß jeder von vier Pferden in vier Teile zerrissen ward, daß kein Glied ihres Leibes am andern blieb.

Diese Zwölfe hatten aber viele Anverwandte, und waren alle von großer Abkunft und Familie; diese Anverwandten versammelten sich, gingen zum Könige und machten ihm Vorwürfe wegen seiner grausamen Undankbarkeit. Ihr habt, sagten sie, unsere Verwandten auf eine schimpfliche Weise hinrichten lassen; wisset also, daß wir niemals Euch von ganzem Herzen dienen werden. Da ergrimmte Vortigern und sagte: wenn Ihr noch viel redet, so soll es Euch ebenso ergehen, wie Euern Vettern. Drohe so viel du willst, König Vortigern, sagten sie voll Zorn, wir fürchten dich nicht; wisse nur, daß du niemals Friede und Ruhe mit uns wirst haben, solange du lebst; allenthalben wollen wir dich bekriegen, im offenen Felde, wie in Burgen und Schlössern, allenthalben sollst du Krieg finden. Wir erkennen dich nicht als unsern König; denn du hast das Reich unrechtmäßigerweise und gegen Gott und die heilige Kirche an dich gerissen, du sollst auch desselben Todes sterben, als du unsre Verwandte hast sterben lassen, darauf darfst du rechnen. – Nach diesen Worten entfernten sie sich, ohne seine Antwort abzuwarten. König Vortigern ärgerte sich sehr darüber, aber er mußte den Schimpf so hinnehmen, ohne etwas dagegen tun zu können; er sah wohl ein, daß es nicht Zeit war, etwas gegen sie zu unternehmen.

Auf diese Weise entstand ein großer Zwist zwischen den Baronen des Reichs und dem Könige. Die Parteien versammelten große Heere, und der Krieg ward sehr lange im Lande fortgesetzt, wobei sowohl der König als seine Untertanen großen Schaden litten; endlich aber siegte der König, und jagte die aufrührerischen Barone aus dem Lande. Als er nun die Oberhand behalten und von keinem mehr etwas zu fürchten hatte, ward er so übermütig und verfuhr so übel mit seinem Volke, daß dieses endlich es nicht länger ertragen mochte und sich gegen ihn auflehnte. Es entstand ein allgemeiner Aufruhr gegen ihn, mehr als die Hälfte des Königreichs fiel von ihm ab und nahm seine Festungen ein. Hierauf schickte ihnen Vortigern Abgesandte und Friedensvorschläge, womit die Aufrührer auch wohl zufrieden waren.

Einer unter ihnen, namens Hangius, ein tapfrer und mächtiger Ritter, der immer im Kriege gegen Vortigern sich gehalten, ward vom Volke zum Abgesandten an Vortigern erwählt. Hangius ward auch sehr freundlich vom Könige aufgenommen, und der Friede auf lebenslang fest gemacht und besiegelt. Hangius blieb lange

Zeit in des Königs Diensten, und beredete ihn endlich, daß er seine Tochter zum Weibe nahm; dadurch bekam er große Macht und Einfluß über seinen Schwiegersohn, den König, und über das Reich, riß auch endlich nach und nach das ganze Regiment an sich. Das Volk wollte aber nichts von ihm erdulden, weil er kein Christ war, sondern ein Heide, und hatte schon lange darüber gemurrt, daß ihr König keine Christin, sondern eine Heidin zur Gemahlin genommen hatte. Diese war es auch, die zuerst das Wort Pöbel erfand, und das Volk so benennte, indem sie sagte: ich kann mich nicht des Pöbels annehmen gegen meinen Vater! – Das Volk war also mehr als je unzufrieden mit dem Könige Vortigern, denn seine Gemahlin hing der Lehre Mahomets an, zog auch den König selbst, und viele seiner Hofleute von der Religion Christi ab.

Neuntes Kapitel

König Vortigern, als er bedachte, wie verhaßt er bei seinem Volke war, und wie über kurz oder lang einmal die beiden jüngeren Söhne des Königs Constans wieder kommen könnten, die sich in der Fremde vor ihm versteckt hielten, und wie er alsdenn sicherlich seines Reichs und vielleicht seines Lebens würde beraubt werden, beschloß zu seiner Sicherheit einen Turm erbauen zu lassen, wohin er sich im Notfall, wenn er überfallen würde, zurückziehen und sich befestigen könnte.

Er ließ also die vortrefflichsten Bauleute seines

Reichs kommen, und gab ihnen genau an, wie der Turm sollte erbaut und befestigt werden; ließ ihnen auch Steine, Kalk, Sand und alle andre nötige Dinge zum Bau zuführen. Sie fingen ihn auch alsbald mit großem Fleiße an; als sie aber mit dem Fundament fertig waren, und etwa drei oder vier Fuß aus der Erde gebaut hatten, so fing das ganze Werk an zu beben und wanken, und fiel so heftig und mit einer so starken Erschütterung zusammen, daß sogar der Berg, auf welchem der Turm angefangen war, einzustürzen drohte. Die Bauleute erschraken und waren verwirrt; was ist nun zu tun? fragte einer den andern. Sie kamen überein, daß man den Bau noch einmal anfangen müsse, und zwar noch stärker als das erstemal.

Er fiel aber auch das zweitemal zusammen, wie zuerst, und so auch zum drittenmal. Der König wollte ganz rasend und unsinnig über diese wundersame Begebenheit werden; sagte auch, er würde nie Ruhe oder Freude haben, bis er das Werk vollendet sähe. Er ließ daher in allen seinen Landen bekannt machen, daß die Weisesten und Verständigsten zu ihm kommen, und die Sache mit ihm überlegen sollten. Da sie nun bei ihm angekommen waren, zeigte ihnen der König den angefangenen Bau, und erzählte ihnen, wie er dreimal wieder zusammengestürzt sei, als er drei oder vier Fuß hoch heraus gebaut war. Die neu angelangten weisen Männer erstaunten höchlich ob dieser Erzählung, noch mehr aber, als sie hinausgingen, und das Werk und die Stärke der Mauer sahen. Herr König, sagten sie alsdann, wir wollen uns über diese wundersame Sache beratschlagen, und alsdann Euch unsre Meinung sagen.

Nachdem sie eine geraume Zeit miteinander überlegt hatten, kamen sie dahin überein, daß sie es nicht wüßten, gingen auch wieder zum Könige, um ihm diese ihre Meinung zu sagen. Wir wissen nicht, und verstehen nichts davon, Herr König, sagte der Älteste und Verständigste unter ihnen, warum Euer Turm nicht stehen will; laßt aber die weisesten und gelehrtesten geistlichen Männer Eures Landes zusammenberufen, und fragt sie darum, diese werden Euch sicher hinlänglichen Bescheid darüber erteilen, weil sie gelehrt sind und vieles wissen, wir aber haben nicht studiert.

Der König tat also; ließ alle gelehrte Geistliche zusammenberufen, und versprach demjenigen eine hohe Belohnung, der ihm die Sache erklären würde. Die Geistlichen kamen aus dem ganzen Lande von allen Seiten her, rieten hin und her, wußten es so wenig zu sagen, als die ersten Männer, rieten aber dem Könige, der durch diesen Aufschub immer hitziger und wilder ward, seine Sterndeuter zusammenberufen zu lassen, weil diese es sicher wissen müßten, indem sie jede Sache deutlich in den Sternen läsen. Es geschah also nach ihrem Rat, und die berühmtesten Sterndeuter, sieben an der Zahl, kamen zum Könige, und ließen sich die Sache von ihm vortragen; er versprach demjenigen unter ihnen, welcher die Ursache herausbringen würde, große Ehre und hohe Belohnung.

Zehntes Kapitel

Die sieben Astronomen studierten jeder besonders mit vielem Fleiß und großer Anstrengung; sie konnten aber nichts finden, was zu ihrer Absicht gehörte. Es war freilich etwas besonders Seltsames in der Konstellation zu sehen, und jeder von ihnen fand es, aber dieses Seltsame paßte nicht, und gehörte nicht in das, was sie suchten, und sie wußten es auf keine Weise damit zu verbinden. Als sie nun zusammenkamen, und sich ihr Entdeckungen mitteilten, waren sie nicht wenig erschrocken darüber, daß sie alle nur dasselbe gesehen, und also über den eigentlichen Grund der Sache nichts herausgebracht hatten. Dazu kam, daß der König sie sehr drängte, und eiligst zu wissen verlangte, was sie gefunden. Ei, Herr König, antwortete ihm einer der Astrologen, wir können Euch eine so schwere Frage nicht so schnell lösen, als Ihr wohl denkt; wir brauchen noch neun Tage zu unsern Studien. Die sollt Ihr haben, rief der ungeduldige Vortigern, aber hütet Euch, wo Ihr nicht am Ende dieser neun Tage mir die wahre Ursache erklärt, und ausfindig gemacht habt!

Nun studierten die Astrologen wieder in den Sternen; und als sie wieder zusammenkamen, und sich einander fragten, was sie wahrgenommen, sprach keiner von ihnen etwas, sondern sie sahen sich an und schwiegen still. Wollt Ihr, fing endlich der Älteste und Verständigste unter ihnen an, mir lieber jeder besonders und heimlich Eure Meinung über die Sache sagen, so will ich bei meiner Treue Euch nicht verraten, und keiner soll von mir erfahren, was die andern mir offenbart.

Dies waren alle zufrieden, und jeder sagte dem Ältesten insgeheim, was er wahrgenommen, und zu seinem Erstaunen sagten alle dasselbe, nämlich daß sie über die Sache mit dem Turme nichts gefunden; daß sie aber eine andre wunderbare Sache gesehen, nämlich ein Kind, welches jetzt sieben Jahr alt sei, von einer Frau geboren, ohne einen irdischen Erzeuger.

Ihr habt eines und dasselbe gesehen und mir jeder das nämliche entdeckt, sagte der Alte; jedoch eines ist, was Ihr mir alle verschwiegt, und was Ihr doch ebensowohl gesehen, als ich, daß nämlich dieses Kind vom Weibe geboren, aber ohne irdischen Vater erzeugt, schuld an unserm Untergang, und die Ursache unsers Todes sein wird. Ist es nicht so? – Es ist wahrlich so, sagten die andern erstaunt und bekümmert. – Nun so hört mich, fing der Alte wieder an; wir würden in unsrer Kunst wenig taugen, wenn wir nicht dem, was uns kundgetan, abhelfen könnten. Laßt uns nur einig sein, und uns nicht in unsern Reden widersprechen, wenn wir vor den König kommen. Folgendes wollen wir aber einstimmig dem Könige sagen: Wisse, Herr König, daß dein Turm niemals fest stehen wird, und nie kann zu Ende gebaut werden, wenn du nicht den Grundstein mit dem Blute eines Kindes netzest, das von einem Weibe geboren, aber von keinem Mann erzeugt worden. Es lebt auch in der Tat ein solches Kind, wenn du, Herr König, es nur finden kannst, und sein Blut auf den Grundstein des Turmes vergießen läßt, so wird der Turm fest stehen und nie wieder fallen. Auch müssen wir dem Könige verbieten, fuhr der Alte fort, daß er das Kind nicht selber zu sehen verlangt, noch es sprechen hört, sondern diejenigen, die er aussendet, es zu suchen, sobald sie es gefunden, müssen es hinausführen und auf dem Grundstein töten. Auf diese Weise werden wir uns des Kindes entledigen, von welchem wir in den Sternen gesehen, daß es an unserm Tode schuld sein wird. Auf solche Weise verabredeten sich nun die Sterndeuter über jedes Wort, damit alle dieselben Worte vor dem Könige sprechen möchten.

Als sie nun vor König Vortigern gerufen wurden, baten sie sich jeder insbesondre Gehör bei ihm aus, was er ihnen auch sogleich bewilligte. Ist es möglich, rief er, nachdem er sie alle vernommen, und sie ihm alle dasselbe gesagt, ist es möglich, daß ein solches Wunder auf Erden lebe? Ein Kind ohne Vater erzeugt? Wenn dies sich wirklich so verhält, so seid Ihr in Wahrheit sehr weise und gelehrte Männer. Wenn es sich nicht so verhält, sagten die Astrologen, so tue der König mit uns nach seinem Wohlgefallen, wir sind in seiner Hand. Aber wie kann es möglich sein? erwiderte Vortigern noch einmal. Niemals, antworteten jene wieder, haben wir vorher so etwas gehört, dieses Kind aber ist ohne Vater erzeugt, lebt, und ist jetzt sieben Jahr alt. Ich will es aufsuchen lassen, sagte der König wieder, aber bis es gefunden ist, so bleibt Ihr in der genauesten Verwahrung. Es geschehe so, wie der Herr unser König befiehlt, sagten jene; doch hüte sich der König, den Knaben zu sehen, oder sprechen zu hören, sondern die Boten, die ihn suchen, müssen ihn sogleich töten, wenn sie ihn gefunden haben, und das Blut auf den Grundstein des Turms ausgießen. Hierauf wurden die Sterndeuter von dem Könige entlassen, und in einem festen

Turm wohl verwahrt, wo ihnen Speise und Trank gereicht ward, nebst allem, was sie sonst zum Leben bedurften. König Vortigern sandte aber sogleich zwölf Boten, denen befahl er an, auf der ganzen Erde nach einem Knaben zu suchen, der sieben Jahr alt, und ohne Vater erzeugt von einem Weibe geboren sei. Niemals sollten sie wieder zurückkommen, wenn sie ihn nicht gefunden. Er ließ sie aber einen Eid ablegen, daß sie ihn sogleich erschlagen würden, sobald sie ihn hätten.

Die Boten verteilten sich je zwei und zwei, und suchten den Knaben Merlin nach der Vorschrift des Königs Vortigern. Nicht weit von dem Orte, wo Merlin sich aufhielt, begegneten sich vier Boten, und beschlossen eine halbe Tagereise zusammen zu machen. Sie waren noch nicht lange geritten, so sahen sie einen Haufen Knaben, die spielten und den Ball schlugen. Merlin war unter diesen Knaben, und wußte sehr wohl, daß die Boten an diesem Tage kommen würden, und auch, wen sie suchten; daher als er sie kommen sah, nahm er den Schlägel, womit er seinen Ball schlug, und hieb damit einen andern Knaben so derb gegen das Bein, daß dieser anfing zu schreien und zu weinen, und den Merlin ausschimpfte. Du Hurensohn, schrie er, hast gar keinen Vater, deine Mutter hat dich ja ohne Vater geboren! Da die Boten dies hörten, standen sie stille; hier ist er, sagten sie, nun haben wir ihn endlich gefunden! Merlin stellte sich zwischen die andern Knaben und lachte, als er sah, wie die Boten den weinenden Knaben ausfrugen, er sollte ihnen den zeigen, der ihn geschlagen. Merlin trat lachend aus dem Haufen gegen die Boten; hier ist der, den Ihr sucht, sagte er, dessen Blut Ihr geschworen habt dem Könige Vortigern zu überbringen. Wer hat dir das gesagt? riefen die Boten voll Erstaunen aus. Ich will Euch auch wohl sagen, fing Merlin wieder an, warum Ihr mich erschlagen sollt, und warum der Turm nicht stehen bleiben will; wollt Ihr mir schwören, mir kein Leid zu tun, so gehe ich mit Euch. – Dies sagte Merlin bloß um sie immer mehr in Erstaunen zu setzen, er wußte es sehr wohl vorher, daß sie ihm nichts zuleide tun, noch ihn umbringen würden. Dies Kind spricht Wunderdinge, sagten die Boten; wahrlich es wäre sündlich ihn zu töten, ich möchte lieber, riefen alle viere aus, meineidig werden, als ihm ein Leides antun. Wir schwören dir, sagten sie zu Merlin, dich nicht zu töten, noch dich töten zu lassen, gehe aber mit uns. Ich will wohl, antwortete Merlin, vorher aber kommt mit mir zu meiner Mutter, damit ich sie um Urlaub zur Reise bitte, und sie mich vorher segne, auch muß ich den frommen Mann, der bei ihr wohnt, noch sprechen. Er führte also die Boten in das Kloster, wo seine Mutter lebte, ließ sie gut bewirten, auch für ihre Pferde Sorge tragen; darauf führte er sie hinein zu Meister Blasius.

Meister, redete er ihn an, hier sind die, von denen ich Euch sagte, daß sie kommen würden, mich zu erschlagen. Höre jetzt, was ich ihnen sage, und schreibe es auf; darauf wandte er sich zu den Boten; Ihr seid einem Könige untertan, dessen Name ist Vortigern. Dieser König Vortigern will einen Turm erbauen lassen, und so sagte er den Boten alles aufs Haar, wie es dabei herging, was der König gesagt, und was die weisen Räte und Sterndeuter; auch wie sie viere nebst noch acht andern wären geschickt worden, ihn aufzusuchen, und sein Blut dem Könige Vortigern zu bringen. Ich selbst, fuhr er fort, wollte mich von Euch finden lassen, darum schlug ich den Knaben gegen die Beine, daß er schreien mußte, und schimpfend mich Euch verraten.

Hierauf entfernte Merlin sich, und Meister Blasius fragte die Boten: verhält alles sich so, als der Knabe hier sagte? In Wahrheit, antworteten sie, es ist alles genau so, wie er gesagt, oder unsre Seele komme nie zu Gott. Meister Blasius kreuzigte sich und sprach: es wird ein sehr weiser Mann aus ihm, wenn er leben bleibt, und sehr sündlich wäre es, und gar schade, wenn Ihr ihn umbringen wolltet. Lieber, erwiderten die Boten, wollten wir in Ewigkeit unser eignes Leben missen, und dem Könige alle unser Hab und Gut überlassen. Er selber, der Knabe, der so vieles weiß, wird auch, daß dies Wahrheit ist, sicher wissen. Ihr habt recht, antwortete Meister Blasius, ich werde ihn in Eurer Gegenwart darum fragen. Da nun Merlin wieder zu ihnen kam, sagte ihm Meister Blasius, du hast in allem wahr gesagt, jetzt aber antworte mir auf eine andre Frage: Haben diese Boten die Macht, und sind sie willens dich zu töten? – Sie haben wohl die Macht dazu, antwortete Merlin lachend, und waren es freilich willens, jetzt aber haben sie, Gott sei Dank, die Lust dazu verloren, und ich darf wohl mit ihnen ziehen. Schwört mir aber vorher, daß nicht allein Ihr mich nicht erschlagen wollt, sondern daß Ihr auch dafür sorgt, daß niemand anders mir ein Leid zufüge, und daß Ihr mich wohlbehalten vor den König bringen wollt; hat dieser mich nur erst reden hören, so bin ich gewiß, daß er mein Blut nicht weiter verlangen wird.

Die Boten legten den Eid ab, den Merlin von ihnen gefordert. Darauf sagte Meister Blasius: Ich sehe nun wohl, Merlin, daß du mich verlassen mußt, sage mir aber vorher, was aus dem angefangenen Buche werden soll? – Sobald ich von hier weg bin, antwortete ihm Merlin, so mache dich auf, und gehe nach der Gegend und in das Land, welches Northumberland genannt wird. Dieses Land ist voller großer Wälder, so daß die Einwohner selbst es nicht genau kennen, denn es gibt da Wälder, wo niemals ein Mensch hingekommen. Dort halte dich auf, ich werde dich schon zu finden wissen, und dir alles bringen, was zu Vollendung unsers Werks notwendig ist. Wisse, dieses Werk wird dir viel Mühe und Arbeit verursachen, sei aber nur guten Mutes und arbeite mit Geduld, du wirst am Ende einen hohen Lohn davontragen. Es wird dieses Werk von Jahrhundert zu Jahrhundert fortleben, und der Lohn wird dem gleich sein, den Joseph von Arimathia erhielt, da er den heiligen Leib des Herrn vom Kreuze abnahm; du wirst alsdann mit dem guten Joseph und seinen Begleitern in Gesellschaft, und nebst deinen Nachkommen ein Zeuge der Güter sein, deren sie für ihre gute Werke teilhaft wurden. Wisse auch, daß ich in dem Königreiche, wohin ich jetzt gehe, es dahin bringen werde, daß Männer und Frauen für einen Menschen von gottgeliebter Abkunft tätig sein sollen. Aber erst bei dem vierten Könige wird dies stattfinden. König Artus wird er heißen. Geh du nur dahin, wo ich dir sagte, ich werde oft zu dir kommen und dir sagen, was du schreiben sollst. Alle Lebensbeschreibungen vom König Artus, und aller, die gleichzeitig mit ihm leben, werde ich dich schreiben lassen, so wie alles, was zu seiner Zeit geschieht; es wird ein wundervolles Werk werden, du aber wirst alsdann dieselbe Gnade erlangen, welcher alle jene aus der Gesellschaft des heiligen Gral teilhaft werden. Nach unserm Tode wird dies Buch gefunden werden, und es wird ein ewiges Denkmal sein. – Meister Blasius erfreute sich der Reden des Knaben und sagte: ich tue mit Freuden alles, was du mir befiehlst. Darauf ging Merlin, in Begleitung der Boten, zu seiner Mutter, und beurlaubte sich von ihr. Ich muß mich von Euch mit diesen fremden Boten entfernen, sagte er, es geschieht im Dienste des Herrn, daß ich mit ihnen gehe; auch Meister Blasius muß zu diesem Ende nach einem andern Lande ziehen. Sei Gott empfohlen, mein Sohn, sagte die Mutter, ich kann dir nicht den Urlaub vorenthalten, denn alles, was du beginnst, ist weise, und nach dem Willen Gottes. Könnte aber Meister Blasius bei mir bleiben, das würde in meinem abgeschiedenen, der Betrachtung geweihten Leben mir von großem Nutzen sein. – Es kann diesmal nicht sein, Mutter, erwiderte Merlin, nahm Abschied von ihr, und machte sich in Begleitung der Boten auf den Weg. Meister Blasius aber ging, so wie ihm befohlen worden, nach dem Northumberlande.

Elftes Kapitel

Merlin kam mit seinen Begleitern durch eine Stadt, wo Markt gehalten wurde; als sie jenseits der Stadt waren, trafen sie einen jungen Mann, der sich auf dem Markt ein Paar neue Schuhe und ein großes Stück Leder gekauft, weil er eine lange Wallfahrt zu tun gelobt hatte. Merlin lachte laut, als er vor diesem Manne vorbei war; die Boten fragten um die Ursache seines lauten Lachens. – Fragt den Mann, sagte Merlin, was er mit dem Leder zu machen gesonnen sei? Er wird Euch sagen, daß er seine neuen Schuhe damit flicken wolle, wenn sie zerrissen sind, denn er hat eine große Reise vor; ehe er aber seine Schuhe nach Hause getragen, wird er tot sein. Wir wollen sehen, sagten die Boten, ob du die Wahrheit gesprochen; zwei von uns werden dich begleiten, zwei sollen den Mann anreden und mit ihm gehen. Sie taten also, bestimmten aber vorher einen Ort, wo sie sich wieder treffen würden.

Als die zwei an den jungen Mann herangingen, fragten sie ihn, was er mit dem Stück Leder machen wolle, und der Mann sagte ihnen dieselben Worte, die Merlin ihnen vorher gesagt, worüber sie sehr erstaunten; als sie aber noch ein Stück Weges mit ihm fortgegangen waren, so fiel der Mann vor ihnen hin und war tot. Die beiden waren verwundert und erschrocken über diese Begebenheit, und machten sich sogleich auf den Weg, Merlin und die andern Gefährten aufzusuchen. Indem sie ritten, unterhielten sie sich von dem wundervollen Kinde und seiner Weisheit. In Wahrheit, sagten sie, diejenigen, die seinen Tod verlangten, sind sehr töricht, wir selber möchten viel lieber sterben, als ihm ein Leid zufügen lassen. Hierauf trafen sie den Merlin wieder an, der, sowie er ihrer ansichtig ward, sich bei ihnen bedankte, daß sie so Gutes von ihm geredet; ich weiß jedes Wort, was Ihr von mir gesprochen. – Sag es uns, wenn du es weißt. Hierauf wiederholte Merlin ihnen alle Worte, die sie, während sie abwesend, von ihm geredet, worüber sie nur immer mehr erstaunten.

Als sie ungefähr eine Tagereise weit im Lande des Königs Vortigern gekommen waren, begegneten sie in einer Stadt einem Leichenzuge. Ein Kind ward zur Erde bestattet, und Männer und Frauen folgten der Leiche in großer Betrübnis und in Trauerkleider gehüllt, wie auch der Prior nebst vielen Geistlichen, die mit Gesange dem Zuge folgten. Merlin stand stille, und als der Zug vorbei war, fing er wieder an zu lachen. Die Boten fragten ihn wieder, worüber er lache? – Über diese wunderlichen Dinge lache ich, sagte Merlin; seht doch, wie dieser gute Mann klagt und trauert, und wie der Prior so brav singt! Umgekehrt sollte es sein, der Prior sollte trauern und der gute Mann könnte singen; denn das Kind, das der Mann beweint, ist nicht sein Kind, wie er wähnt, sondern der Prior ist sein Vater. Ei, sagten die Boten, sollte dies wahr sein? Geht hin, erwiderte Merlin, zu der Frau des Mannes und fragt sie, warum der Mann solch Leid trüge? sie wird antworten, weil ihm ein Kind begraben wird. Darauf sagt ihr nur keck: Ei, Frau, das Kind gehört nicht dem Manne, sondern dem Prior, alle Geistlichen wissen das auch sehr wohl, leugnet es also nur nicht, der Prior hat Tag und Stunde aufgeschrieben, da er bei Euch geschlafen. Die

Boten richteten alles so aus, wie Merlin ihnen vorgeschrieben. Als sie nun der Frau das so dreist sagten, ward sie über und über rot. Habt Barmherzigkeit mit mir, bat sie; es ist so, wie Ihr sagtet, aber sagt es nur nicht meinem Herrn wieder, er bringt mich sonst ums Leben. Die Boten kehrten nun wieder zu Merlin zurück. Du bist, riefen sie noch lachend über diese Begebenheit, der vortrefflichste Wahrsager. Jetzt, aber, Merlin, nähern wir uns der Stadt, in welcher wir den König Vortigern antreffen. Nun unterrichte uns nach deiner Weisheit, wie wir dem Könige antworten sollen; denn du weißt wohl, daß wir einen Eid abgelegt, dich zu erschlagen und ihm dein Blut zu überbringen. Ihr habt recht, erwiderte Merlin; folgt mir aber, so wird Euch wegen meiner kein Leid widerfahren. Geht zum Könige und erzählt ihm treulich, was Ihr von mir gehört und gesehen, auch wie Ihr mich gefunden. Sagt ihm auch, ich wolle ihm wohl sagen, warum sein Turm nicht feststehen wolle; sagt ihm nur, meine Meinung wäre, er müsse mit denen, die er im Gefängnis verwahre, so tun, wie sie ihm geraten, mit mir zu tun. Wenn Ihr ihm über alles die Wahrheit von mir berichtet, so tut alsdenn, was er Euch befehlen wird.

Zwei von den Boten gingen zum Könige, der sich freute, als er sie sah; sie baten sich geheimes Gehör bei ihm aus, und erzählten ihm alles mit treuer Wahrheit, was sie von Merlin gehört und gesehen, wie er sich ihnen selbst kundgegeben, obgleich er wohl gewußt, daß sie gekommen seien, ihn zu töten; wie er darauf so vielfältig gewahrsagt, und wie er dem Könige auch sagen wolle, warum sein Turm nicht stehen will. Ihr müßt mir, erwiderte der König, mit Eurem Leben für die Wahrheit dessen stehen, was Ihr mir berichtet! Das wollen wir, Herr König, sagten die Boten. Nun so will ich ihn sprechen, sagte der König. Die Boten gingen hinaus, Merlin zu holen, der König war aber so voller Begierde, ihn zu sehen, daß er ihnen auf dem Fuße nachritt. Die Boten kamen zu Merlin, der ihnen entgegenrief: ich weiß schon, was zwischen Euch und dem Könige vorgegangen, Ihr habt mit Eurem Leben für mich gutgesagt, aber Ihr sollt nicht für mich zu zahlen brauchen. Er ritt mit ihnen, und begegnete dem König Vortigern, der ihnen entgegenritt. Merlin grüßte ihn, sobald er ihn ansichtig wurde; der König gab ihm seinen Gruß wieder, nahm ihn bei der Hand und sprach mit ihm in Gegenwart der Boten. Du wolltest mich fangen, sagte Merlin, um mein Blut zu haben, damit dein Turm feststünde; versprichst du mir, mit denen, die dir diesen Rat gegeben, so zu verfahren, als sie verlangten, daß mir geschehen solle, so will ich dir in ihrer Gegenwart zeigen und sagen, warum dein Turm nicht stehen kann. Bei meinem Leben, rief der König, ich schwöre dir, zeigst du mir die Sache, so wie du sagst, so soll mit jenen geschehen, wie sie wollten, daß mit dir geschehen solle.

Zwölftes Kapitel

König Vortigern ging hierauf mit Merlin grade auf den Platz, wo der Turm gebaut werden sollte, und ließ die gefangnen Astronomen vor sich kommen. Merlin ließ sie durch einen der Boten fragen, warum der Turm immer wieder einfiele? – Die Astronomen sagten: wir wissen nicht, warum er einfällt, aber dem Könige haben wir gesagt, was geschehen müsse, damit er stehenbleibe. Ihr habt, sagte Merlin, den König für einen Narren gehalten, daß Ihr ihm auftrugt, einen Menschen zu suchen, der ohne Vater geboren sei; aber Ihr Herren tatet das um Eurer selbst, und nicht um des Königs willen. Denn soviel habt Ihr wohl herausgebracht durch Eure Bezauberungen, daß Ihr wißt, ein solcher Mensch würde die Ursach Eures Todes sein, darum ließt Ihr den König diesen Menschen suchen und trugt ihm auf, sein Blut auf den Grund des Turmes zu gießen, damit, wenn er tot sei, Ihr nicht durch ihn umkommen könnet. – Die Astrologen waren so erschrocken, da Merlin ihre geheimen Absichten wußte, daß sie nicht ein einzig Wort vorbringen konnten. Nun sehe, mein Herr König, fuhr Merlin fort, daß diese Männer mein Blut bloß um ihrentwillen forderten, und gar nicht weil es zum Bau des Turms notwendig war; Eure Majestät frage sie, ob ich wahr geredet. Sie werden nicht die Frechheit haben, mich Lügen zu strafen. – Die Astrologen gestanden, daß Merlin die Wahrheit geredet, baten aber den König, sie leben zu lassen, bis sie gesehen, ob Merlin wisse, warum der Turm nicht stehen wolle. Ihr werdet nicht eher sterben, sagte Merlin, bis Ihr es mit

Euren Augen gesehen. – Nachdem die Astrologen für diese Gnade gedankt, wandte Merlin sich wieder zum König Vortigern: Jetzt höre, warum der Turm nicht stehen will, und tue, was ich dir sage, so wirst du es selber sehen. Nicht sehr tief unter der Erde, auf dem Fleck, wo der Bau angefangen worden, ist ein großer Fluß; unter dem Bett dieses Flusses liegen zwei Drachen, die sich einander nicht sehen, der eine ist weiß, der andre rot; sie liegen unter zwei sehr großen wunderbaren Felsen; diese Drachen nun fühlten die Last des Gebäudes zu schwer auf sich, darum bewegten sie sich und schüttelten die Last, die sie drückte, von sich. Der König lasse nachgraben, und wenn sich nicht alles Wort für Wort so befindet, als ich gesagt, so will ich sterben; findet es sich aber so, so müssen die Astrologen für mich sterben. – Ist es so, als du sagst, erwiderte König Vortigern, so bist du der weiseste aller Menschen; aber sage mir, wie muß ich es anfangen, um die Erde fortbringen zu lassen? – Auf Wagen und mit Pferden, antwortete Merlin, und mit Hilfe vieler Menschen, die sie weit fortführen. Der König ließ nun alles, was arbeiten wollte, zusammenkommen, worauf sich viele Menschen versammelten, die alle Tagelohn verdienen wollten, und man fing an, den hohen Berg, worauf der Turmbau angefangen war, abzutragen; die Leute hielten ihren König für töricht, daß er den Worten eines Kindes Glauben beimesse, jedoch durften sie dem Könige nicht ihre Meinung sagen. Nachdem lange gearbeitet und die Erde alle weit fortgeführt worden, entdeckten die Arbeiter den großen Fluß und meldeten es sogleich dem Könige. Dieser, sehr erfreut, nahm den Merlin mit hinaus, wo sie denn wirklich den Fluß so fanden, wie Merlin es vorhergesagt. Wie sollen wir es aber nun anfangen, fragte ihn König Vortigern, um unter den Fluß zu sehen? – Merlin ließ sogleich sehr große Graben und Kanäle machen, und leitete so den Fluß weit hinaus in das Feld. Während man daran arbeitete, sprach Merlin zum Könige: wissen sollst du auch, daß, sobald die Drachen unter den großen Steinen hervorgekommen, sie miteinander kämpfen werden. Berufe also der König die Angesehensten und Geehrtesten seines Landes zusammen her, damit sie diesen Kampf ansehen, der von großer Bedeutung ist. – Sogleich gab der König Befehl, daß man die adligsten Herren, die achtbaren Männer und Bürger samt den Gelehrten und Geistlichen aller Orden aus seinem Lande zusammenrufen solle. Diese versammelten sich auch sogleich nach des Königs Befehl, und waren sehr verwundert und erfreut, als der König ihnen die Ursach verkündigte, warum sie zusammenberufen wären. Dieser Kampf wird ein sehr schöner Anblick sein, sagten sie; einige aber erkundigten sich bei dem Könige, ob Merlin prophezeit habe, welcher von den beiden Drachen den Sieg davontragen würde? Dies hat er nicht, antwortete Vortigern.

Da nun der Fluß abgeleitet war und man die beiden Felsen, unter welchen die Drachen lagen, erblickte, fragte der König den Merlin, auf welche Art man nun diese ungeheuern Steine wegschaffen müsse? Merlin sprach: sobald die Drachen die äußere Luft empfinden, werden sie von selber hervorkommen, der König lasse also die beiden Felsen durchbohren, damit die äußere Luft hinzukann. Es geschah, so wie Merlin es angab;

die Felsen wurden einer nach dem andern durchbohrt, und sogleich kamen die Drachen hervor. Sie waren entsetzlich anzusehen, furchtbar groß und von scheußlicher Gestalt, so daß alle Anwesenden Furcht und Abscheu vor ihnen hatten. Der König selber erschrak sehr bei ihrem Anblick und fragte den Merlin, welcher von den beiden den andern besiegen würde? Merlin sprach: dies will ich dem Könige und seinem geheimen Rat besonders vertrauen; ging darauf mit ihnen beiseite, wo er ihnen folgendes entdeckte: der weiße Drache wird den roten nach schrecklichem Kampf und nach großer Mühe und Anstrengung besiegen. Dieser Sieg ist von fernerer großer Bedeutung, die Ihr aber erst nach dem Kampfe und dem errungenen Siege erfahren sollt, vorher kann ich Euch nichts mehr sagen. Nun gingen sie wieder hin zum Platze, wo die Edlen und das Volk versammelt waren, dem Kampfe zuzusehen. Die Drachen waren blind und sahen einander nicht, wie Merlin auch prophezeit hatte; sobald sie sich aber rochen, fielen sie übereinander her, verschlangen ihren Leib in vielfachen Ringen und Knoten, und bissen sich. Sie hatten auch Klauen, mit diesen zerrten sie sich, so daß es schien, als wenn sie spitze eiserne Haken gebrauchten und sich damit voneinander reißen würden. Niemals hatten Löwen sich härter und reißender angefallen, als diese zwei Drachen. So wie reißende Tiere kämpften sie wütend den ganzen Tag und die folgende Nacht durch. Keiner von den Anwesenden entfernte sich, sondern alle sahen mit großem Eifer dem mächtigen Kampfe zu. Der weiße Drache schien dem Volke schwächer als der rote, denn dieser setzte ihm hart zu, und er litt gar viel von dem roten, auch meinte das Volk allgemein, da es den weißen so leiden und schon sehr ermattet sah, daß er unterliegen würde. Auf einmal aber strömte ihm flammendes Feuer aus dem Rachen und aus den Nasenlöchern, so daß der rote Drache davon verbrannte und tot auf dem Platze liegenblieb. Darauf legte der siegende weiße Drache sich neben den roten, und nach drei Tagen starb er gleichfalls. – Nun, sprach Merlin zu Vortigern, magst du deinen Turm aufbauen lassen, und sicher sein, daß er nicht wieder einfällt, wenn er nach der Wissenschaft eingerichtet und gut ausgeführt wird. König Vortigern ließ die vortrefflichsten und kunstvollsten Baumeister seines Landes zusammenkommen, und befahl ihnen, den Turm so fest und stark zu errichten, als sie zu tun vermöchten, welches auch die Baumeister zu tun versprachen. Darauf wurden die Astrologen herzugeführt, um ihren Urteilsspruch von Merlin zu empfangen, so wie der König es ihm zugesagt. Ihr seht nun, sprach Merlin, wie schlecht Ihr Euch auf Eure Kunst verstanden. Ihr wolltet den Grund finden, warum der Bau einfiel, und da Ihr nichts finden konntet, als meine Geburt, und daß Ihr selber durch mich in Todesgefahr wäret, so habt Ihr falschlich angegeben, mein Blut müsse auf den Grundstein vergossen werden, damit der Turm stehenbleibe. Alsdann wäre freilich Euer Leben nicht mehr in meiner Hand gewesen; aber wäre denn der Bau wohl besser bestanden? Ihr habt also, anstatt das Wohl des Königs zu betrachten, nur Euer eignes beherzigt; aber eben darum, weil Ihr nur dies vor Augen hattet, und große Sünder seid, konntet Ihr auch nicht die Wahrheit in den

Gestirnen durch die Wissenschaft finden. Ihr habt mein Blut vergießen wollen, und dafür steht Euer Leben jetzt in meiner Hand, ich will Euch dieses aber schenken, und Ihr sollt frei ausgehen, sofern Ihr mir nur eines versprechen wollt. – Die Astrologen, als sie hörten, daß Merlin ihnen das Leben schenken wolle, versprachen alles gern zu tun, was er ihnen gebieten würde. Nun, sprach Merlin, so versprecht und schwöret mir, Eure Kunst nicht mehr zu treiben, an welcher Ihr Euch versündigt habt; geht, bereuet es und tut Buße Euer Leben lang, versöhnt Euch mit Gott, damit die Seele in Euch noch Rettung hoffen dürfe, und somit seid Ihr entlassen und dürft frei ausgehen. Die Astrologen schwuren voll Freuden alles, was Merlin von ihnen verlangte, und entfernten sich. Da der König und die Edlen des Volkes sahen, wie sanftmütig Merlin den Astrologen verziehen, und welche Worte der Weisheit er zu ihnen geredet hatte, bekamen sie eine noch höhere Meinung von ihm. Er ist der weiseste, der beste Mensch auf Erden, sagten alle einstimmig, und ehrten den Merlin, und hielten ihn sehr hoch.

Dreizehntes Kapitel

Jetzt, sprach Merlin, ist es Zeit, daß ich dem Könige und seinen vertrauten Räten offenbare, was diese beiden Drachen, derselben Kampf, und der Sieg des weißen über den roten für eine Bedeutung habe. Der Rat des Königs und die adeligen Herren wurden sogleich versammelt, wo dann Merlin folgendes sprach:

Wisset, Herr König, daß der rote Drache auf Euch selbst deutet, und der weiße deutet auf die Söhne des Königs Constans. – Vortigern schämte sich sehr dieser Deutung, und Merlins Worte setzten ihn in große Verlegenheit. Merlin merkte dies und sprach: Vortigern, wenn du es verlangst, so will ich von dieser Sache lieber ganz schweigen, damit du mir nicht etwa deswegen übel wollest, und mit mir unzufrieden werdest. – Nein, antwortete Vortigern, ich will alles wissen, du sollst mich keinesweges schonen, denn hier ist nicht einer zugegen, der nicht von meinem geheimen Rat wäre. Nun denn, fing Merlin wieder an, die rote Farbe des Drachens ist dein böses Gewissen, und dein törichter Sinn; seine Größe bedeutet deine Macht. Die Kinder des Königs Constans, daß du ihnen ihr Erbteil vorenthältst, und daß sie aus Furcht vor dir fliehen mußten, das bedeutet der weiße Drache; ihr langer Kampf aber ihre lange Verbannung und deine Ungerechtigkeit. Und das Feuer, mit welchem sie den roten Drachen verbrannten, bedeutet, daß sie dich in einem ihrer Schlösser verbrennen werden; und glaube nicht, daß der Turm, den du erbauen läßt, oder irgend etwas andres, dich dagegen schützen kann, denn dieser Tod ist dir bestimmt.

Vortigern erschrak, als er dies hörte, und fragte, wo sind denn diese Kinder jetzt? – Sie sind mit vielem Volk jetzt auf dem Meer, antwortete Merlin, ihre Schiffe sind alle wohl bestellt, und sie sind auf dem Wege hierher, nach dem Lande, das ihnen zugehört; sie kommen, um Gerechtigkeit an dir zu üben, denn sie wissen, daß du ihren Bruder hast ermorden lassen, obgleich du nach der Tat deinen Befehl ableugnetest und die Mörder hinrichten ließest. Von heut über drei Monde landen sie in dem Hafen von Winchester. Ist es denn in Wahrheit so, wie du sagst, fragte Vortigern voll Schrekken? – Es wird nicht anders, als du stirbst im Feuer durch Constans Kinder, so wie der rote Drache von dem weißen verbrannt ward. –

Merlin nahm nun Abschied vom König Vortigern, und ging nach dem Walde von Northumberland, zu seinem Meister Blasius, und erzählte ihm alles, was er getan, und ließ es ins Buch aufschreiben, blieb auch lange Zeit bei ihm, bis zur Zeit, da die Söhne des Constans ihn rufen ließen.

Vierzehntes Kapitel

Vortigern aber ließ gleich, nachdem Merlin ihm die Ankunft der Söhne des Constans prophezeit, durch sein ganzes Reich ausrufen, daß ein jeder sich und seine Waffen auf den Tag über drei Monde bereithalte; versammelte alsdann alle Gewappneten, und ließ sie nach dem Hafen von Winchester ziehen, um ihn zu verteidigen, sagte ihnen aber nicht, gegen wen sie diesen Hafen verteidigen sollten, auch nicht, warum sie versammelt und in Waffen wären; niemand wußte es, als die in seinem Rate saßen.

König Vortigern ging selber mit seinem Heer an den Hafen, und an demselben Tag, den Merlin ihm vorhergesagt, erblickte er im Meere die Flaggen der Schiffe, auf welchen die Prinzen waren; sogleich gab er Befehl, daß ein jeder sich rüste und den Hafen verteidige. Die

Söhne des Constans landeten im Hafen, nicht fern von einem Turm, den sie hernach belagerten; da aber die, welche den Hafen bewachen sollten, die Standarten und Flaggen in der Sonne leuchten sahen, und das Wappen des Königs Constans darauf erblickten, waren sie so erstaunt darüber, daß sie sich nicht verteidigten, und so lief das erste Schiff, worauf die Söhne des Constans sich befanden, glücklich in den Hafen. Und als diese nun aus den Schiffen ans Land stiegen, fragten jene sie, wem denn diese Schiffe, diese Standarten und Flaggen zugehörten? – Pendragon und Uter, die Söhne des Königs Constans, sind wir, antworteten sie; Aurelius Ambrosius ist mit uns, wir kommen dieses Land wieder zu erobern, das uns eigentümlich zugehört, und welches der falsche verräterische Vortigern uns zurückhält, der unsern Bruder höchst ungerecht hat ermorden lassen. Nun kommen wir, unser Recht von ihm zu fordern. – Da nun die im Hafen vernahmen, daß es die Söhne des Constans wären, wollten sie nicht gegen sie fechten, bedachten auch, wie es ihnen wohl Schaden bringen könnte, da jener Macht viel stärker war, als die ihrige; sie gingen zu Vortigern und verkündeten es ihm. Da nun Vortigern sah und erfuhr, daß die meisten seiner Leute ihn verließen und zu den Prinzen übergingen, überfiel ihn eine Angst, und er befahl seinen treuesten Männern den Turm zu besetzen, welches auch geschah. Nun liefen die übrigen Schiffe in den Hafen ein, und die Ritter und die andern, die darin waren, stiegen ans Land. Da nun die Herren des Landes sahen, daß es ihre Fürsten waren, gegen welche sie kämpfen sollten, seufzten sie im Herzen, wollten sich auch nicht gegen sie verteidigen; sondern die meisten unter ihnen gingen zu ihnen über, und waren erfreut, sie wiederzusehen, wurden auch von Pendragon, und von Uter, seinem Bruder, mit Freuden aufgenommen; und nun gingen sie alle zusammen, den Turm zu belagern, in welchem Vortigern und seine treuen Anhänger sich verschanzt hatten. Sie verteidigten sich mit aller Macht gegen die Angreifenden, und taten ihnen mit häufigen Ausfällen und tapferer Gegenwehr vielen Schaden. Da endlich Aurelius einsah, daß er den Turm nicht mit dem Schwert erobern konnte, ließ er Feuer herum anlegen, und verbrannte den Turm, nebst allen, die darin waren, worunter auch Vortigern war, der somit verbrennen mußte, wie Merlin es vorhergesagt. Nachher kamen alle und ergaben sich dem Pendragon und seinem Bruder Uter, als ihren rechtmäßigen Herren, halfen ihnen auch das ganze Land wieder erobern, denn Hangius und seine Heiden hielten noch die meisten Städte und festen Plätze. Das Volk aber war voller Freuden, seine rechtmäßigen Herren zu sehen, und aus allen Orten kamen sie ihnen entgegen, und empfingen sie mit großer Freude und vieler Ehre. Nunmehr ließ Aurelius Ambrosius, Pendragon, den ältesten Sohn des Königs Constans, zum Könige krönen, und ihm von allen Edeln des Landes huldigen und Treue schwören, und so hatte Aurelius den König Pendragon, und seinen Bruder Uter, wohl zum Ziele geleitet.

Hangius aber hielt mit seinen Heiden noch immer viele feste Plätze, und tat dem Lande vielen Schaden. Da versammelte König Pendragon den geheimen Rat und die Edeln des Landes, und befragte sie, wie man sich von diesen Heiden wohl befreien möchte? Es waren noch einige von den Räten, die sich des Merlin erinnerten, und wie dieser dem Vortigern mit solcher Weisheit geraten, und alles vorhergesagt hatte; sie erzählten also dem Könige Pendragon alle die Wunder, die sie von Merlin hatten verrichten sehen, und sagten ihm, wenn er diesen fragen könnte, würde er gewiß die beste und weiseste Antwort auf seine Frage erhalten; denn Merlin, sagten sie, ist sicher der weiseste Mensch in der Welt. Und wo soll ich ihn aufsuchen lassen? fragte Pendragon. Er muß noch im Lande sein, sagten sie, denn es ist noch nicht lange, daß er von Vortigern wegging. Der König schickte sogleich Boten aus im ganzen Lande, mit dem Befehl, nicht eher zurückzukommen, bis sie den Merlin gefunden. Man wisse, daß Merlin, sobald der König diesen Befehl gegeben, es sogleich wußte, und zum Meister Blasius sagte: er müsse sich sogleich nach einer nicht weit abliegenden Stadt begeben, sagte ihm aber nicht die Ursache davon; er aber wußte sehr wohl, daß er daselbst die Boten des Königs Pendragon treffen würde, die ihn zu suchen ausgingen. Unterweges nahm er die Gestalt eines alten Hirten an; an seinem Hals hing eine große Keule, ohne Schuhe an seinen Füßen, ein altes ganz zerrissenes Kleid um ihn herhängend, auch trug er einen langen ganz struppichten Bart. So kam er in die Stadt und in das Wirtshaus an, wo die Boten saßen, er fand sie gerade beim Mittagsessen. Die Boten, als sie ihn hereinkommen sahen, sagten, seht, das ist ein wilder Mann. Merlin aber sah sie an, und sagte: Ihr Herren Abgesandten seid eben nicht sehr bekümmert, Eure Botschaft auszurichten;

Ihr bringt Eure Zeit sehr gut mit Essen und Trinken zu, sucht aber den Merlin nicht. Wäre es mir aufgetragen ihn zu suchen, so wie Euch, ich würde ihn besser zu finden wissen. – Da erhoben sich die Boten von ihren Sitzen, redeten ihn an, und fragten ihn, ob er wisse, wo Merlin sei, und ob er ihn gesehen habe? – Ja, wahrlich ich kenne ihn und weiß auch, wo er sich verbirgt. Er selber sagte mir, daß Ihr ihn zu holen gekommen seid, daß er aber nicht mit Euch gehen würde, wenn Ihr ihn auch wirklich fändet, daß Ihr aber dem Könige sagen solltet, er würde die Schlösser nie erobern, solange Hangius noch lebe. Wisset auch, daß von denen, die dem Könige rieten, Merlin holen zu lassen, nur noch einer im Lager des Königs ist. Es sind überhaupt nur noch drei vom großen Rat des Königs am Leben, diesen und dem Könige selbst dürft Ihr sagen: daß, wenn sie selber herkommen wollen den Merlin zu suchen, werden sie ihn im Felde das Vieh hütend finden. Kommt der König aber nicht selber, so wird er gar nicht gefunden.

Die Boten sahen erstaunt einander an, und wußten vor Erstaunen nicht, was sie sagen sollten; als sie sich wieder umsahen, und den Mann mit ihren Augen suchten, um ferner mit ihm zu reden, war er nicht mehr da, und sie wußten nicht, wo er hingekommen war. Laßt uns gehen, sagten sie, und dem Könige diese merkwürdige Geschichte erzählen.

Fünfzehntes Kapitel

Die Boten kamen zum Könige zurück, erzählten ihm alles, was ihnen begegnet war; fanden auch zu ihrer großen Verwunderung alle diejenigen aus dem großen Rate tot, von welchen der alte Hirt ihnen dieses vorhergesagt hatte. Nun riefen alle die zugegen waren, er könne kein andrer sein, als Merlin selber, der zu ihnen in der Gestalt eines alten Hirten gekommen sei.

König Pendragon ließ sein Reich unter der Obhut seines Bruders Uter, nahm sein Gefolge mit sich, und ritt nach Northumberland, wo er, wie die Boten aussagten, den Merlin finden sollte. Er fragte im ganzen Northumberlande nach Merlin, keiner aber wußte etwas von ihm zu sagen, denn er hatte sich nirgend zu erkennen gegeben. Endlich vertiefte der König sich in die Wälder, und sandte einige von seinen Edelleuten voran in den Wald. Einer von ihnen stieß auf eine große Herde Vieh, und einen sehr ungestalten häßlichen Mann, der sie hütete. Der Edelmann fragte ihn, wem das Vieh angehöre? – Ich gehöre, antwortete jener, einem angesehenen sehr weisen Manne aus Northumberland zu; er sagte mir, König Pendragon würde kommen und ihn hier suchen, könnt Ihr mir etwa sagen, ob dem so ist? – Ja wahrlich, sagte der Edelmann, dem ist so; kannst du mir den Ort sagen, wo ich den weisen Mann finde? – Dir werde ich es nie sagen, dem Könige aber, wenn er hier wäre, will ich es wohl entdecken. – Nun so gehe mit mir zum König. – Ei, da würde ich ja meine Herde schlecht hüten, auch habe ich nicht nötig, den König zu sehen, wenn er aber zu mir kommen will, so will ich ihm sagen, wo er findet, was er sucht. – Nun so bitte ich dich, erwarte mich hier, ich will dir sogleich den König herführen.

Der König ritt sogleich, als der Edelmann ihm dies erzählte, mit ihm zu dem Hirten in den Wald. Es war wieder Merlin selber, der in Gestalt eines Viehhirten erschien. Er sagte dem Könige: du willst den Merlin holen, aber wüßtest du auch, wo er ist, er ginge doch nicht eher mit dir, bis es ihm gefiele; willst du meinem Rate folgen, so begib dich in die nächste Stadt von hier, sobald du dort sein wirst, wird auch Merlin bei dir sein. – Wie soll ich wissen, fragte der König, ob das, was du sagst, die Wahrheit ist? – Wenn Ihr mir nicht glauben wollt, antwortete der Hirt, so tut nicht, was ich Euch sage; es wäre ja eine Torheit, einem Rate zu folgen, dem man nicht traut. – Ich will dir nicht mißtrauen, sagte der König, und will deinem Rat folgen, ritt darauf wieder zurück, und begab sich in die nächste Stadt; hier kehrte er in ein Wirtshaus ein, daselbst war er kaum abgestiegen, als ein sehr wohlaussehender, gut gekleideter Mann auf einem schönen Pferde ankam, der nach dem Könige fragte. Es war Merlin selber. Als er vor den König kam, sagte er: Herr König, Merlin sendet mich und läßt dir sagen, er sei es gewesen, den du im Walde als einen Hirten angetroffen hast. Er hatte dir versprochen, zu dir herzukommen, er läßt dir aber sagen, du bedürfest seiner nicht mehr. Gewiß, mein Freund, antwortete der König, ich werde immer seiner bedürfen. – Er läßt durch mich Euch gute Botschaft wissen; nämlich Hangius ist tot, Euer Bruder Uter hat ihn erschlagen. – Du sagst erstaunliche Dinge, rief der König höchst verwundert aus, ist es denn gewiß so, wie du sagst? – Wenn du zweifelst, so schicke hin und erkundige dich nach der Wahrheit.

König Pendragon ließ alsobald zwei von seinen Leuten aufsitzen und schickte sie zu seinem Bruder Uter, sie waren aber noch nicht weit geritten, als sie zwei Boten von Uter begegneten, die den König Pendragon aufsuchten, um ihm zu sagen, daß Uter den Hangius erschlagen habe. Sie kehrten nun alle viere in die Stadt zurück, wo König Pendragon immer noch den Merlin erwartete. Er war erstaunt, den Tod des Hangius so eingetroffen zu sehen, wie es ihm durch den verwandelten Merlin, den er aber nicht gekannt hatte, war vorhergesagt worden. Er verbot es jenen bei Lebensstrafe, es niemand zu sagen, auf welche Weise Hangius war erschlagen worden; er wollte sehen, ob Merlin auch dieses wissen würde, wenn er käme.

Endlich zeigte Merlin sich dem Könige in seiner wahren Gestalt, so daß alle ihn erkannten, die ihn vormals gesehen. Er nahm den König beiseite und sagte ihm: Von nun an bin ich ganz der Eurige, und will Euch in allem, was Ihr bedürft, beistehen. Ich bin Merlin, nach welchem Ihr so lange sucht; ich war der Hirt, der im Walde mit Euch sprach; ich war auch derselbe, der als Abgesandter hier bei Euch war; ich habe auch Eurem Bruder geraten, mit dem Hangius zu fechten. Unter den verschiedenen Gestalten, die ich angenommen, konnten Eure Räte, die mich ehedem gekannt, mich nicht wiederkennen; denn diese Leute kennen nichts an mir, als meine Außenseite, mein inneres Wesen aber werden sie nie erkennen. So wie ich jetzt hier vor dir stehe, bin ich ihnen bekannt, ich kann aber, wenn ich will, mich immer vor ihnen verbergen, Euch aber, Herr König, bin ich ganz ergeben.

Der König freute sich so, den Merlin zu haben, als hätte man ihm die ganze Welt geschenkt. Er ließ seine Räte kommen, diese erkannten den Merlin sogleich, und waren ganz erstaunt, als sie hörten, daß er unter so mancherlei Gestalt schon mit dem Könige geredet habe. – Jetzt, Merlin, fing Pendragon an, sage mir, wie starb Hangius? – Sobald als er erfuhr, sprach Merlin, daß der König aus dem Lager gegangen sei, um mich aufzusuchen, beschloß er in seinem kühnen Mut, sich bei Nacht zu waffnen und in das Zelt Eures Bruders Uter zu dringen. Ich wußte seine Absicht sogleich, begab mich also zu Eurem Bruder und warnte ihn, daß er auf seiner Hut sei, weil Hangius in der Nacht nach seinem Zelte kommen wolle, um ihn meuchelmörderisch zu erschlagen; sagte ihm auch viel von des Hangius Kühnheit, Stärke und von dessen Tapferkeit. Gott und der seinigen sei Dank! er glaubte meinen Worten. Als nun die Nacht gekommen war, schlich Hangius sich mit gezognem Schwerte nach dem Zelt Eures Bruders, dieser war aber nicht darin, so wie ich ihn gelehrt hatte, worüber Hangius sich sehr ärgerte, ihn nicht darin zu finden. Als er wieder vom Zelte zurückgehen wollte, paßte Euer Bruder ihm auf und fiel ihn an; sie fochten so lange, bis Uter den Sieg davontrug und den Hangius erschlug. – Unter welcher Gestalt erschienst du meinem Bruder? fragte der König. – Unter der Gestalt eines sehr alten Mannes. – Sagtest du ihm, wer du seist?

– Nein, dies sagte ich ihm nicht, er wird es auch nicht erfahren, als bis Ihr es ihm entdecket. – Gehst du nicht mit mir? denn ich sehe ein, welcher Weisheit du voll bist, und werde deines Rates immer bedürftig sein. – Je länger ich bei Euch bleibe, je mehr ärgern sich Eure Räte, weil für sie nichts zu tun bleibt, wenn ich Euch guten Rat erteile; aber über zwölf Tage sollt Ihr mich bei Eurem Bruder Uter wiedersehen, unter derselben Gestalt, in welcher ich ihm erschienen bin; aber ich bitte Euch, Herr König, sagt davon keinem Menschen, ich sage Euch sonst nie wieder etwas. Gewiß, sagte der König, ich werde keinem Menschen ein Wort davon sagen. Sie nahmen also die Abrede, daß Merlin sich den zwölften Tag im Lager Pendragons und Uters einfinden sollte, und trennten sich darauf. Merlin ging wieder in den Wald zum Meister Blasius, und ließ ihn alle diese Begebenheiten aufschreiben, so wie wir es hier in seinem Buche finden; Pendragon aber ging zurück ins Lager zu seinem Bruder Uter. Die beiden Brüder freuten sich sehr, als sie einander wiedersahen. Pendragon nahm seinen Bruder sogleich beiseite, und erzählte ihm mit den kleinsten Umständen, wie er den Hangius erschlagen habe, nebst noch vielen andern Dingen, worüber Uter sehr erstaunte; denn niemand, sagte er, kann diesen ganzen Hergang so wissen als Gott, und ein wackrer alter Mann, der mir insgeheim sagte, daß ich vor Hangius auf meiner Hut sein solle, weil er mich in der Nacht erschlagen wolle. Um Gottes willen also, wer kann diese Dinge dir erzählt haben? – Du siehst also, mein Bruder, antwortete der König, daß ich es sehr wohl weiß. Wer aber war der Mann, der dich warnte? denn hätte er dich nicht gewarnt, so wärst du wohl, denke ich, jetzt vom Hangius erschlagen. – Bei meinem Leben, sagte Uter, ich kenne ihn nicht, hatte ihn auch nie vorher gesehen; aber er schien mir ein rechtlicher ansehnlicher Mann, darum traute ich seinen Worten. – Würdest du wohl, fragte Pendragon, den Mann wiedererkennen, wenn du ihn vor dir sähest? – Gewiß denke ich ihn wieder zu erkennen. – Nach elf Tagen wird er hier bei dir sein, entferne dich also zu dieser Zeit nicht von mir, damit auch ich ihn sehe und kennenlerne. Uter versprach, den Tag, an welchem jener erscheinen wolle, bei ihm zu erwarten.

Merlin wußte sehr genau, was die Brüder zusammen verabredet hatten, und wie Pendragon ihn auf alle Weise auf die Probe stellen wollte; sagte auch alles dem Meister Blasius wieder und ließ es ihn aufschreiben. Was werdet Ihr nun mit ihnen machen? fragte Meister Blasius. Pendragon und sein Bruder Uter, antwortete Merlin, sind schöne liebenswerte edle Fürsten, von angenehmen Sitten und rechtem Wandel; ich will ihnen mit Liebe und Treue, mit Wort und Tat dienstbar zugetan sein; will ihnen auch gar seltnen Spaß vormachen, daß sie fröhlich darüber lachen sollen. Uter liebt eine schöne Dame von hohem Adel, ich will die Gestalt des kleinen Pagen dieser Dame annehmen und ihm einen Brief von ihr bringen; er wird mir also glauben, was ich ihm sage, und da ich nun alles, was er mit dieser Dame insgeheim gesprochen hat, sehr wohl weiß, so will ich es ihm erzählen, worüber er sehr erstaunt sein wird; und das soll grade auf den elften Tag geschehen, an welchem er mich erwartet. Er nahm Abschied vom

Meister Blasius, und kam an dem bestimmten Tage in dem Lager des Königs an. Unter der Gestalt des kleinen Pagen ward er vor Uter gebracht, der sich sehr freute, eine Botschaft von seiner Dame zu erhalten. Er nahm den Brief, welchen der Page ihm in ihrem Namen überreichte, erbrach ihn mit vor Freude bebendem Herzen, und fand die allerlieblichsten Worte darin, auch stand darin, daß er dem Pagen alles glauben dürfe, was er ihm sagen würde. Merlin gab ihm darauf die fröhlichsten Nachrichten, erzählte ihm Dinge, von welchen er wohl wußte, daß sie dem Uter viel Vergnügen machen würden, und unterhielt ihn mit solchen angenehmen Dingen bis gegen den Abend. Uter freute sich über die Maßen sehr, und beschenkte den Pagen reichlich. Pendragon, der an diesem Tage die Erscheinung des Merlin erwartete, ward sehr bestürzt, als es Abend ward und er immer nicht kam. Auch Uter erwartete ihn, und während er mit dem Pagen sich unterhielt, zog dieser sich einen Augenblick zurück, nahm die Gestalt des alten Mannes an, so wie er ihm zum erstenmal erschienen war, und zeigte sich ihm so in dem Schloßhofe, wo er zuvor mit ihm auf und ab gegangen war. Uter erkannte ihn auch sogleich, ging ihm entgegen und sagte: Freund, ich bitte dich, warte hier ein wenig auf mich, bis ich mit meinem Bruder Pendragon gesprochen habe. Jener willigte ein, auf ihn zu warten, und Uter ging zum Könige. Bruder, rief er, der Mann ist angekommen. Weißt du gewiß, fragte Pendragon, daß es derselbe ist, der dich vor Hangius warnte? – Ja wohl ist er es, ich kenne ihn genau. – So gehe doch noch einmal zu ihm hinaus und prüfe ihn, ob es derselbe ist, und wenn du dessen ganz gewiß bist, so komm und rufe mich. – Uter gehorchte seinem Bruder, und ging wieder hinaus in den Hof, wo er den Mann noch so fand, wie er ihn zuvor verließ. Ihr seid es, sagte er, der mich vor Hangius warnte, wohl kenne ich Euch, und Ihr seid mir sehr willkommen. Wundern muß ich mich aber, daß mein Bruder Pendragon alles genau weiß und mir erzählte, was Ihr mir damals sagtet, und auch alles genau wußte, was ich tat, als Ihr nicht mehr bei mir waret; so wußte er auch, daß Ihr heute herkommen würdet; ich muß billig darüber mich verwundern, wer ihm doch alles das mag offenbart haben. – Geht, holt Euern Bruder, sagte Merlin, er soll uns sagen, durch wen er es erfahren. Uter ging hinein zu Pendragon und sprach: Jetzt komm, mein Bruder, denn es ist wirklich derselbe Mann. Pendragon, der wohl wußte, daß es Merlin sei, und daß er seinem Bruder noch verschiedene artige Streiche spielen würde, befahl den Torhütern, keinen Menschen weder hinaus noch herein gehen zu lassen, und als sie beide sich darauf dahin begaben, wo Uter den Mann verließ, fanden sie niemand als den kleinen Pagen. Nun, Bruder, fragte Pendragon, wo ist der Mann? und Uter stand bestürzt, und wußte nichts zu sagen, worüber Pendragon sich sehr ergötzte, weil er wohl merkte, daß Merlin nur scherzen wollte. Er trieb dieses Spiel auch noch eine Zeitlang, bis er sich endlich dem Uter und Pendragon in seiner wahren Gestalt zeigte, und ihnen alles erklärte, worüber sie beide sich sehr freuten, und noch viel darüber scherzten und fröhlich waren. Sieh, mein Bruder, sagte Pendragon, er ist es, der dich vor Hangius beschützte; er ist es, den ich zu suchen ausging; er ist es, der Macht hat, alles zu wissen was geschieht und was gesagt wird, sowohl in der Gegenwart, als auch in der Zukunft. Bitten wir ihn also, daß er stets mit uns sei, und uns mit seinem Rate und seiner Hilfe beistehe, damit wir nichts ohne ihn unternehmen, und er uns allenthalben leite. Beide Brüder baten ihn also, daß er bei ihnen bleiben möchte, indem sie alles mit ihm beraten, und nur unter seiner Leitung regieren wollten. – Gern, antwortete Merlin, will ich Euch raten, nur müßt Ihr an mich glauben, welches ihm auch beide Brüder zu tun versprachen, weil sie noch alles wahr gefunden, was er ihnen gesagt hatte; beide wiederholten auch nochmals ihre Bitten, daß er nicht von ihnen gehen möchte. – Gnädige Herren, erwiderte Merlin, Ihr sollt allein um mich wissen, und Ihr besonders sollt mein Wesen stets erkennen; jetzt aber muß ich notwendig mich nach Großbritannien verfügen, ich bin dazu genötigt und gezwungen. Aber bei Gott schwöre ich Euch, daß wo ich auch sein, und an welchem Orte ich mich auch befinden möge, ich immer Eure Angelegenheiten zuerst und ganz vorzüglich bedenken und besorgen, und in meinem Gedächtnis tragen werde. Laßt es Euch nicht verdrießen, und kränkt Euch nicht, wenn ich von Euch gehe, denn ich kann ja zu jeder Stunde des Tages bei Euch sein, wenn es nötig ist, und wo Ihr in Verlegenheit, oder in Gefahr seid, werdet Ihr mich ohne Fehl bei Euch sehen, meine Hilfe und mein Rat soll Euch niemals fehlen, sobald Ihr dessen benötigt sein werdet. Wenn ich jetzt wieder zu Euch komme, werden Eure Leute mich bei Euch melden, tut alsdann vor ihnen, als sähet Ihr mich zum erstenmal, und freut

Euch meiner Gegenwart, als käme sie Euch ganz unerwartet. Sie werden Euch alsdann raten, mich um alle Dinge zu fragen, und werden mich sehr rühmen; alsdann könnt Ihr in völliger Sicherheit meinen Rat, und meinen Vorschlägen folgen, so als ob es die Meinung der andern wäre.

Sechzehntes Kapitel

Merlin beurlaubte sich hierauf vom König Pendragon und seinem Bruder Uter, und ging nach Großbritannien, wo er lange blieb, ehe er wiederkam. Unterdessen führten Pendragon und Uter beständig den Krieg gegen die Heiden, die sich sehr im Lande vermehrt hatten, fanden aber kein Mittel sie aus dem Lande zu vertreiben, bis nach vier Monaten Merlin wiederkam. Die alten Räte des Königs Vortigern, als sie den Merlin sahen, waren dessen sehr froh, und meldeten ihn dem Könige Pendragon; sie wußten nicht, daß dieser, wie auch Uter, sein Bruder, den Merlin schon kannte. Merlin, riefen sie dem Könige zu, ist gekommen, dies ist der weiseste von allen lebenden Menschen, und was dieser Euch zu tun rät, dürft Ihr sicher tun, denn ihm ist das Verborgenste bekannt. Pendragon tat wie Merlin es ihm empfohlen hatte, freute sich mit dieser Nachricht, tat aber als kennte er ihn noch nicht, und sagte, er wolle dem weisen Mann entgegengehen. Auf dem Wege erzählten die Räte ihm alles, was Merlin dem Vortigern prophezeit, und was er bei ihm ausgerichtet hatte; der König hörte diesen Geschichten von den Drachen, und allen diesen Prophezeiungen mit Vergnügen zu, bis Merlin ihm begegnete. Die Räte stellten ihm denselben vor, und er erzeigte ihm alle Ehre und Höflichkeit, als sähe er ihn zum erstenmal, führte ihn darauf in seinen Palast, wo die alten Räte dem Könige insgeheim sagten: Herr König, da Ihr nun den Merlin habt, so laßt Euch nur von ihm raten, wie Ihr den Krieg glücklich beendigt und den Sieg über Eure Feinde davontragen mögt; was er Euch sagt, dürft Ihr sicher befolgen. Sie verließen darauf den König, und er blieb mit Merlin allein.

Nachdem er drei Tage lang sich mit ihm ergötzt, und ihm alle Ehre und alles Vergnügen erwiesen, versammelte er eine große Ratsversammlung, und ging in Merlins Begleitung dahin. Er redete den Merlin an, und sagte ihm alles, was die alten Räte ihm von seiner Weisheit gesagt; bat ihn auch darum, ihm zu raten, wie er die Heiden wohl aus dem Lande treiben könnte. Wisset, antwortete Merlin, da Hangius, ihr Anführer, tot ist, so wünschen sie nichts so sehr, als nur aus dem Lande zu sein. Meine Meinung ist, Ihr sendet ihnen Boten, mit dem Auftrag einen Waffenstillstand von drei Wochen von ihnen zu begehren. Sie werden zur Antwort geben, daß dies Reich ihnen gehöre, daß sie es von Euch zurückverlangen, und werden Euch keinen Waffenstillstand verstatten. Darauf laßt ihnen nur zur Antwort wissen, daß wenn sie nicht sogleich die Schlösser und festen Plätze ausliefern würden, Ihr sie alle umbringen wolltet.

Der König sandte sogleich den Ritter Ulfin, einen sehr verständigen Mann, nebst noch zwei andern Rittern als Abgesandte zu den Heiden, mit dem Auftrage, wie Merlin ihm vorgeschrieben.

Die Abgesandten kamen vor die obersten Anführer und Hauptleute der Heiden, die in einem der festesten Schlösser des Landes saßen. Diese nahmen die Boten des Königs ehrenvoll auf, und der Ritter Ulfin trug ihnen das Verlangen des Königs vor, daß sie ihm nämlich einen Waffenstillstand von drei Wochen gestatten sollten. Die Heiden verlangten bis den andern Tag sich zu beraten, worauf Ritter Ulfin und seine Begleiter sich entfernten. Die Heiden beratschlagten sich nun die ganze Nacht hindurch, und bedachten, wie sie erstlich durch Hangius Tod den großen Verlust erlitten, hernach wie es ihnen an allen Lebensmitteln in ihren festen Burgen und Schlössern fehle, und das Volk im Lande sie nicht gern sehe; bedachten aber auch andrerseits wieder, daß da der König um Waffenstillstand ersuchen lasse, es doch mit ihm schwach bestellt sein müsse. Obgleich sie nun auf jeden Fall nur wünschten, ihr Leben und ihr Gepäck zu retten, weil es nicht gut in einem Lande bleiben ist, wo man nichts zu essen hat, so ließen sie dem König dennoch folgendes zur Antwort wissen. Der König überlasse uns das Land, die Städte, und die festen Schlösser in Frieden, dafür wollen wir ihm jedes Jahr dreißig wohl gerüstete und wohl berittene Ritter geben, nebst zehn Jungfrauen, zehn Damen, und zehn Fräulein, nebst den zugehörigen Dienern und Dienerinnen, wie auch hundert Falken, hundert Rosse, und hundert Zelter.

Die Abgesandten kamen mit diesem Bescheid wieder zum König Pendragon, und erzählten ihm alles bei versammeltem Rat, was ihnen bei den Heiden widerfahren war, und welchen Bescheid sie gegeben. König Pendragon wandte sich zu Merlin, und fragte ihn, was er nun zu tun habe? – Gestattet Ihr ihnen dieses, antwortete Merlin, so tut Ihr dem Reiche großen Schaden in der Zukunft. Laßt ihnen sagen, daß sie sogleich ohne Aufschub das Land räumen, und Ihr sollt sehen, daß sie es recht gern tun, denn sie haben keine Lebensmittel mehr, und sterben Hungers; schenkt ihnen ihr Leben, sie werden nichts mehr verlangen. Es geschah also wie Merlin es verlangte, und der König ließ ihnen des andern Tages durch dieselben Boten befehlen, sogleich abzuziehen. Die Heiden waren froh diesen Befehl zu hören, sie versammelten sich sogleich, und zogen samt und sonders ab, der König schenkte ihnen Schiffe, und sie gingen alle übers Meer fort aus dem Lande.

So ward durch Merlins Rat das Land von den Heiden befreit, wodurch er beim Volke zu großen Ehren und Ansehen gelangte. König Pendragon regierte lange Zeit in Frieden, und sein Volk liebte und ehrte ihn überaus, denn er war friedliebend, drückte auch sein Volk auf keine Weise, und tat ihm keine Art von Zwang an. Merlin war stets bei ihm, und er tat nichts ohne Merlins Beistimmung, keines andern Rat galt bei ihm, als der seinige.

Siebzehntes Kapitel

Es lebte im Reiche ein sehr reicher vornehmer Herr, von sehr hoher Abkunft und einer der mächtigsten im Lande nach dem Könige; er war aber von hassender boshafter Gemütsart, voll Neid und bösem Willen. Dieser war neidisch auf Merlin, so daß er es nicht länger erdulden konnte, ging also zum Könige und sprach: Herr König, ich wundre mich sehr, wie Ihr doch dem Merlin so ganz unbeschränkten Glauben beimessen könnt, da doch alles, was er weiß, vom bösen Feinde herrührt, und er ganz von seinen Künsten voll ist. Wollt Ihr mir erlauben, so will ich ihn in Eurer Gegenwart auf die Probe stellen, und Ihr sollt sehen, daß alles nur Lug und Betrug ist. Der König gab ihm die Erlaubnis, mit der Bedingung, daß er den Merlin auf keine Weise beleidigen wolle; ich verspreche, sagte der Herr, daß ich ihm nichts zuleide tun, und seinem Leibe nicht nahe kommen will.

Als nun Merlin sich wieder mit dem Könige unterhielt, kam dieser vornehme Herr, begleitet von zwanzig andern, und stellte sich als wäre er sehr krank. Sehet, sagte er zum Könige, hier ist der weise Merlin, der dem König Vortigern seine Todesart vorausgesagt, wie Ihr ihn nämlich verbrennen würdet; es gefalle Euch also, Herr König, ihn zu bitten, daß er mir sage, welche Krankheit ich habe, und welchen Tod ich sterben werde. Der König und die Begleiter des vornehmen Herrn gingen nun den Merlin mit Bitten an, daß er es tun möchte. Merlin wußte sehr wohl, was dieser Mann wollte, kannte auch seinen Haß und Neid recht gut;

wisset, gnädiger Herr, sagte er, daß Ihr zur Stunde eben nicht gar krank seid. Ihr werdet aber vom Pferde fallen, und den Hals brechen, das wird Euer Ende sein. Davor wird mich Gott bewahren, sagte der Herr lachend, als wollte er über Merlins Rede spotten, und sprach darauf insgeheim zum Könige: Erinnert Euch wohl, mein König, der Rede Merlins, denn ich werde ihn auf die Art unter einer andern Gestalt in Eurer Gegenwart prüfen; nahm darauf Abschied vom Könige und reiste nach seinen Gütern. Nach zwei oder drei Monden kam er aber wieder, in einer Verkleidung, daß man ihn nicht erkannte, und sich krank stellend; ließ den König insgeheim bitten, daß er doch mit Merlin zu ihm komme, aber er sollte Merlin nichts davon sagen, daß er es sei. Der König ließ ihn wissen, er würde ihm den Merlin zuführen, und durch ihn sollte er sicher nichts erfahren. Wollt Ihr mit mir kommen, fragte der König den Merlin, zu einem Kranken hier in der Stadt? Ich bin es wohl zufrieden, antwortete dieser, der Kranke aber muß ein sehr vertrauter Freund des Königs sein, da er hingehen will, ihn zu besuchen? – Ja, erwiderte der König, ich will allein mit Euch zu ihm gehen. – Es kommt keinem Könige zu, sagte Merlin wieder, einen Kranken zu besuchen, ohne ein starkes Gefolge von wenigstens dreißig Mann. Der König erwählte dreißig Mann zu seinem Gefolge, die Merlin aussuchte, und die er liebte, und so begleitet gingen sie zusammen zu dem Kranken. Als dieser den König und Merlin sah, rief er: Sire, ich bitte, fragt den Merlin, ob ich wieder geheilt werde oder nicht. Er wird, sagte Merlin, weder an dieser Krankheit, noch überhaupt in seinem

Bette sterben. Ach, Merlin, sagte der Kranke, wollt Ihr wohl sagen, welchen Tod ich sterben werde. An dem Tage, sagte Merlin, an welchem du sterben wirst, wird man dich aufgehängt finden. – Darauf tat er, als wäre er sehr erzürnt, und ging hinaus. – Nun, Herr König, sagte der Kranke, nun könnt Ihr sehen, wie dieser Mensch lügt, denn Ihr werdet Euch entsinnen, daß er mir das erstemal meinen Tod ganz anders prophezeite. Aber wenn es Euch gefällt, so werde ich ihn auch noch zum dritten Mal auf die Probe stellen. Morgen gehe ich nach einer Abtei, dort will ich als Mönch mich krank stellen, und Euch den Abt zuschicken, Euch zu mir zu holen; er wird Euch sagen, ich sei einer seiner nächsten Verwandten, und läge auf den Tod krank, wird Euch auch bitten, den Merlin mitzunehmen, damit er sage, ob ich hergestellt werde, oder sterben müsse. Dies soll aber die letzte Probe sein. Der König versprach es ihm, und ging nach Hause, der Kranke aber reiste nach der Abtei, und schickte des andern Tages nach ihm, wie sie zusammen abgeredet. Der König nahm den Merlin mit, und sie ritten zusammen nach der Abtei, wo sie zuerst Messe hörten. Nach der Messe kam der Abt, mit etwa zwanzig von den Nonnen, und bat den König, doch den Merlin sogleich zu seinem Verwandten zu führen, der schon seit einem halben Jahr krank liege, damit er ihm die Ursache seiner Krankheit und seines Todes sage. – Wollt Ihr mit mir zu dem Kranken gehen? fragte der König. – Sehr gern, sagte Merlin, vorher aber wünsche ich dem König und seinem Bruder Uter etwas insgeheim zu sagen. Die drei gingen beiseite, und Merlin sagte zum Könige und seinem Bruder; je mehr ich Euch kennenlerne, desto törichter finde ich Euch. Glaubt Ihr denn, ich wisse nicht, welches Todes der Narr sterben wird, der mich zu prüfen gedenkt? Ich werde es ihm noch einmal in Eurer Gegenwart zu wissen tun, so daß Ihr Euch wundern sollt. Wie kann es denn sein, fragte der König, daß er zwei Todesarten habe? Mehr noch als dies, antwortete Merlin, und wenn es nicht so eintrifft, so sollt Ihr mir nimmer glauben; ich gebe Euch mein Wort, nicht von Euch zu gehen, bis wir mit Augen gesehen, was ich ihm prophezeit. Darauf gingen sie zusammen ins Zimmer zu dem Kranken. Als nun der Abt dem Könige den Kranken zeigte, und ihn den Merlin zu fragen bat, ob er genesen, und welchen Todes er sterben würde, tat Merlin als wäre er sehr erzürnt und sagte zum Abt: Herr Abt, Euer Kranker mag nur aufstehen, denn er fühlt kein Übel. Nicht allein die beiden Todesarten sind ihm bestimmt, die ich ihm schon einmal genannt, sondern noch eine dritte dazu: am Tage seines Todes wird er den Hals brechen, wird hängen, und ertrinken. Wer dann am Leben ist, der wird diese drei Dinge bestätigt finden. Mein Herr, fuhr er zu dem Kranken gewendet fort, – Mein Herr, verstelle dich nicht länger, ich kenne deine böse Gemütsart, deine Falschheit, und deine argen Gedanken. – Nun setzte der Kranke im Bette sich aufrecht und sprach: Sire, nun mögt Ihr seine Narrheit erkennen, wie könnte ich wohl den Hals brechen, und hängen, und ertrinken? Das kann weder mir noch irgendeinem andern widerfahren. Nun seht, wie weise Ihr handelt, einem solchen Menschen zu vertrauen. Ich kann es nicht eher entscheiden, antwortete der König, bis die Erfahrung es lehrt. Die Anwesenden waren alle über Merlins Reden erstaunt, und sehr begierig zu erfahren, wie sie sich bewähren würden.

Nach geraumer Zeit ritt dieser vornehme Mann in Begleitung vieler andern auf einer hölzernen Brücke über einen Fluß. Das Pferd, worauf er ritt, ward scheu, als er mitten auf der Brücke war, und sprang über das Geländer; der Reiter stürzte, brach auf dem Geländer den Hals, und fiel hinüber, blieb aber mit seinem Kleide an einem der Pfähle hängen, so daß die Beine in die Höhe waren, der Kopf samt den Schultern aber unter dem Wasser steckten. Unter den Begleitern waren zwei, die dabei waren, als Merlin ihrem Herrn seine dreifache Todesart prophezeite; diese gerieten in solchen Schrecken, da sie diese so pünktlich erfüllt sahen, daß sie ein entsetzliches Geschrei erhoben. Die übrigen fingen auch an, alle so zu schreien und zu rufen, daß man es im nahgelegenen Dorfe hörte, wo denn die Dorfleute eilends herzuliefen, um zu sehen, was es auf der Brücke gebe. Sie zogen den Herrn sogleich aus dem Wasser, und brachten ihn hinauf; die beiden Männer aus seinem Gefolge riefen aber, laßt uns gleich sehen, ob er wirklich den Hals gebrochen? Da es sich nun so befand, waren sie voll Schrecken und Erstaunen über Merlins Macht. Der wäre töricht, sagten sie, der Merlins Worten nicht glauben wollte, denn sie sind die lautre Wahrheit. Darauf nahmen sie den Leichnam auf, und bestatteten ihn nach seiner Würde gar prächtig zur Erde.

Merlin ging sogleich zu Uter, erzählte ihm den Tod des Mannes, und wie alles dabei sich zugetragen;

gehet, sagte er, erzählt es dem Könige, Euerm Bruder. Uter gehorchte, und als Pendragon es von ihm vernommen, sagte er, geh zu Merlin und frage ihn, wann dies geschah? – Es sind jetzt vier Tage, antwortete Merlin, seit dem ihm dies geschah, und nach sechs Tagen werden seine Diener kommen, es dem Könige zu vermelden. Weil sie mich aber vielerlei fragen werden, und ich auf nichts ihnen antworten will, so werde ich fortgehen. Wisset auch, daß ich überhaupt nicht mehr so vor den Leuten auf alles antworten will, was sie mich fragen; sondern meine Antworten sollen dunkel sein, so daß sie dieselben nicht eher verstehen, als nachdem sie in Erfüllung gegangen sind.

Merlin ging, und Uter erzählte seinem Bruder alles, was er gesagt. Der König glaubte, Merlin sei erzürnt gegen ihn, und war sehr bestürzt wegen seines Weggehens. – Wohin ist er gegangen? fragte er den Uter. – Das weiß ich nicht, antwortete dieser, aber er sagte, er wolle nun nicht länger hierbleiben.

Nach sechs Tagen kamen die Diener jenes Herrn, und verkündigten dem Könige feierlich die ganze Begebenheit, wie ihr Herr den Tod gefunden. Der König, und alle die damals lebten, sagten, daß es niemals einen weisern Menschen als Merlin gegeben, und ehrten ihn sehr. Der König, sein Bruder Uter, und Ambrosius Aurelius beschlossen auch aus großer Ehrfurcht für Merlin, alles aufzuschreiben, was sie ihn würden sagen hören.

Dies ist der Ursprung der Prophezeiungen des Merlin, was er nämlich von den Königen von England, und von vielen andern Dingen, über welche er sprach, prophezeite. In diesem Buche der Prophezeiungen ist nicht die Rede davon, was oder wer Merlin gewesen, sondern einzig nur von den Dingen, welche er gesagt. Merlin, der wußte, daß Pendragon seine Reden aufschreiben ließ, sagte es dem Meister Blasius. Werden sie, fragte dieser, ein ähnliches Buch als das meinige machen? – Das nicht, antwortete Merlin, sie können nur das aufschreiben lassen, was sie sehen und hören, denn andres wissen sie nicht. Er nahm darauf Abschied vom Meister Blasius und ging zurück an den Hof Pendragons. Die Freude und Ehrenbezeugungen waren sehr groß, als man ihn daselbst ankommen sah, und der König war seiner Ankunft sehr froh.

Achtzehntes Kapitel

Weil das Volk seine Reden alle wieder erfuhr, und jener Mann ihn auf die Probe zu stellen gedachte, beschloß Merlin, nun nicht mehr so offen zu sprechen, sondern alle seine Sprüche und Worte wurden nun dunkler und man verstand sie erst, nachdem sie eingetroffen. So kam Merlin eines Tages zu Pendragon und Uter, mit sehr niedergeschlagenem Gesicht: Ihr werdet Euch, sagte er, wohl des Hangius erinnern, der durch Uter seinen Tod fand. Dieser Hangius war aus der adeligsten und größten Familie des Heidenlandes; seine zahlreichen Anverwandten haben geschworen, seinen Tod zu rächen, und nicht eher Ruhe zu halten, bis sie dies Land erobert haben. Von allen Seiten haben sie ihr Volk versammelt, auch haben viele

Herzöge und Fürsten ihres Landes sich mit ihren Männern zu ihnen gesellt. Sie werden nun nicht lange mehr ausbleiben, sondern kommen in gewaltiger Menge, und werden nicht eher nachlassen, bis sie das ganze Land unterjocht haben. – König Pendragon und Uter, sein Bruder, erschraken über diese Worte Merlins. – Sind denn, fragten sie, die Anverwandten des Hangius so mächtig, daß wir ihnen nicht sollten widerstehen können? – Für einen streitbaren Mann, welchen Ihr stellt, haben sie zwei; und wenn Ihr nicht große Klugheit anwendet, so erobern und zerstören sie Euer Reich. – Wir tun nichts ohne deine Beistimmung, Merlin, sage uns nur, wann werden sie ankommen? – Im Monat Junius werden sie bei den Ebenen von Salisbury auf dem Fluß sein. Ihr müßt nun so viel Bewaffnete als möglich haben, um Euer Land zu verteidigen. – Wie, rief der König, ich sollte sie ins Land kommen lassen? – Ja, das müßt Ihr, wenn Ihr mir glaubt. Laßt sie erst weit vom Fluß ab sein, ehe Ihr mit ganzer Macht gegen sie streift, und Ihr müßt es so einrichten, daß einer von Euch mit einer starken Macht sie vom Flusse abschneidet, damit es ihnen an Mundvorrat und allem Kriegszubehör fehle. So müßt Ihr sie zwei Tage lang drängen, und erst am dritten müßt Ihr es zur Schlacht kommen lassen; werdet Ihr meiner Weisung genau folgen, so ist der Sieg Euer. – Sage uns im Namen Gottes, sagten die beiden Brüder, wenn es dir gefällt, ob einer von uns in dieser Schlacht fallen wird? – Merlin antwortete und sprach: alles Irdische hat einen Anfang genommen, muß also auch ein Ende nehmen. Niemand erschrecke über den Tod des andern, denn sterben muß auch er;

nehme also jeder seinen Tod hin, denn niemand ist unsterblich.

Merlin, fing Pendragon an, damals als du jenem, der dich prüfen wollte, seine Todesart so bestimmt vorhersagtest, da sprachst du zu mir, du wissest meinen Tod ebensogut als den seinigen; darum bitte ich dich, entdecke ihn mir. – Merlin sprach: Laßt die heiligen Reliquien herbringen, und schwört beide darauf, daß Ihr tun werdet, was ich Euch gebiete zu Eurem Vorteil, und Eurer Ehre. Nachher kann ich sichrer Euch das entdecken, was ich will. Die Reliquien wurden gebracht, und der König und sein Bruder schwuren einander, nach Merlins Vorschrift, Treue und gegenseitige Hilfe in der Schlacht, bis in den Tod. – Jetzt, sagte Merlin, habt Ihr einen Eid abgelegt, Euch tapfer zu unterstützen, und einer dem andern in der Schlacht treu zu helfen, bis in den Tod; seid Ihr also einer dem andern getreu, so seid Ihr es auch gegen Gott. Beichtet, und empfangt den Leib unsers Heilands, ruft den Herrn um Hilfe an, und betet zu ihm um Stärke in der Schlacht gegen Eure Feinde. Denn Ihr sollt die Christenheit beschützen gegen die Heiden, darum wird Gott Eure Arbeit segnen. Wer in dem Streite für den Glauben fällt, der ist selig, fürchtet also den Tod nicht in dieser Schlacht, die größer und blutiger sein wird, als je eine gewesen. Einer von Euch wird darin den Tod finden, tut also beide Eure Pflicht, wie Ihr geschworen. Wer von Euch beiden übrig bleibt, wird eine Schlacht ausführen, und einen Begräbnisplatz errichten durch meine Hilfe, reicher und schöner als je einer war. In der ganzen Christenheit wird man von den Dingen reden, die ich daselbst ausrichten werde. Jetzt tut Eure Ehrenkleider an, geht zur Beichte, und empfangt das Abendmahl des Herrn, dann seid guten Muts, und fröhlich vor Euern Völkern, damit sie sich tapfer halten zur Ehre Gottes. – So endigte Merlin seine Rede, und die Brüder taten alles, wie er ihnen befahl.

Als alle ihre Kriegsmänner versammelt waren, verteilte der König viel Gold und Geschenke unter sie, wie auch viele Pferde, und hielt ihnen eine Rede, wie er von ihnen erwarte, daß sie mit aller Macht, und aus allen Kräften das Land verteidigen würden. Sie versprachen alle ihm ihre Hilfe, versammelten sich in großer Menge, und waren, so wie der König ihnen Befehl gab, in der letzten Woche des Monats Junius am Ufer der Themse.

Am Pfingstfeste hielt der König offnen Hof, an dem Ufer der Themse, und gab jedem seiner Kriegsmänner große Geschenke, damit sie ihre Pflicht in Verteidigung des Landes desto williger täten. Sie teilten sich darauf in zwei Lager, das eine, welches Uter anführte, lagerte sich auf der Ebene von Salisbury, und das andere, Pendragon an seiner Spitze, zog sich zwei Meilen ungefähr davon. Die Heiden kamen auf den bestimmten Tag an, da ließ Uter in seinem ganzen Lager ausrufen, daß ein jeder zur Beichte gehe, und einer dem andern die etwaigen Beleidigungen verzeihen möge. So geschah es dann auch. Die Heiden stiegen ans Land, und ruhten acht Tage lang aus; währenddem sandte Uter zu Pendragon, und ließ ihn wissen, daß sie angekommen, und daß ihre Zahl nicht zu zählen sei. Pendragon fragte den Merlin, was er nun tun müsse? Laß den Uter wissen, antwortete dieser, daß er sich verborgen halte, und sie vorüber, tiefer ins Land ziehen lasse; dann muß er ihnen mit seiner ganzen Macht folgen, bis sie zwischen dir und ihm eingeschlossen und umringt sind. Uter tat pünktlich, was Pendragon ihm befohlen, ließ die Heiden vorüberziehen, und folgte ihnen hart auf dem Fuße mit solcher Macht, und mit so schnellen Pferden, daß die Heiden, die keinen Hinterhalt vermuteten, erschrocken anhielten; jetzt rückte Pendragon ihnen von seiner Seite näher, so daß sie sich auf einmal umringt sahen.

Zwei Tage bleibt so stehen, sagte Merlin zu Pendragon; am dritten Tage, der schön und hell aufgehen wird, wirst du einen Drachen in der Luft fliegen sehen, bei diesem Wahrzeichen, das auf deinen Namen sich bezieht, darfst du sicher kämpfen, und die Deinigen auch, und der Sieg wird Euer sein. Von diesem Zeichen des Drachens wußte niemand im Lager etwas, als Merlin und der König; dieser ließ seinem Bruder Uter davon Nachricht geben, der sich dessen sehr erfreute. Nun sagte Merlin zum Könige: ich muß Euch jetzt verlassen, ich bitte Euch, denkt an alles, was ich Euch gesagt habe, seid wacker und mutig, wie es einem edlen Ritter ziemt; nahm dann Abschied von ihm, und begab sich zu Uter ins Lager, der ihn mit großen Freuden empfing. Merlin sagte ihm dasselbe, was er dem Pendragon gesagt, halte dich tapfer und ritterlich, in dieser Schlacht fällst du nicht. Uter war im Herzen froh, als er dies hörte; dann nahm Merlin Abschied von ihm, und ging nach Northumberland zum Meister Blasius, um alles dieses aufschreiben zu lassen.

Am dritten Tage, der hell und klar aufging, ordnete Pendragon sein Heer in Schlachtordnung. Die Heiden, die mit Schrecken sich von den beiden Heeren eingeschlossen, und ihre mißliche Lage einsahen, stellten sich auch in Ordnung, weil sie nicht anders konnten, als sich verteidigen, so lange als möglich. Nun erschien der Drache in der Luft, den Merlin dem Könige prophezeite. Er war wunderbar anzuschauen, und Feuer strömte aus seiner Nase und aus dem Munde, so daß alle sich entsetzten, die ihn sahen. Der König ließ sogleich die Trompeten ertönen, und rief, daß man den Feind anfalle und alles ohne Gnade niedermache. Uter ließ dasselbe in seinem Lager geschehen, und so fielen sie beide mit ihren Heeren zu gleicher Zeit in den Feind. Uter und die Seinigen fochten so tapfer, daß endlich die Heiden unterlagen. König Pendragon aber ward erschlagen, nebst vielen andern Herren des Reichs mehr. Keiner konnte sagen, welcher von beiden sich tapferer gehalten, ob Uter, oder Pendragon; wir finden aber, daß Uter und sein Heer alle Heiden erschlugen, daß er das Feld behielt, und diesen Tag den vollkommensten Sieg davontrug.

Neunzehntes Kapitel

Nach beendigter Schlacht und König Pendragons Tode, fiel das Reich seinem Bruder Uter mit Recht zu. Er ließ nun alle auf dem Schlachtfelde gebliebenen Christen auf einen Ort zusammentragen, und legte daselbst einen Begräbnisplatz an; auf jedem ward ein

Grabmal errichtet mit dem Namen dessen, der darunter lag. Seinen Bruder Pendragon ließ er mitteninne legen, und ihm ein höheres Grabmal errichten als den übrigen, seinen Namen aber ließ er nicht daran schreiben; denn, sagte er, der müßte sehr töricht sein, der nicht gleich an der Größe des Grabmals sähe, daß hier der Herr der übrigen alle begraben ist. Nachdem ein jeder seinen Verwandten oder Freund begraben hatte, begab Uter sich nach London, wo die Bischöfe und Prälaten ihn salbten und ihm die Krone aufsetzten; darauf nahm er die Lehnseide und Huldigung aller seiner Untertanen an.

Sechzehn Tage nachher kam Merlin an Uters Hof, und dieser empfing ihn mit Freuden und großer Ehre. Einige Zeit darauf sagte Merlin dem Könige, daß der Drache am Tage der Schlacht, Pendragons Tod und Uters Erhaltung bedeutet habe, bat darum den König, daß er sich inskünftig zum Andenken dieses Ereignisses, und um seines Bruders willen, Uterpendragon nennen möchte. Der König willigte ein, und ward fortan Uterpendragon genannt. Merlin ließ ihm ein Panier mit einem Drachen machen, der Feuer ausströmte, und verlangte vom Könige, daß er denselben in allen künftigen Schlachten vor sich hertragen ließe.

Nachdem Uter lange in Frieden regiert, und in einer seiner Städte mit Merlin zusammen lebte, fragte dieser ihn einmal, ob er denn nichts mehr wolle am Begräbnisplatze machen lassen, wo sein Bruder ruhe? – Was willst du, daß ich machen lasse? sage es, und es soll geschehen. – Sende zehn oder zwölf von deinen Schiffen nach Irland, und laß von den Steinen dort welche nach

Salisbury schiffen, so will ich erfüllen, was ich deinem Bruder versprach, und das Grabmal so erbauen; ich will auch mit deinen Leuten hinfahren und ihnen die Steine zeigen, die sie nehmen sollen. Die Schiffe wurden gerüstet, und Merlin mit den Leuten hingesendet, der ihnen die Steine zeigte, die sie einschiffen sollten. Als die Leute die großen Steine sahen, die sie fortbringen sollten, sahen sie verwundert einander an; denn die ganze Welt, sagten sie, bringt nicht einen solchen Stein vom Ort, Merlin muß toll sein, daß er verlangt, wir sollen diese Steine mit ins Schiff nehmen; kehrten darauf mit ihren Schiffen zurück, und ließen Merlin in Irland.

Als die Schiffer wieder zum König Uterpendragon kamen, und ihm erzählten, warum sie weder die Steine noch den Merlin wieder zurückgebracht hätten, sandte der König noch ein Schiff nach Irland, und ließ ihn abholen. Deine Leute, sagte Merlin, als er vor den König kam, haben nicht getan, was du ihnen befahlst, aber ich will mein Wort halten, und die Steine nach Salisbury schaffen. Darauf brachte er es mit seiner Kunst dahin, daß den andern Morgen der ganze Gottesacker voll der entsetzlich großen Steine lag, daß es wie ein ungeheuer großer Berg zu sehen war. Als der König und sein Volk diese Steine sahen, waren sie alle des größten Erstaunens voll, denn ein jeder mußte einsehen, daß alle Menschen in der Welt nicht imstande wären, einen dieser Steine von der Stelle zu bewegen; wußte auch niemand zu erraten, wie Merlin es angefangen habe, sie zusammenzubringen. – Merlin sprach zum Könige: Sire, so wie die Steine hier liegen, dienen sie zu nichts, sie müssen geordnet und übereinander gesetzt werden. Ei wer sollte dies wohl tun, entgegnete der König, Gott allein kann ein solches Werk zustande bringen. – Nun so entferne dich, sagte Merlin, und ich will dies Werk vollenden, so wie ich es unternommen. Merlin begann nun das Werk, welches niemals wird vergessen werden. Diese Steine sind noch jetzt so wie Merlin sie ordnete, und sie werden so bleiben, solange die Welt stehen wird. Es war ein vortreffliches kunstreiches Werk, worüber die ganze Welt sich verwunderte. Uterpendragon liebte den Merlin um dieses Werkes willen noch weit mehr als sonst, behielt ihn lange Zeit an seinem Hofe, und tat nichts ohne seinen Rat.

Zwanzigstes Kapitel

Eines Tages kam Merlin zum Könige und sprach: Mein König wisse, daß, nachdem unser Heiland war gekreuzigt worden, ein frommer Ritter, mit Namen Joseph von Arimathia, kam, und kaufte den Leichnam Christi von Pilato, und ließ ihn begraben. Dieser Ritter liebte Christus so sehr, daß die Juden ihn deshalb verfolgten, und ihm viel Leid antaten. Nachdem Christus auferstanden, zog Joseph von Arimathia nach einer Wüste, nebst den meisten von seiner Familie, und mehreren anderen Menschen. Dort litten sie viel Hungersnot, so daß viele von ihnen Hungers starben. Da murrten sie gegen den Ritter, der ihr Meister war. Der Ritter sah die Not seines Volks, und betete voll Inbrunst zu unserm Herrn Christus, daß es ihm gefiele, dieser Hungersnot seines Volks ein Ende zu machen. Unser Herr befahl ihm darauf eine Tafel zu errichten, so wie die war, an welcher er mit den Aposteln das Abendmahl genoß. Diese Tafel solle er wohl ausschmücken, und mit weißen, feinen Tüchern bedekken; darauf solle er einen goldenen Kelch stellen, den er ihm selber sandte; und daß er dieses Gefäß wohl bedecke und in acht nehme. Wisse ferner, mein König, daß dieser Kelch von Gott gesandt, die Gemeinschaft der Guten und der Bösen bedeutet; die Guten aber, welche an dieser Tafel zugelassen wurden, erhielten die Erfüllung aller ihrer Wünsche. Ein Platz blieb immer leer an dieser Tafel, das bedeutete den Judas, der unsern Herrn verriet, und sich mit den Aposteln zum Abendmahle setzte. Und als unser Heiland sagte: »Wahrlich ich sage Euch, einer unter Euch wird mich verraten; der mit der Hand mit mir in die Schüssel taucht, der wird mich verraten«, stand Judas auf von der Tafel, schämte sich und ging hinaus. Und die Stelle an der Tafel blieb leer, bis Christus einen andern, mit Namen Matthias, hinsetzen ließ. So mußte auch ein Platz an Josephs von Arimathias Tafel leer bleiben. Diese Tafel ward von allen denen, welche dazu gelassen wurden, sehr in Ehren gehalten, und sie nannten sie Gral. Nach ihr wurde noch eine ähnliche Tafel errichtet; willst du mir also folgen, mein König, so errichte du die dritte im Namen der Dreifaltigkeit. Ich will dir bei diesem Werke helfen; es wird ein Werk werden, wofür du die Gnade Gottes dir erwirbst, und alle diejenigen, die an der Tafel Platz nehmen, läßt du daran teilnehmen. Jenes Gefäß aber und seine Hüter sind gegen den Okzident hingezogen, die Hüter wissen aber jetzt selber nicht mehr, wo es eigentlich hingeraten ist, sondern sie sind ihm nur in jene Gegend nachgezogen. Du aber tue so wie ich dir sagte, du wirst dessen noch einst dich sehr erfreuen. Uterpendragon erwiderte: mit Freuden will ich tun, was du mir rätst, denn deine Worte sind Weisheit; aber ich selber bin nicht imstande solches Werk einzurichten, sondern dir, Merlin, trage ich die Sache auf, richte in meinem Namen alles so ein, wie es sein muß. Und wo, fragte Merlin, befiehlst du, daß diese dritte Tafel errichtet werde? – Wo es dir beliebt, und wo Gott der Herr will, daß sie errichtet werde. – Nun so will ich sie zu Kardueil in Wales errichten. Laß dein Volk sich zum Pfingstfeste allda versammeln, und halte dann allda offenen Hof, ich aber werde vorangehen und die Tafel vorher errichten. Gib mir Leute, damit sie tun was ich ihnen sage, und wenn du verlangst, so werde ich denjenigen, die herum sitzen sollen, Platz anweisen.

Am Pfingstfest, als der König und alle seine Barone, und die edlen Damen und Fräulein seines Reichs nach Kardueil kamen, fanden sie die Tafel von Merlin schon errichtet. Der König hielt offenen Hof für alle Edlen und Ritter, und für sein ganzes Volk, dann fragte er den Merlin, wer nun an dieser Tafel sitzen solle? – Morgen, antwortete Merlin, werde ich fünfzig Ritter erwählen, die herum sitzen sollen, niemals aber werden diese wieder fort in ihr Land, oder in ihr Haus zurückgehen wollen.

Des andern Tages wurden fünfzig Ritter erwählt, und Merlin bat sie sich an die Tafel zu setzen, zu essen und zu trinken und fröhlich zu sein, welche Bitte sie auch gern erfüllten. Eine Stelle wurde leer gelassen, niemand aber als Merlin wußte warum. Nachdem sie während acht Tagen an dieser Tafel gesessen, und fröhlich und gutes Muts mit Essen und Trinken gewesen waren, und der König den edlen Botschaftern nebst allen Damen und Fräulein reiche Geschenke gegeben, fragte er die würdigen Ritter der Tafel, wie sie sich befänden, und wie ihnen zumute sei? Sire, sagten sie, wir können nimmermehr diesen Ort nunmehr verlassen, und nie soll diese Tafel ohne dreie von uns zum wenigsten sein. Wir wollen unsre Frauen und unsre Kinder herkommen lassen, und hier nach des Herrn Willen leben. – Ist dies Euer aller Wille? fragte der König; und sie bejahten es. Wir sind, setzten sie hinzu, alle selber verwundert, wie dies zugehen mag, denn nie haben wir zuvor uns gesehen, oder uns gekannt, und doch lieben wir uns jetzt einander wie Vater und Sohn einander lieben; nie können wir von einander scheiden, wenn der Tod uns nicht scheidet. – Der König und alle die zugegen waren und dies hörten, waren voller Erstaunen über dieses Wunder; auch befahl der König hierauf, daß ihnen alle Ehre widerfahre, und daß man ihnen gehorche, und sie bediene, so wie den König selber.

So ward diese Tafel von Uterpendragon nach dem Willen und nach dem Rat Merlins errichtet.

Wohl hast du mir Wahrheit gesagt, sprach der König zu Merlin, und wohl sehe ich jetzt ein, daß es Gottes Wille ist, diese Tafel zu errichten. Jetzt aber bitte ich dich, mir zu sagen, wer auf den leeren Platz kommen soll? – Ich sage dir, daß er zu deinen Lebzeiten nicht besetzt wird; erwiderte Merlin, doch ist derjenige schon geboren, der auf diesem Platze wird sitzen. Zu der Zeit des Königs, welcher nach dir regieren wird, soll er besetzt werden; noch weiß sein Erzeuger nichts davon, ihn erzeugt zu haben. Jetzt ersuche ich dich noch, daß du, solange du lebst, alle deine großen Feste an diesem Orte feierst, auch daß du dreimal im Jahre offenen Hof hier hältst. Als der König ihm dies zu halten geschworen, sprach Merlin: jetzt muß ich dich verlassen, du wirst mich in langer Zeit nicht wiedersehen. Und warum gehst du fort; fragte der König, wo willst du hingehen? wirst du nicht jedesmal hier sein, wenn ich Hof halte? – Nein, ich werde nicht zugegen sein, denn ich will, daß die Leute an das glauben, was sie sehen werden, und nicht, daß ich die Dinge, die geschehen sollen, verrichte.

Merlin empfahl sich dem Könige und ging zum Meister Blasius nach Northumberland, dem er alles sagte, was geschehen war, der es dann in dies Buch niederschrieb. Zwei Jahre blieb Merlin bei dem Meister Blasius, ohne daß Uterpendragon etwas von ihm hörte.

Einundzwanzigstes Kapitel

Einmal als der König und sein Hof zu Kardueil war, und die Ritter an der Tafel saßen, kam einer der Großen des Reichs, der dem Merlin im Herzen übel wollte, zum Könige; Sire, fing er an, sehr muß ich mich wundern, daß Ihr den leeren Platz an der Tafel nicht besetzen laßt, damit sie vollständig sei. – Merlin hat mir gesagt, antwortete der König, daß dieser Platz nicht während meiner Lebzeit besetzt werden kann, sondern daß der noch geboren werden soll, der darauf sitzen wird. Da fing der falsche verräterische Mann an zu lachen und sprach: Sire, glaubt Ihr wohl, daß es nach Euch Leute geben wird, welche mehr wert sind als Ihr? – Das weiß ich nicht, sagte der König, Merlin aber hat mir jenes gesagt. – Sire, nie wird ein Mensch mehr gelten als was er wert ist; Ihr seid kühn genug, es zu versuchen. – Nein, ich werde es sicher nicht versuchen, ich fürchte, daß Merlin darüber erzürnt. – Sire, wenn Ihr also meint, daß Merlin alles weiß, so weiß er auch sicher, was wir jetzt von ihm sprechen, und alsdann kommt er sicher, wofern er noch lebt, zum künftigen Fest. Kommt er aber nicht, so bitte ich Euch, Sire, um die Erlaubnis, den Platz besetzen zu dürfen, um Euch von der Lüge zu überzeugen, die er Euch vorgesagt; Ihr werdet dann sehen, daß ich so gut als ein anderer diesen Platz ausfülle. – Ich würde es Euch gern erlauben, wenn mir nicht bange wäre, den Merlin zu erzürnen. – Lebt Merlin, so kommt er sicher noch ehe ich es versuche, kommt er aber nicht, so bitte ich Euch, erteilt mir die Erlaubnis dazu. Der König gab sie ihm, und der Ritter meinte etwas Großes mit dieser Erlaubnis erreicht zu haben.

Als nun das Pfingstfest kam, begab der König sich wieder mit allen Edlen, Rittern und dem ganzen Volk nach Kardueil. Merlin wußte sehr genau was vorging, sagte es auch dem Meister Blasius. Ich werde nicht zur Hofhaltung hingehen, sagte er, sondern sie versuchen lassen, was sie wollen, damit sie selber die Wichtigkeit und Würde des leeren Platzes und meiner Worte inne werden. Denn was sie nicht sehen, das glauben sie nicht, und komme ich hin, so meinen sie durch mich gestört zu sein, und glauben, ich sei schuld an dem, was sich ereignen wird. Fünfzehn Tage nach dem Pfingstfeste aber will ich zum Könige gehen.

Der Ritter, welcher versuchen wollte, sich auf den leergelassenen Platz zu setzen, sprengte das Gerücht aus, Merlin sei tot, ein Bauer habe ihn im Walde erschlagen, weil er ihn für einen Wilden gehalten. Der König glaubte endlich dem Gerücht, weil Merlin so lange ausblieb; auch hielten die andern dafür, daß er wohl tot sein müsse, weil man sonst dergleichen Proben nicht anstellen dürfe.

Die fünfzig Ritter saßen nunmehr um die Tafel, in Gegenwart einer großen Menge Fürsten, Herren, Damen und Fräulein, als der Ritter kam, der sich auf den leeren Platz setzen wollte, und mit keckem Mut rief: Ihr Herren, ich komme, um Euch Gesellschaft zu leisten! Die Ritter an der Tafel antworteten ihm nicht, sondern sahen demütig und still jeder vor sich nieder; auch der König sagte ihm nichts, sondern alle waren erwartungsvoll, was geschehen würde. Der Ritter setzte sich, und streckte beide Beine unter die Tafel; in dem Augenblick versank er unter die Erde, wie ein Stück Blei, das ins Wasser fällt und nicht wieder zum Vorschein kommt. Voll Entsetzen sah der König und alles Volk dieses Wunder! Man durchsuchte jeden Fleck unter dem Tisch, aber man fand nicht die mindeste Spur, weder von dem Ritter, noch von der Art, wie er untersank. Der Hof und das ganze Volk geriet in

Schrecken, besonders war der König in Leid versenkt, daß er solche Probe zugegeben und sich dazu verführen lassen, da doch Merlin ihm gesagt, der sei noch nicht geboren, dem dieser Platz bestimmt worden.

Am fünfzehnten Tage nach Pfingsten kam Merlin an den Hof, und der König ging ihm entgegen. Merlin machte ihm Vorwürfe wegen dessen, was er hatte geschehen lassen. – Er hat mich betrogen, entgegnete der König. – So geht es vielen, antwortete Merlin, sie meinen andre zu betrügen, und betrügen am meisten sich selber. Du siehst nun ein, daß du betrogen bist, weil du es siehst; aber warum glaubtest du ihm? Deswegen wurdest du mit Recht bestraft. Hüte dich ferner, daß du diesen Versuch nicht anstellst und auch nicht anstellen läßt, denn ich sage dir, viel Übel würde daraus entstehen. Denn dieser Platz an der Tafel ist von sehr großer Bedeutung; es ist ein würdiger Platz, und ein hohes Gut für das ganze Königreich. – Der König fragte ihn nachher, ob er ihm nicht sagen könne, was aus dem Ritter geworden und wo er hingekommen sei? Darum bekümmere dich nicht, antwortete Merlin, es geht dich nichts an, und du wirst um nichts besser, wenn du es weißt. Laß es nur deine Sorge sein, die, welche an der Tafel sitzen, recht zu ehren und hochzuhalten, wie auch die vier Feste jährlich daselbst zu feiern, und alles so zu halten und nichts zu verändern, wie ich es eingesetzt habe. Der König versprach ihm, von nun an alles unverrückt zu erhalten bis an seinen Tod. Darauf nahm Merlin wieder von ihm Abschied, und ging zum Meister Blasius zurück.

Zweiundzwanzigstes Kapitel

Der König ließ rings um Kardueil viele schöne Häuser bauen; ließ dann in seinem ganzen Reiche bekannt machen, wie er die vier Feste, nämlich Weihnachten, Ostern, Pfingsten und den Allerheiligen-Tag, mit seiner Hofhaltung immer in Kardueil sein würde. Auch sollte sich ein jeder zu der Zeit daselbst einfinden, und ihm zuliebe sollte jeder Baron und jeder Herr seine Gemahlin und seine Fräulein mitbringen nach Kardueil, allwo der König ihnen jedesmal Feste geben wollte. Am nächsten Weihnachtsfeste kamen nun die Gemahlinnen, die Damen und Fräulein mit den Rittern und Baronen. Wer ohne seine Gemahlin kam, war nicht gut angesehen, und so brachten die, welche nicht verheiratet waren, ihre Liebste mit. Es kamen ihrer so viele an dem Tag, daß man nicht sagen kann, wie stark ihre Anzahl war; und wir können nur vorzugsweise von denen reden, welche sich am meisten hervortaten. Dies war ein Herzog von Tintayol, und seine Gemahlin, mit Namen Yguerne. Nach der gebenedeiten Jungfrau Maria ward nie eine Christin holdseliger und schöner geboren, als Yguerne. Als der König sie zuerst erblickte, ward er so entzückt von ihrer Schönheit, daß er alle Fassung verlor; die Dame merkte dies wohl, tat aber, als sähe sie es nicht. Da sie aber gewahr wurde, daß der König sie immer ansah und seine Augen gar nicht von ihr wandte, zog sie sich zurück und vermied die Gegenwart des Königs, denn sie war eine sehr tugendhafte und ehrsame Dame, bewahrte auch die Ehre ihres Gemahls, und war ihm treu. Der König sandte allen anwesenden Damen schöne reiche Geschenke an Schmuck und Kleinodien, und tat es um Yguernes willen, um ihr ein Zeichen senden zu können, das sie nicht ausschlagen dürfe, weil alle Damen von ihm beschenkt worden waren. Ihr gab er einen Schmuck, von welchem er wohl wußte, daß sie ihn wünschte; sie mußte ihn annehmen, obgleich sie sehr wohl einsah, daß dies nur um ihretwillen angestellt sei, sie ließ dies aber nicht merken.

Als der Hof nun wieder von Kardueil sich wegbegeben wollte, und das Weihnachtsfest geendigt war, bat der König seine Barone und Fürsten des Landes, doch ja zum nächsten Feste ihre Damen wieder mitzubringen, welches sie ihm auch alle zusagten. Er war in Liebe für die Dame Yguerne ganz entbrannt, so daß er seiner Sinne kaum mehr mächtig war; als sie mit ihrem Gemahl, dem Herzog von Tintayol, von ihm Abschied zu nehmen kam, gab er ihnen das Geleite, und bezeigte ihnen beiden viel Ehre. Er sah sich dabei einen Augenblick ab, wo er leise zu ihr sagen konnte: Dame Yguerne, Ihr nehmt mein Herz mit Euch, trüge ich auch das Eurige in meinem! – Dame Yguerne tat aber nicht, als hätte sie dies gehört, und zog mit ihrem Gemahl, ohne zu antworten, fort in das Land des Herzogs.

Große Pein erduldete der König im Herzen, bis das Osterfest herankam, wo alles sich wieder zu Kardueil versammelte, und er sie wieder erblickte. Gott weiß, wie groß da sein Entzücken war; er ließ sie und den Herzog, ihren Gemahl, an seiner Tafel essen, und saß zwischen ihnen beiden; auf alle Worte, die er ihr aber zuflüsterte, und wie sehr er ihr auch seine Liebe schwor, gab sie ihm doch niemals eine Antwort, obgleich sie alle seine Worte sehr wohl verstand, sondern reiste mit ihrem Gemahl wieder fort, ohne dem Könige zu antworten.

Endlich konnte der König seine Liebespein nicht länger verhehlen, sondern entdeckte sie zweien seiner Günstlinge und frage sie um Rat, wie er es anfangen müsse, sich ihrer zu erfreuen, und ihr seine Liebe zu klagen, da er sonst vor Leid vergehen müsse. – Der König, sagten jene, gebe ein großes Fest zu Kardueil, und lasse bekannt machen, daß ein jeder sich dahin begebe, weil es ein großes Fest sei, und der König seine Krone tragen und auf dem Thron sitzen würde; dazu, daß ein jeder sich auf einen Monat oder sechs Wochen mit allem Notwendigen versehen müsse, weil das Fest so lange dauern solle. Auf diese Weise habt Ihr dann Zeit, mit der schönen Yguerne soviel zusammenzusein, als es Euch beliebt. Der Rat gefiel dem Könige wohl, und er tat so. Auf den bestimmten Tag kam alles in Kardueil zusammen, und jeder von den Herren kam mit seinen Damen und Gefolge, auch der Herzog von Tintayol mit Dame Yguerne, worüber der König im Herzen sich erfreute, wieder fröhlich ward und aß und trank. Nach einigen Tagen ward er wieder traurig, und sagte endlich zu einem seiner Vertrauten, namens Ulsius: die Liebe tötet mich, ich sterbe für Yguerne, es ist kein Leben für mich, wo ich sie nicht sehe; und erhört sie mich nicht, so muß ich sterben. – Sire, erwiderte Ulsius, so wollt Ihr um einer Frau willens das Leben lassen? Nie hörte ich, daß eine Frau Geschenken widerstehen könne; ich bin nur ein armer Edelmann, glaube dennoch nicht aus Liebe für eine Frau sterben zu müssen; und Ihr, ein so mächtiger König, wie könnt Ihr ein so verzagtes Herz haben und es nicht wagen, um eine Dame zu werben? – Du hast wohl sehr recht, sagte der König, du weißt besser als ich, wie man sich benehmen muß, hilf mir, ich bitte dich, und tue du an meiner Stelle alles, was zu tun ist. Nimm aus meiner Schatzkammer alles, was du willst, mach ihr Geschenke, gib auch allen ihren Leuten, die sie umgeben, suche einen jeden zufriedenzustellen, mache nur, daß ich mit ihr sprechen darf. – Ich will schon machen, sprach Ulsius.

Die Hofhaltung dauerte nun schon acht Tage in großer Freude und schöner Ergötzlichkeit. Der Herzog von Tintayol mußte immerwährend bei dem Könige sein, und er gab ihm und seinen Gefährten schöne reiche Geschenke. Ulsius suchte indessen mit der Dame Yguerne zu reden, ihr mit süßen Liebesworten zu schmeicheln, und brachte ihr Geschenke, von denen eines immer reicher und herrlicher war, als das andere, sie aber schlug alles aus und nahm nichts davon an. Eines Tages, als er ihr mehr noch zusetzte und einen überaus prachtvollen Schmuck ihr anbot, nahm sie ihn beiseite und sagte: Ulsius, warum und zu welchem Ende bietest du mir alle diese reiche Kleinodien an? – Dame, um Eurer großen Schönheit und Eurer hohen Eigenschaften willen! Wisset, der ganze Reichtum des Königreichs ist Euer Eigentum, und die Menschen nur da, Euern Befehlen zu gehorchen! Ei wie mag dies wohl sein? – Ja, denn Ihr besitzt das Herz dessen, dem das Reich gehört, das Herz des Königs. – So ist des Königs

Herz denn ein verräterisches und falsches Herz, weil es meinem Herrn und Gemahl so viel Liebe und Freundschaft erweist, während es mich zu verderben und zu entehren trachtet! Ich sage dir, Ulsius, hüte dich, so lieb dir dein Leben ist, mir jemals von diesen Dingen wieder ein Wort zu sagen, wenn ich nicht alles dem Herzoge, meinem Gemahl, wieder hinterbringen soll. Du wirst wohl wissen, daß er dir das Leben nicht lassen würde, wenn er solches wüßte; sei aber gewiß, daß dieses das letztemal ist, daß ich ihm solches verschweige. – Stürbe ich für den König, erwiderte Ulsius, so gereichte es mir zu großer Ehre! Habt Gnade mit dem Könige, Dame Yguerne, warum wollt Ihr nicht, daß er Euer Freund sei, da er Euch mehr liebt als sein Leben selbst, seid ihm gewogen, oder er stirbt aus Liebe für Euch. – Ihr spottet meiner, Ulsius. – Um Gotteswillen, habt Mitleid mit dem Könige und mit Euch selber; wenn Ihr ihm nicht günstig seid, so habt Ihr Euch selbst alles Unglück zuzuschreiben, welches daraus entstehen wird, denn weder Ihr noch Euer Gemahl könnt Euch seinem Willen widersetzen. – Wohl würde ich mich seiner erwehren, sagte sie schmerzlich weinend; denn nie will ich mich, ist dieses Fest nur einmal beendet, je wieder an des Königs Hof einfinden, noch in seiner Gegenwart, mag er auch Befehle ergehen lassen, wie er wolle, ich komme sicherlich nicht mehr. – Mit diesen Worten ließ sie den Ulsius stehen und entfernte sich. Ulsius begab sich zum Könige und erzählte ihm alle ihre Worte. Wohl wußte ich, sagte der König, daß sie dir so antworten würde, denn so muß eine jede tugendhafte, sittsame Frau sprechen; doch, Ulsius, laß es noch nicht dabei, sondern bringe ihr meine Bitten immer wieder, keine Dame wird so leicht besiegt.

Eines Tages saß der König an der Tafel, und der Herzog von Tintayol neben ihm; vor dem Könige stand sein reicher goldner Becher, woraus er trank, da kniete Ulsius vor ihm nieder, und sagte ihm leise, so daß der Herzog es nicht hören konnte: Sire, sagt dem Herzog, daß er Euch zuliebe aus dem Becher trinke, und ihn dann seiner Gemahlin zuschicke, damit auch sie Euch zu Ehren daraus trinke und ihn behalte. Der König nahm den Becher, trank daraus auf die Gesundheit des Herzogs, reichte ihn alsdann dem Herzog und sprach: Trinket, Herr Herzog, auf das Wohlsein Eurer Frauen, Dame Yguerne, und sendet ihn ihr dann mir zuliebe. – Ich danke Euch, Sire, sagte der Herzog, der sich nichts Übles versah, sie wird ihn mit Freuden annehmen; rief dann einen seiner Ritter, den er liebte, und übergab ihm den Becher, daß er ihn seiner Gemahlin Yguerne brächte, und daß er ihr dabei sage: der König sandte ihr den Becher, und sie solle ihm zuliebe daraus trinken. Als Dame Yguerne dies hörte, errötete sie aus Scham, durfte aber den Becher nicht ausschlagen, weil ihr Gemahl ihr daraus zugetrunken. Sie trank also, und da sie ihn zurücksenden wollte, sagte der Herzog: Dame Yguerne, es ist des Königs Wille, daß Ihr ihn behaltet. Sie mußte also den Becher behalten. Der Ritter ging zurück und grüßte den König in ihrem Namen, sie aber hatte ihm diesen Gruß nicht aufgetragen.

Nach der Mahlzeit sagte der König zu Ulsius: gehe zur Dame Yguerne ins Zimmer und höre, was sie spricht. Ulsius fand sie trauernd und gedankenvoll, und als sie ihn kommen sah, sprach sie: Euer König hat mir auf eine verräterische Weise seinen Becher gesandt, und ich war gezwungen, ihn anzunehmen; aber dessen wird er keinen Gewinn haben, denn ihm zur Schande will ich dem Herzog, meinem Gemahl, erzählen, mit welchem Verrat Ihr und Euer König mir zusetzt. – Ihr werdet nicht so töricht sein, sagte Ulsius, ihm solches zu erzählen. – Eines schändlichen Todes sterbe die, rief Yguerne, die solches zu tun sich weigert. – Ulsius ging fort; als aber der Herzog auf den Abend vom Könige zu seiner Gemahlin zurückkam, fand er sie weinend und in große Betrübnis versenkt. Er erschrak, nahm sie in seine Arme und fragte sie liebevoll, was ihr fehle? Ich wollte, ich wäre tot, rief Yguerne weinend. – Warum dies, meine geliebte Gemahlin? – Weil der König mir mit Liebe durch Ulsius nachstellen läßt; alle diese Feste, sagt er, und diese Hofhaltung, zu welcher er die Damen des Landes einladen ließ, wären nur um meinetwillen, damit ich kommen müsse, und er mich in seine Gewalt bekäme. Lieber aber will ich sterben, als Euch untreu werden, mein Gemahl; denn ich liebe Euch, obgleich Ihr mich damit erzürntet, daß Ihr mich zwangt, seinen goldnen Becher anzunehmen. Bis dahin hatte ich mich aller seiner Geschenke erwehrt und nahm nichts an, aber auf Euern Befehl mußte ich nun den Becher annehmen, dies verbittert mir mein Leben. Das kann nicht länger so dauern, es geschieht sicher noch ein Unglück daraus; darum flehe ich Euch an, mein Herr und Gemahl, laßt mich zurück nach Tintayol reisen, denn unmöglich kann ich länger es hier erdulden. – Der Herzog erschrak, als er seine Gemahlin, die er über alles liebte, so reden hörte, er konnte lange kein Wort vorbringen, vor Zorn und Leidwesen. Nachdem er endlich wieder sich erholt, ließ er alle seine Ritter, welche mit ihm in der Stadt waren, zu sich kommen. Da sie sich bei ihm versammelten, sagte er ihnen, daß sie sich sogleich und in der Stille in Bereitschaft setzen sollten, ihm zu folgen, weil er abreisen wolle, niemand in der Stadt müsse aber etwas davon erfahren; laßt Gepäck und Kasten zurück, das können die Diener morgen uns nachführen, nehmt nichts als Eure Waffen und folgt mir still. Darauf ließ er sein Pferd vorführen, stieg auf, Dame Yguerne setzte sich hinter ihn, und so ritt er mit ihr aus der Stadt nach Tintayol; die Ritter folgten ihm einzeln nach, und so erfuhr denselben Abend der König nichts davon, daß sie fort waren.

Dreiundzwanzigstes Kapitel

Des andern Morgens war in der ganzen Stadt von nichts anderm die Rede; endlich kam das Gerücht dieser Flucht auch bis zum Könige. Dieser geriet in den heftigsten Zorn, als er vernahm, daß der Herzog, ohne Urlaub zu nehmen, fortgezogen sei, mehr aber kränkte es ihn noch, daß er die Dame Yguerne mit fortgenommen. Er ließ seine Ratsherren zusammenrufen, und stellte ihnen das Unrecht des Herzogs vor, daß er ihn so plötzlich, ohne Ursache und ohne Urlaub zu nehmen, auf eine schimpfliche Weise verlassen habe, da er ihm stets so freundlich war, ihn auch mit schönen Geschenken an Kleinodien so geehrt habe. Die Ratsherren erstaunten ganz über dies Betragen des Herzogs, es dünkte ihnen ganz töricht zu sein, und gar nicht zu entschuldigen. Sie wußten aber die wahre Ursache nicht von seinem Weggehen; weil nun der König ihm vor allen andern Ehre und Freundschaft erzeigt habe, so glaubten sie, er könne sein Vergehen um desto weniger wieder gut machen, und es sei ein Verbrechen der beleidigten Majestät.

Sie beschlossen und rieten dem Könige, daß er zwei Botschafter nach Tintayol senden müsse, und daß er dem Herzog durch diese sagen lasse, daß er dem Könige Genugtuung geben müsse für die Beleidigung, welche er ihm zugefügt, indem er ohne des Königs Einwilligung, und ohne Urlaub von ihm zu nehmen, den Hof verlassen habe. Der König verlange also, daß er sogleich ebenso wieder an den Hof zurückkehre, so wie er ihn verlassen, um des Königs Gnade zu erflehen. Der König war dies auch sogleich zufrieden und sandte zwei tapfere Ritter als Gesandte nach Tintayol. Als diese vor den Herzog kamen und er ihren Auftrag vom Könige vernommen hatte, und hörte, daß er seine Gemahlin wieder mit sich an den Hof bringen solle, weil der Befehl so war, daß er ebenso wieder dahin zurückkommen müsse, wie er hinweggeritten; so geriet er in großen Zorn, und sprach zu den Abgesandten: mitnichten werde ich wieder an seinen Hof gehen, denn er hat sich so sehr an mir und an den Meinigen vergangen, daß ich ihn nicht mehr lieben und ihm nicht fürder gehorsam sein kann. Mehr sage ich Euch jetzt nicht. Da die Abgesandten keine andre Antwort als diese vom Herzoge erlangen konnten, zogen sie wieder ab und ritten nach Kardueil. Der Herzog aber ließ alle seine Ritter und die weisen Räte seines Landes zusammenberufen, und erzählte ihnen nun, welche Verräterei der König an ihm begangen, und wie übel er ihm mitgespielt; darum, setzte er hinzu, ritt ich plötzlich, und ohne Urlaub von ihm zu nehmen, von Kardueil weg: jetzt aber hatte er mir die Botschaft wissen lassen, daß ich des Verbrechens der beleidigten Majestät schuldig sei, und deshalb wieder an seinen Hof kommen müsse, um ihn um Verzeihung desfalls zu bitten, ebenso müßte ich wieder kommen, so wie ich den Hof verlassen; das heißt aber, nicht ohne meine Gemahlin Yguerne dürfe ich kommen. – Ihr habt wohl getan, sagten seine Ritter und Räte, daß Ihr solches nicht getan, denn es ist Eure Pflicht, daß Ihr Eure Ehre in Obacht nehmet. Übel hat der König getan, solchen Verrat an seinem Lehnsmann zu verüben. – Nun, antwortete der Herzog, so ersuche ich und bitte Euch, um meiner Ehre und der Eurigen willen, daß Ihr mir Euern Beistand gewährt und mir Hilfe leiht gegen den König, wenn dieser Krieg und Streit mit mir anfangt; daß Ihr mein Land mir beschützen helft, und in allen Dingen mir zu Hilfe kommt. Die Ritter und Räte versprachen ihm und schwuren, daß sie ihm helfen und dienen würden, sollte es auch ihr Leben kosten; wofür der Herzog ihnen sehr dankte.

Nachdem der König den Bericht der zurückkehrenden Botschafter vernommen, geriet er sehr in Zorn, und bot alle seine Barone und Fürsten auf, ihn an dem Herzog von Tintayol rächen zu helfen, und sie sagten ihm alle ihre Hilfe zu. Vorher ließ er, als im rechtmäßigen Kriege, dem Herzog den Frieden aufsagen und ihm verkündigen, daß wo er nicht dem Könige ehrenhafte Genugtuung täte, er sich nach vierzig Tagen in Bereitschaft zu halten habe, sich zu verteidigen, weil der König ihm in vollen Waffen zusprechen würde. Als der Herzog dieses Aufgebot vernommen, antwortete er den Boten, daß er sich womöglich zu verteidigen gedächte; ließ darauf auch seine Ritter und Kriegsmänner entbieten, und sie zur Verteidigung des Landes bereiten. Ich besitze nur zwei feste Schlösser, sagte er seinen Rittern, die imstande sind, gegen den König zu halten, diese beiden soll er aber sicher nicht erhalten, solange ich lebe. Meine Gemahlin soll hier zu Tintayol bleiben, nebst zehn der tapfersten und kühnsten Ritter zu ihrer Beschützung, welche die Burg wohl zu verteidigen imstande sind; ich aber will mit den übrigen nach dem andern Schlosse ziehen.

Vierundzwanzigstes Kapitel

Der König zog mit seinem Heere nach dem Lande des Herzogs von Tintayol, und nahm alle Städte, Dörfer und Burgen, wo er durchzog, ohne Widerstand ein. Hier erfuhr er, daß Dame Yguerne zu Tintayol geblieben, der Herzog aber zur Verteidigung einer andern Burg gezogen sei; er versammelte also seinen Rat und fragte, ob er besser täte erst Tintayol zu erobern, und alsdann das andre Schloß, oder ob er erst den Herzog daselbst belagern solle? Seine Räte waren alle der Meinung, er müsse erst den Herzog in seinem festen Schlosse belagern; wenn er ihn selber erst in seiner Gewalt habe, so würde alles übrige von selbst kommen. Der König mußte diesen Gründen nachgeben, zog mit seinem Heere vor das feste Schloß, und belagerte den Herzog. Als er nun vor dem Schlosse lag, sagte er heimlich zu Ulsius: was wird aus mir, so ich nicht Yguerne sehe? – Sire, erwiderte Ulsius, Ihr müßt jetzt Geduld haben: denkt darauf den Herzog zu bezwingen, so sind dann alle Eure Wünsche erfüllt. Ihr würdet Eure Gesinnungen zu früh verraten haben, wenn Ihr gleich zuerst nach Tintayol gezogen wäret, ohne erst den Herzog zu belagern, also faßt Euch, und seid gutes Mutes. – Die Belagerung ward mit großer Hitze betrieben, und mancher Sturm auf das feste Schloß gelaufen; der Herzog aber verteidigte sich tapfer, so daß die Belagerung sehr lange dauerte, worüber der König sehr mißmutig war, denn er erkrankte ganz in Sehnsucht nach Yguerne.

Als er eines Tages traurig in seinem Zelte saß, überfiel ihn eine solche Schwermut, daß er heftig anfing zu weinen; und da seine Leute ihn so weinen sahen, entfernten sie sich erschrocken aus seinem Zelte, und ließen ihn allein mit Ulsius. – Warum weint mein König? fragte er ihn mitleidig. – Ach! Ulsius, sprach der König, ich sterbe vor Sehnsucht nach Yguerne! Ja der Tod ist mir gewiß, schon habe ich Eßlust und Trinklust verloren, und in der Nacht finde ich keine Ruhe mehr, weil der Schlaf mich flieht; und kein Mittel sehe ich, wie mir Heilung würde! – Faßt Mut, mein König, Ihr sterbt sicherlich nicht aus Liebe für eine Frau! Wenn Ihr doch den Merlin haben könntet, fuhr er fort, laßt ihn aufsuchen, vielleicht gibt er Euch guten Rat. – Gewiß weiß Merlin, was ich leide, sprach der König, aber ich habe ihn erzürnt, als ich den leeren Platz an der Tafelrunde versuchen ließ, und nun läßt er mich nichts von sich hören; auch glaube ich, findet er es wohl übel von mir getan, daß ich für Dame Yguerne in Liebe entbrannt bin, denn ich sollte wohl nicht begehren das Weib meines Untertanen, meines Lehnsmannes. Es ist Sünde, das weiß ich wohl; und dennoch muß ich sie begehren, ich bin nicht schuld daran, kann mich dessen doch nicht erwehren. – Ich bin gewiß, sagte Ulsius, Merlin liebt Euch so sehr, daß er nicht ausbleiben wird, wofern ihm Euer Leid und Euer Schmerz bekannt ist, sondern er kommt gewiß, und bringt Trost für Euch. Faßt nur Mut, mein König, habt nur noch Geduld, seid etwas fröhlicher, versucht Euch mit guten Speisen und Getränken zu stärken, laßt Eure Barone oft um Euch sein, und vertreibt Euch in ihrer Gesellschaft auf eine ergötzliche Weise die Zeit, damit Ihr in etwas Euer Leid vergessen möget! – Gern tue ich, was du mir sagst, antwortete ihm der König, doch werde ich nicht meine Liebe, und nicht mein Leiden vergessen können.

Fünfundzwanzigstes Kapitel

Als der König einige Tage darauf nach der Messe in sein Zelt kam, fand er den Merlin daselbst. Groß war seine Freude, da er ihn erblickte, mit offenen Armen eilte er auf ihn zu, schloß ihn an sein Herz und küßte ihn. Merlin, fing er an, ich sage dir nichts von meinen Angelegenheiten, du weißt sie besser als ich selber; aber ich bitte dich um Gottes willen hilf mir von meinem Herzeleid, das dir so wohl bekannt ist. Laß erst den Ulsius kommen, sagte Merlin, dann will ich dir antworten. – Ulsius wurde sogleich gerufen, und als er kam, und der König zu ihm sagte, sieh hier ist Merlin! ward er vergnügt, begrüßte ihn, und sagte zum Könige: Nun dürft Ihr nicht mehr weinen, denn sicherlich bringt er Euch Trost und Hilfe. Ach, sagte der König, könnt er Yguernens Gunst mir verschaffen, so gäbe es nichts, was ich nicht für ihn täte, wenn es nur in meiner Macht steht, zu tun. – Wagst du, sagte Merlin hierauf, mir das zu versprechen, was ich dir anfordern werde, so will ich dir Yguerne zu verschaffen suchen, so daß du bei ihr in ihrer Kammer und in ihrem Bette schläfst. Ulsius lachte, als er dies hörte, und sagte: jetzt wird man sehen, was eines Königs Herz wert ist. – Fordere, was du willst, rief der König, es gibt nichts, was ich dir nicht dafür gäbe, fordere nur! – Ich will dessen gewiß sein, erwiderte Merlin, du und Ulsius, Ihr müßt beide mir einen Eid auf die heiligen Reliquien ablegen, daß ich von dir bekomme, was ich dir den Morgen abfordern werde, nachdem du die Nacht bei Yguerne zugebracht haben wirst. Willst du mit dem Könige schwören, Ulsius? – Mir währet die Zeit lang, ehe ich geschworen habe, erwiderte dieser. Hierauf ließ der König die heiligsten Reliquien vor sich bringen, er und Ulsius legten die Hände darauf, und so schwuren beide, daß der König dem Merlin das geben müsse, was Merlin am Morgen nach der Nacht, die er bei Yguernen zubringen würde, von ihm fordern werde.

Nachher eröffnete Merlin ihnen die Art, wie er dem

Könige Yguernens Gunst verschaffen wollte. – Du, sprach er zum Könige, mußt dich dabei mit vieler Weisheit und sehr klug betragen; denn Yguerne ist eine sehr tugendliche Dame, die Gott und ihrem Gemahle immer treu gewesen. Ich will dir aber durch meine Kunst die Gestalt des Herzogs geben, so daß sie dich für ihren Gemahl halten muß. Auch hat der Herzog zwei Ritter, sein und Dame Yguernes vertraute Freunde, sie heißen Bretiaux und Jourdains. Die Gestalt des ersten will ich annehmen, du, Ulsius, sollst aber die des Jourdains haben. Wenn es dunkel wird, so wollen wir unter dieser Verwandlung nach dem Schloß Tintayol reiten, die Wachen werden uns den Eingang nicht verwehren, da sie uns für die ihrigen ansehen. Nur des Morgens müssen wir gar früh uns wieder fort begeben, denn wir werden wunderbare Dinge hören; dein Lager laß unterdessen wohl bewachen, und daß deine Leute niemanden sagen, wo du hingegangen bist. Vergiß von allem dem nichts, was ich dir hier sage, und seid zwischen hier und morgen bereit, wenn ich Euch zu holen komme.

Der König erwartete den Merlin mit der größten Ungeduld; endlich kam er wieder und sagte: jetzt ist alles in Bereitschaft und fertig, nun zu Pferde. Sie ritten bis eine kleine halbe Meile von Tintayol; hier müssen wir uns ein wenig aufhalten, sagte Merlin, steigt ab von Euren Pferden und erwartet mich hier ein wenig. Sie stiegen alle ab, Merlin ging etwas abwärts, pflückte Kräuter ab, rieb dem Könige das Gesicht und die Hände damit, alsdann dem Ulsius und sich selber, und sofort verwandelten sie sich alle drei; der König sah vollkommen wie der Herzog von Tintayol aus, so wie Merlin und Ulsius dem Jourdains und Bretiaux glichen, so daß sie sich einander ansahen und sich wirklich lange dafür hielten. Mit hereinsinkender Nacht kamen sie an das Schloßtor von Tintayol, wurden ohne Schwierigkeit eingelassen, und gaben der Wache den Befehl, es niemanden bekannt zu machen, daß der Herzog zu Tintayol sei. Die Herzogin war schon zu Bette, als die drei in ihr Schlafzimmer kamen, die Ritter halfen ihrem Herrn sich entkleiden und in das Bett zur Dame Yguerne steigen, und entfernten sich alsdann. In dieser Nacht ward sie mit einem Sohne schwanger, der nachmals der gute König Artus genannt wurde. Der König genoß große Freude und Liebe die ganze Nacht hindurch von Yguerne, denn sie umarmte ihn und begegnete ihm mit herzlicher Freundlichkeit, wie sie ihren treugeliebten Gemahl umfing.

Mit Tagesanbruch hörten Merlin und Ulsius, die schon aufgestanden waren, das Gerücht in der Stadt, der Herzog sei erschlagen, und seine Seneschalls gefangen. Sie liefen also gleich ins Schlafzimmer zu ihrem Herrn, und riefen: Herr Herzog, steht auf und begebt Euch in Euer anderes Schloß, denn die Nachricht ist gekommen, daß Eure Leute Euch für tot halten. Ihr Herr stand auch sogleich auf, nahm zärtlichen Abschied von der Dame Yguerne, empfahl sie dem Schutze Gottes, küßte sie, und ritt davon mit den beiden Begleitern. Niemand im Schlosse wußte darum, daß der Herzog die Nacht bei seiner Gemahlin gewesen, außer ihre Kammerfrauen und die Torwächter.

Als sie glücklich wieder hinausgekommen waren,

und sich des gelungenen Anschlags freuten und sich fröhlich unterhielten, fing Merlin an und sagte zum Könige: ich habe, denke ich, dir mein Wort gehalten, jetzt denke auch du darauf, daß du deinen Eid hältst. – Du hast mir, antwortete der König, mehr Freude gegeben, und einen viel größeren Dienst geleistet, als je ein Mensch dem andern leistete, und ich bin bereit, dir mein Versprechen zu halten; jetzt also sage an, was du verlangst. – Wisse, sprach Merlin, daß Yguerne in dieser Nacht mit einem Kinde männlichen Geschlechts ist schwanger worden, dieses Kind verlange ich von dir. – Der König entsetzte sich, durfte aber sein Wort nicht zurückziehen; ich legte einen Eid ab, sagte er, dir zu geben, was du verlangen würdest; es sei dir also zu deiner Willkür übergeben.

Sechsundzwanzigstes Kapitel

Hierauf wuschen sie sich alle drei in einem Fluß, wo sie hinüber mußten, und bekamen ihre natürliche Gestalt wieder. Als sie im Lager anlangten, kamen alle ihnen mit der Nachricht entgegen, der Herzog sei erschlagen. Der König war sehr betrübt über diese Nachricht, denn er hatte seinen Tod nicht gesucht. Und wie geschah dies? fragte er seine Leute. Nun hörte er, der Herzog, der es gemerkt, daß der König nicht im Lager sei, habe in der Nacht still seine Leute bewaffnen lassen, und habe einen Ausfall auf die Belagernden getan. Diese, von dem Getöse aufgeweckt, bewaffneten sich schnell, und schlugen jene in ihr Schloß zurück; als sie sich aber mit ihnen ins Tor drängen wollten, sei der Herzog vom Fußvolk, das ihn nicht kannte, überwältigt und getötet worden. Die im Schlosse haben sich nicht länger verteidigt, als sie den Tod ihres Herrn erfahren, sondern sich sogleich mit dem Schlosse ergeben.

Der König ließ seine Räte zusammenrufen und legte ihnen die Sache vor, daß sie ihm rieten, wie er Genugtuung für des Herzogs Tod zu geben habe? denn er betrübte sich sehr um diesen Unfall, er hatte den Herzog nicht gehaßt und seinen Tod nicht begehrt; darum, sagte er, will ich seinen Anverwandten hinlängliche Genugtuung verschaffen, wie ihr mir raten sollt.

Ulsius saß mit dem Rate des Königs, und da die Räte verlangten, daß er zuerst sprechen sollte, sagte er ihnen: wer dem Könige und dem Reiche zum Besten raten will, der verlange, daß der König den Freunden und Verwandten der Herzogin Yguerne sagen lasse, wie sie sich alle zu Tintayol versammeln, dort sich über ihre Angelegenheit beratschlagen, und alsdenn alle zusammen sich nach Kardueil zu begeben haben, wo der König ihnen Genugtuung geben, und Frieden mit ihnen schließen würde. Während Ulsius dies den Räten des Königs sagte, und sie seine Meinung begriffen und sich auf ihn verließen, weil er der vertrauteste Freund des Königs war, und wohl wissen mußte, was dem Könige am angenehmsten zu hören war, sie auch dem Ulsius versprachen, dem Könige nicht zu sagen, daß dieser Rat von ihm allein käme, sondern daß sie allesamt solches beschlossen, kam Merlin in das Zelt des Königs und sagte ihm: Ulsius spricht und denkt gut und weislich über deine Angelegenheit, auch ist er dir treu ergeben, du darfst ihm also sicher trauen und genau alles tun, was er von dir verlangt; denn es ist alles zu deinem Besten, was er verlangen wird, und alles wird auch gut bestehen nach seinem Rate. Folge also dem treuen und verständigen Ulsius, ich muß jetzt mich von dir trennen; wenn Yguerne, der du dich jetzt vermählen wirst, das Knäblein geboren hat, mit welchem sie von dir ist schwanger worden, dann werde ich wiederkommen und es holen, denn du weißt, es ist mein nach deinem Eide. Auch werde ich dann noch nicht mit dir reden, sondern nur mit Ulsius, dem ich es sagen werde, auf welche Art er mir das Kind einhändigen müsse. Der König war äußerst betrübt, daß Merlin von ihm gehen wolle, da er seines Rates bedurfte, doch ward er wieder froh, da Merlin ihm die Versicherung gab, daß er sich auf Ulsius verlassen könne; und daß Yguerne seine Gemahlin werden solle, erfüllte sein Herz mit großem Entzücken. Hüte dich aber, fügte Merlin hinzu, bei dem Leben der Dame Yguerne, daß du ihr nie das Geheimnis entdeckest, wie das Kind, das sie unter ihrem Herzen trägt, nicht von ihrem Gemahl, dem Herzog, sondern von dir sei, und daß du bei ihr geschlafen hast, ehe sie dir vermählt ward, denn sie ist von großer Tugend und Frömmigkeit, und wenn du sie so beschämtest, könntest du wohl ihre Liebe verlieren. Darauf beurlaubte er sich vom Könige und begab sich zum Meister Blasius, wo er ihn alles so aufschreiben ließ, wie wir es hier lesen.

Siebenundzwanzigstes Kapitel

Die Botschafter des Königs kamen nach Tintayol, wo sie Dame Yguerne und alle ihre Verwandte und Freunde versammelt fanden. Sie begrüßten die Herzogin, als sie vor sie gelassen wurden, und stellten ihr bei, der Herzog sei durch eigne Schuld und durch seine dem König zugefügte Beleidigung erschlagen worden; der König, sagten sie, ist in große Betrübnis durch seinen Tod versetzt, und läßt Euch anbieten, mit Euch Frieden zu schließen nach Eurem eignen Begehren. Er ist ganz bereit, zugleich Euch und Euern Freunden und den Verwandten des Herzogs jede Genugtuung zu geben, die Ihr zusammen, von ihm verlangen wollt. Wir wollen uns, antwortete die Dame und ihre Verwandte den Botschaftern, wir wollen uns darüber beratschlagen. – Nachdem sie sich besonnen, und sich untereinander beraten hatten, sagten sie der Dame Yguerne, ihre Meinung sei, daß man Frieden schließe mit dem Könige. Da der Herzog durch seine eigne Schuld getötet ward, sagten sie, so kann ja der König nichts dafür, auch tut es ihm ja sehr leid, bedenken wir auch, daß wir nur schwach gegen ihn sind, und uns nicht gut gegen ihn werden verteidigen können. So meinen wir also, wir hören die Vorschläge an, die er uns tun läßt; es sind vielleicht solche, die wir nicht auszuschlagen Ursache haben, und so muß man von zwei Übeln das kleinste wählen. Die Dame gab ihren Freunden die Vollmacht alles zu tun, was sie genehm halten würden, sie willige in alles ein, was sie unter sich beschließen möchten. Die Botschafter wurden wieder vor sie gerufen und gefragt, welche Genugtuung der König ihnen zu geben gedächte. – Wir wissen den Willen des Königs nicht weiter, antworteten diese, als daß er beschlossen hat, in dieser Sache ganz nach dem Willen seiner Barone und seiner Räte zu verfahren. Darauf verabredeten sie, daß die Herzogin sich nach fünfzehn Tagen mit allen ihren Verwandten und Freunden nach Kardueil begeben würde, wozu der König ihnen sicheres Geleite entgegensenden müsse; daß auch, wenn seine Anerbietungen, die Genugtuung betreffend, der Herzogin und ihrer Partei nicht genehm dünkten, der König dieselben auf seine Unkosten nach Tintayol zurücksenden müsse. Nach dieser Abrede empfahlen die Botschafter sich der Dame, sowie den übrigen, und ritten zum Könige nach Kardueil zurück, der sehr begierig war, welche Antwort sie ihm von der Dame bringen würden, und der voller Freude war, da er vernahm, wie sie nach Kardueil kommen wollten.

Nach vierzehn Tagen sandte er sicheres Geleite der Dame Yguerne entgegen, die so wie ihre Freunde und Verwandte, in tiefer Trauer zu Kardueil anlangte. Sogleich sandte der König seine Räte in ihre Versammlung, und sie wurden von ihnen im Namen des Königs gefragt, welche Genugtuung sie für den Tod des Herzogs forderten? – Die Räte der Dame antworteten: die Herzogin ist nicht hierher gekommen zu fordern, sondern um zu vernehmen, was der König für sie zu tun willens ist. – Der König hielt die Räte der Dame für sehr verständige Männer, wegen dieser Antwort.

Ulsius ging nun in die Versammlung der Barone und Herren, um sich mit ihnen zu beraten, weil der König ihnen alle Vollmacht dazu gegeben, zu tun und zu raten, was ihnen nach ihrer Weisheit am besten dünkte, und am rätlichsten zum Besten des Reichs und seiner Untertanen. Ich gehe, sagte Ulsius dem Könige, als er sich von ihm beurlaubte, um zu tun, was Ihr mir gebietet; erinnert Euch aber, mein König, daß ein Fürst seinen Leuten nicht gut genug begegnen, und sich nicht genug vor ihnen demütigen kann.

Ulsius und die übrigen Räte begaben sich sofort zur Dame Yguerne, stellten sich ihr als diejenigen vor, denen der König Vollmacht gegeben, in dieser Sache Recht zu sprechen, und fragten sie, ob sie damit zufrieden sei, und sich ihrem Spruche unterwerfen wolle? Dame Yguerne antwortete ihnen: Der König könne ihr nichts Größeres anerbieten, als daß er seine Barone wolle für sich urteilen lassen; worauf sich die des Königs wieder entfernten und sich besonders versammelten, um die Sache zu beenden. Nachdem sie sich untereinander beraten, was am besten zu tun sei, riefen sie allesamt den Ulsius, daß er zuerst seine Meinung sage. – Ihr wißt wohl, fing Ulsius an, daß der Herzog durch des Königs Schuld ums Leben kam, und daß er den Tod nicht verdiente; seiner Gemahlin blieben die Kinder zur Last, und der König verheerte ihr Land durch den Krieg. Auch haben die Verwandte und Freunde des Herzogs gar viel durch seinen Tod eingebüßt, es ist also der Billigkeit und dem Rechte gemäß, daß ihnen nach Würden so viel möglich erstattet werde, was sie verloren, damit der König ihrer Anhänglichkeit und Liebe gewiß bleibe. Andrerseits ist der König unvermählt, und es ist Zeit, daß er eine Gemahlin sich erwähle; da nun Dame Yguerne, wie Ihr wißt, eine der tugendsamsten Frauen der Welt ist, so wäre meine Meinung, der König könne keine schicklichere Genugtuung geben, als wenn er sie zur Gemahlin erwählte. Mich dünkt, solches würde eine große Wohltat sein für das ganze Land sowohl, als für Euch, und ein jeder wird diese Art Genugtuung zu geben lobenswert finden. Auch rate ich, daß er die älteste Tochter des Herzogs dem Könige von Orkanien, welcher hier zugegen ist, zur Gemahlin gebe; und allen übrigen so tue, daß sie ihn für ihren gnädigen und großmütigen König lieben und in Ehren halten.

Die Geschichte erzählt, daß als Ulsius auf diese Weise seine Meinung gesagt, er die andern Räte aufforderte, die ihrige gleichfalls zu sagen. – Ulsius, antworteten sie ihm insgesamt, du hast den besten Rat erteilt, und den aller hochschwingendsten, den je ein Mensch zu denken sich erdreistet; wenn Ihr denselben so wie Ihr jetzt vor uns tatet, vor dem Könige wiederholt, und wir sehen erst, daß er einwilligt, so wollen auch wir gern einwilligen. – Das ist nicht genug, sagte Ulsius, Ihr müßt noch vor dem Könige Eure Einwilligung dazu geben; hier ist gleich der König Loth von Orkanien zugegen, auf welchen der Frieden nun zum Teil ankommt, er mag zuerst seine Meinung sagen. Und der König von Orkanien antwortete: ich möchte um alles in der Welt nicht, daß der Frieden um meinetwillen unterbliebe. – Da die andern dies hörten, fielen sie gleichfalls alle der Meinung des Ulsius bei, und gingen darauf allesamt zum Könige, wo auch Dame Yguerne mit den ihrigen sich einfand. Die ganze Versammlung setzte sich nieder, ausgenommen Ulsius; dieser stand vor ihnen, trug den Ratschluß der Barone und Fürsten vor, und fragte den König darauf, ob er dem Rate dieser Männer beipflichte? – Ich pflichte ihm bei, antwortete der König, wenn anders Dame Yguerne und ihre Partei darin einwilligen, und wenn König Loth von Orkanien die älteste Tochter des Herzogs ehelichen will. – Sire, sprach König Loth, es gibt nichts, was ich nicht aus Liebe zu Euch, und des Friedens wegen, zu tun entschlossen wäre. – Ulsius wandte sich nun zur Partei der Dame, und fragte sie, wie sie zufrieden seien, und ob sie unter diesen Bedingungen Frieden schließen wollten? – Als er sich so an sie wandte, und erwartete, daß der, welcher den Auftrag hatte, im Namen der Herzogin zu reden, nun antworten würde, fingen sie vor großer Rührung alle an zu weinen, so daß Tränen so groß wie Erbsen ihnen aus den Augen fielen; so auch weinte der, welcher hatte sprechen sollen, vor Freuden und Rührung, so daß er nicht ein Wort vorbringen konnte. Endlich sagte er, nein, niemals hörte ich solche Reden, noch sah ich solche ehrenvolle Genugtuung, wie die ist, welche der König jetzt einem seiner Lehnsleute widerfahren läßt! Fragte darauf die Dame und die übrigen Verwandten, ob sie mit diesen Bedingungen zufrieden wären? Weil die Dame Yguerne weinte, konnte sie nicht reden; die andern sprachen für sie, und waren einstimmig der Meinung, eine ehrenvollere Genugtuung könnten sie nicht verlangen, noch einen schönern Frieden schließen. – Zwei Tage nachher ward die Vermählung des Königs mit Yguerne gefeiert, zugleich auch die des Königs Loth von Orkanien mit der ältesten Tochter des

Herzogs. Die Dame Yguerne hatte noch eine andre Tochter, Morgante genannt, diese ward in ein Kloster geschickt, um daselbst unterrichtet zu werden. Dieselbe brachte es so weit in allen Wissenschaften, daß es ein Wunder war, sie verstand auch die Astronomie in einem so hohen Grade, daß niemand sich neben ihr in dieser Kunst durfte sehen lassen; nachmals ward sie Morgante, die Fee, genannt. Die andre Tochter, welche dem König von Orkanien vermählt wurde, gebar drei Söhne, alle drei sehr tapfre Ritter, welche nachmals an der Tafelrunde saßen. So wurden auch die übrigen Kinder der Herzogin gut vom Könige versorgt, und ihre Freunde und Verwandte liebte er und hielt sie sehr in Ehren.

Achtundzwanzigstes Kapitel

Es waren an dem Tage, da der König mit der schönen Yguerne Hochzeit hielt, gerade zwanzig Tage, seit er unter der Gestalt des Herzogs bei ihr geschlafen, und daß sie schwanger von ihm geworden. Die Hochzeit ward sehr fröhlich, und in großer Pracht gefeiert; fünfzehn Tage lang dauerte die Festlichkeit, wo ein jeder, der sich dazu einfand, aufs herrlichste bewirtet ward. Der König war froh und voll Freuden, das erlangt zu haben, wonach er sich so gesehnt, und wollte lange Zeit von nichts hören, als von Festen und Freudenbezeugungen. Als er nun einmal des Nachts bei seiner Gemahlin lag, und sie hochschwanger war, fragte er sie, von wem sie schwanger sei? da er nicht glaubte, daß sie es schon von ihm sein könne, auch vom Herzog könne es nicht sein, da er lange Zeit vor seinem Tode nicht bei ihr gewesen war. Die Königin Yguerne fing an zu weinen, als sie diese Worte des Königs vernahm, und sagte unter vielen Tränen, mein König, ich kann Euch auf keine Weise eine Unwahrheit sagen; es ist nur zu wahr, daß ich nicht von Euch schwanger sein kann, aber habt um Gottes Barmherzigkeit willen Erbarmen mit mir! Was ich Euch erzählen will, ist sehr wunderbar, aber es ist darum nicht weniger die Wahrheit, ich bitte Euch daher, versprecht mir ehe ich spreche, daß Ihr mich nicht verstoßen wollt, daß Ihr mir auch keinen Vorwurf machen wollt. – Ihr dürft frei mir alles sagen, antwortete der König, denn ich verspreche Euch, was es auch sein möge, werde ich in meinem Betragen gegen Euch desfalls nichts ändern. – Hierauf ward Yguerne beruhigt, und erzählte dem Könige getreu alles, was ihr in jener Nacht widerfahren, als sie dachte, den Herzog, ihren Gemahl, nebst seinen beiden vertrauten Rittern bei sich zu sehen, wie sie dann mit ihrem vermeinten Gemahl die Nacht zugebracht, des andern Tages aber, als er schon wieder von ihr geschieden war, die Nachricht erhalten habe, daß er in der vorigen Nacht, anstatt bei ihr zu sein, auf dem Schlachtfeld umgekommen sei; und so fügte sie hinzu, weiß ich nicht, wem das Kind zugehört. – Süße Freundin, antwortete der König hierauf, ich bitte Euch, übergebt dies Kind dem, der kommen wird, es zu holen, oder wem ich es geben mag, damit wir nie von ihm reden hören. – Sire, erwiderte Yguerne, mit mir sowohl, als mit allem, was mir gehört, tut nach Euerm Wohlgefallen.

Des andern Morgens erzählte der König dem Ulsius, was zwischen ihm und seiner Gemahlin die Nacht war geredet worden. Nun könnt Ihr wohl gewiß sein, sprach Ulsius, daß die Königin eine sehr fromme, weise, und treugesinnte Dame ist, weil sie Euch in dieser so sehr wichtigen Sache keine Unwahrheit sagte, sondern es wagte, ganz die Wahrheit zu sprechen.

Nach sechs Monaten kam Merlin zu Ulsius, bezeigte ihm seine Zufriedenheit mit allem, was geschehen war; sandte ihn darauf zum Könige, der sogleich kam, und sich sehr freute, Merlin wiederzusehen. Darauf sprach Merlin zum Könige: Nicht weit von hier wohnt ein edler Biedermann, mit Namen Anthor, dessen Gemahlin ist die verständigste und gottesfürchtigste Frau im ganzen Lande, sie ist von untadelhaften Sitten, und in allem Guten sehr wohl unterrichtet, und von vortrefflicher Gemütsart. Diese Frau ist ganz kürzlich mit einem Sohn niedergekommen; der biedre Anthor gehört aber nicht zu den Reichsten. Ich rate dir, daß du zu ihm sendest, ihn zu dir rufen läßt, und ihm Geld und Gut hinreichend gebest, damit er anständig leben mag, bittest ihn aber nachher, daß er ein Kind, welches man ihm bringen würde, an seiner Ehefrauen Brust erziehen, und von ihrer Milch ernähren lasse; dann laß ihn dir einen heiligen Eid ablegen, daß er dies sicher halten wolle, daß er seinen Sohn einem andern zur Erziehung gebe, und an dessen Statt den Sohn, den man ihm bringen würde, als den seinigen zu erziehen und zu halten. – Ich will, sagte der König, alles pünktlich ausführen, wie du vorgeschrieben.

Merlin ging zurück zum Meister Blasius, und der König ließ den braven Anthor vor sich rufen. Anthor kam sogleich, und war nicht wenig verwundert, als der König ihn mit besondrer Freundlichkeit empfing, und ihm viel Ehre erzeigte, konnte auch nicht begreifen, warum dies wohl geschehen möchte? – Mein Freund, fing der König an, ich will dir ein Geheimnis entdecken, hüte dich aber bei deinem Leben, daß du es niemand sagest; du bist mein Untertan und mein Lehnsmann; du bist es also Gott und mir schuldig, mein Geheimnis fest zu bewahren, und mir, was ich dir sagen werde, ausführen zu helfen. – Sire, antwortete Anthor, Ihr könnt mir nichts gebieten, was ich nicht mit Freuden zu tun willens wäre; sollte ich es aber nicht tun können, so ist Euer Geheimnis doch auf jeden Fall sicher bei mir verwahrt. – So höret, mein Freund, was mir neulich, als ich schlief, für ein Gesicht erschien. Ich sah einen Mann vor mir, der mir sagte, Ihr, Anthor, wäret einer der biedersten und ehrenhaftesten Männer in der Welt; Ihr, fuhr er fort, habt ein Kind erzeugt, welches Eure Frau zu dieser Stunde mit ihrer Milch ernährt. Dieser Mann gebot mir Euch zu sagen, daß Ihr mir zuliebe dieses Euer Kind einer andern zu ernähren, und zu erziehen gebet, und dafür von Eurer Frau ein Kind an ihrer Brust tränken lasset, welches Euch ein fremder Mann überbringen wird, und daß Ihr dieses fremde Kind als das Eurige erzieht und haltet. – Sire, fing Anthor wieder an, es ist ein Großes, was Ihr von mir verlangt, daß ich mein eignes Kind einer fremden Frau zu säugen gebe, und nehme mich eines fremden dafür an; doch, was mich betrifft, so will ich Euch gehorchen, im Fall es meine Frau zufrieden ist; doch verspreche ich Euch, daß ich sie ersuchen werde, darin einzuwilligen. Sagt mir nun, mein König, ob das Kind schon geboren ist, und wann ich es erhalten soll. – Ich weiß dies nicht, antwortete der König, gab ihm aber eine große Summe Goldes und vielen Reichtum und Güter, worüber der biedere Anthor sehr erfreut war. Dann ging er zu seiner Frau nach Hause, und erzählte ihr, was zwischen ihm und dem Könige vorgefallen; es kam ihr dies aber sehr befremdend vor. Wie sollt ich wohl, sagte sie, mein eignes Kind weggeben können, um ein fremdes zu nähren? – Es gibt nichts, sprach Anthor, was wir nicht schuldig wären, für unsern Landesherrn zu tun. Du siehst, daß er mir schon viel gegeben, und noch mehr hat er zu tun versprochen, so daß wir niemals keine Armut werden zu befürchten haben, wir müssen also auch alles tun, was er von uns verlangt. Mein Wille ist, so es dir gefällt, daß du das Kind, welches uns gebracht wird, säugest und erziehest, gleich wie das unsre. – Ich gehöre Euch, sagte die Frau, und auch mein Kind gehört Euch zu, tut an uns nach Eurem Wohlgefallen. Der wackre Anthor war über diese Antwort seiner Frau sehr vergnügt.

Neunundzwanzigstes Kapitel

Den Tag vor der Niederkunft der Königin kam Merlin zu Ulsius, und sprach: ich bin zufrieden mit den Anstalten, welche der König getroffen, und wie er sich überhaupt sehr verständig benommen. Geh, sage ihm, er solle die Königin vorbereiten, sie würde morgen nach Mitternacht entbunden werden; und wie sie gleich nach ihrer Entbindung das Kind dem Manne übergeben müsse, den sie beim Hinausgehen aus ihrem Zimmer erblicken würde. Ulsius fragte ihn, ob er nicht selber mit dem König sprechen wolle, er sagte aber: Nein, nicht zu dieser Stunde. Ulsius bestellte dem König alles, was Merlin ihm aufgetragen und der König ging sogleich zur Königin. Morgen nach Mitternacht, sagte er ihr, wirst du entbunden sein; ich bitte dich aber, und verlange es ausdrücklich, daß du das Kind gleich nach der Geburt deiner vertrautesten Kammerfrau gibst, mit dem ausdrücklichen Befehl, es dem Manne zu geben, der es ihr beim Herausgehen aus dem Zimmer abfordern wird. Auch mußt du allen denen, welche bei der Niederkunft zugegen sein werden, bei ihrem Leben verbieten, daß sie niemanden sagen, daß du niedergekommen bist, weil viele glauben möchten, das Kind sei nicht von mir; auch kann es wohl in Wahrheit nicht von mir sein. – Ich sagte es Euch ja, erwiderte die Königin, wie ich nicht wisse, wer Vater dieses Kindes ist; ich will alles tun mit ihm, was Ihr verlangt, das ich tun soll. Sie war aber so beschämt, daß sie den König nicht ansehen konnte, sondern ihre Augen niederschlug.

Um die bestimmte Stunde kam sie nieder, worüber sie sehr verwundert war, daß der König die Stunde ihrer Entbindung vorhergesagt. Es geschah auch alles so, wie der König ihr befohlen hatte. – Traute Freundin, sagte sie zur Kammerfrau, nimm das Kind und gib es dem Manne, der am Ausgang des Zimmers es dir abfordern wird; gib aber genau acht, wer dieser Mann ist! – Die Kammerfrau wickelte das Kind in reiche Windeln, und trug es hinaus; als sie die Türe öffnete, kam ihr ein sehr alter, schwacher Mann entgegen; worauf wartet Ihr hier? fragte sie. – Auf das, was Ihr bringt, antwortete der Alte. – Wer seid Ihr? was soll ich meiner Gebieterin sagen, wem ich es gegeben? – Bekümmere dich nicht darum, tu was dir befohlen ward, und was du tun mußt. – Darauf reichte sie ihm das Kind, er nahm es, und in demselben Moment verschwand er damit, so daß die Kammerfrau nicht wußte, wo er hingekommen. Als sie nun wieder zur Königin ins Zimmer kam, und ihr erzählte, wie sie das Kind einem fremden sehr alten Manne habe geben müssen, der in dem Moment, als er es erhielt, damit verschwand; fing die Königin bitterlich an zu weinen, und zu klagen, über den Verlust ihres Kindes.

Der Alte ging mit dem Kind hinaus, um es dem frommen Anthor zu bringen, begegnete ihm aber auf der Gasse, als er eben zur Messe gehen wollte. – Anthor, redete er ihn an, ich bringe dir ein Kind, das du wie das deinige erziehen und ernähren sollst. Wisse, daß wenn du solches treulich tust, wird das Gute, das dir und den Deinen daraus entstehen wird, unermeßlich, und dir selber nicht glaubwürdig sein. Der König sowohl, als jeder edle Mann und jede edle Frau bitten dich, es gut zu halten, auch ich bitte dich darum; meine Bitte muß dir so viel als die des reichsten Mannes gelten. – Anthor nahm das Kind, sah es an und fand es wohlgebildet und von großer Schönheit. Ist es getauft? fragte er den Alten. – Nein, sagte dieser, du magst es sogleich in der Kirche taufen lassen, wo du willens warst zur Messe zu gehen. – Welchen Namen soll ich ihm geben? – Nenn' es *Artus*. Du wirst bald genug gewahr werden, welch ein großes Gut du mit ihm erhältst, denn sowohl du als deine Frau, Ihr werdet diesen Knaben sehr lieben, und ihn von Eurem eignen nicht zu unterscheiden wissen. Und hiermit Gott empfohlen. – Sie schieden voneinander; Anthor ließ das Kind taufen, ihm den Namen Artus geben, und brachte es nachher seiner Frau, die es freundlich willkommen hieß, es küßte, an ihre Brust legte, und es mit ihrer Milch tränkte, während sie ihren eignen Sohn einer fremden Frau, welche sie vorher angenommen, zu nähren gab.

Dreißigstes Kapitel

Nachdem Uterpendragon lange Zeit in Frieden sein Reich regiert, verfiel er in eine schwere Krankheit; er hatte nämlich Gicht in den Händen, so daß er sie nicht brauchen konnte. Die Heiden fielen wieder in sein Reich und verheerten es während seiner Krankheit; die Fürsten und Barone zogen zwar verschiedentlich gegen sie zu Felde, wurden aber immer geschlagen, die Heiden dagegen immer mächtiger im Lande. Merlin kam zu Uterpendragon, und sagte ihm, er würde mit seiner Hilfe die Feinde wieder vertreiben, nachmals aber nicht lange mehr leben; die Königin Yguerne war vorher schon gestorben. Merlin riet ihm daher, sobald er würde gesiegt haben, alle seine Schätze und Reichtümer unter die Armen zu verteilen; er solle noch bei seinem Leben so viel Gutes tun als möglich, weil er das Reich ohne Erben verlassen müsse. Der König fragte ihn nach dem Kinde, welches er ihm gegeben; du hast, antwortete dieser, dich nicht um ihn zu kümmern; doch darf ich dir wohl sagen, daß er schön und groß und wohlerzogen ist. Als Merlin darauf Abschied vom Könige nahm, und ihn noch einmal erinnerte, daß er nicht lange mehr zu leben habe, fragte der König ihn weinend; O weh, Merlin, soll ich dich denn niemals wiedersehen? – Noch einmal sollst du mich sehen, antwortete Merlin, aber nicht öfter.

Uterpendragon versammelte sein Heer, ließ sich ihm in einer Sänfte vortragen, und erteilte die Befehle zum Angriff mit solcher Klugheit und mit so großem Mut, daß er dadurch den Mut des Heeres und der übrigen Anführer hob, die Feinde schlug, und sie völlig wieder aus dem Lande vertrieb. Darauf kam er wieder nach London zurück, und verteilte alle seine Schätze, alles was er besaß, zwischen den Armen und den Kirchen, so daß er sich jetzt noch mehr als je die Liebe des ganzen Volkes erwarb; verfiel aber hernach wieder in seine Krankheit, so daß die Ärzte sein Leben aufgaben. Da er nun immer schlimmer wurde, und endlich die Sprache verlor, so daß er in drei Tagen kein einziges Wort gesprochen hatte, kam Merlin wieder zu London an. Die Herren des Hofes, und das Volk, als sie ihn kommen sahen, gingen weinend ihm entgegen, und riefen: Unser König ist tot! – Er ist noch nicht tot, antwortete Merlin, führt mich zu ihm, so sollt Ihr ihn noch einmal reden hören. Als man ihn nun in das Zimmer führte, wo der König krank auf seinem Bette lag, ließ Merlin alle Fenster öffnen, und trat hinzu. Die Hofleute nahten sich dem Könige und sagten ihm: hier ist Merlin, welchen der König jederzeit geliebt. Da wandte der König sich zu ihm, erkannte ihn alsbald, und man nahm an seinen Mienen wahr, wie er sich freute, ihn zu sehen. Merlin neigte sich und sagte ihm leise ins Ohr: wisse, dein Sohn Artus wird König nach dir, und wird die Tafelrunde, welche du gestiftet, vollständig machen! – Darauf erhob der König seine Stimme und sagte: Sage ihm, daß er für mich bete zu Jesu Christo unserm Herrn. – Nun wandte Merlin sich zu den Herumstehenden und sagte: dies waren die letzten Worte des Königs, niemand wird ihn weiter reden hören. – Darauf ging Merlin fort, und die andern blieben in Erstaunen zurück, sowohl darüber, daß der König noch mit ihm geredet, als über die Worte, welche er gesprochen, von denen sie den Sinn nicht fanden, denn sie hatten nicht gehört, was Merlin dem Könige ins Ohr geredet. Dieselbe Nacht starb Uterpendragon, und das Reich blieb ohne Nachfolger. Die Fürsten und Barone versammelten sich zwar, um einen König aus ihrer Mitte zu wählen, sie konnten sich aber nicht darüber vereinigen. Endlich beschlossen sie, den Merlin, als den weisesten aller Menschen, um Rat zu fragen.

Merlin wurde in die Ratsversammlung geholt, und ihm im Namen aller Fürsten die Frage vorgelegt, wen sie zum Könige an Uterpendragons Stelle erwählen sollten? – Da stand Merlin auf, und sprach: Ich habe stets dies Reich geliebt, so wie auch die Bewohner desselben; wollt Ihr also meiner Meinung folgen, so laßt es auf den Ausspruch Gottes ankommen, wer König werden soll. – Alle riefen einstimmig: Sag was wir tun sollen, wir glauben dir, und wollen alles, was du für recht hältst, tun. – Vierzehn Tage sind es, fing Merlin an, seitdem der König starb, es war am St. Martinstage; wartet noch bis zur Weihnachtsnacht, welche nicht mehr weit ist. Unser Erlöser, der König aller Könige, ward an diesem Tage geboren. Ich bin Euch allen Bürge, daß wenn Ihr diesen Tag in frommem Gebete zu unserm Herrn zubringt, er Euch ein Zeichen geben wird, nach welchem Ihr einen König erwählen dürft. Ihr alle, Fürsten und Volk, und Ihr Bischöfe und Geistliche, betet zu ihm, daß er Euch erleuchte, und Euch durch ein Zeichen seinen Willen kundtue und Euch denjenigen zeige, der würdig gefunden wird, dies Reich zu regieren. Ich sage Euch in Wahrheit, wenn Ihr mit Inbrunst und mit wahrer Andacht allgemein zu ihm betet, das Zeichen wird Euch erscheinen, woran Ihr den König erkennen sollt, und so seid Ihr dann gewiß, nach dem Willen Gottes unsers Herrn erwählt zu haben.

Die ganze Versammlung war mit diesem Rat des Merlin wohl zufrieden, und es ward einstimmig beschlossen, danach zu tun. Merlin beurlaubte sich jetzt von den Fürsten. Da sie ihn baten, zum Weihnachtsfeste wieder zu kommen, um nachzusehen, ob alles so geschehe, wie er ihnen geraten, sagte er, er würde eher nicht wiederkommen, bis alles vollkommen zugetroffen; ging darauf fort aus dem Rat zu seinem Meister Blasius und erzählte ihm das Geschehene, wodurch auch wir es jetzt erfahren.

Die Barone ihrerseits ließen alle Fürsten, Herren und Ritter des Landes zu Weihnachten nach London bescheiden, um sich im Gebete zu vereinigen, und zu sehen, durch welches Wunder Gott einen unter ihnen zum Könige auserwählen würde. Es geschah so, und es war keiner, der sich nicht zu Weihnachten in London einfand. Auch der brave Ritter Anthor kam nebst seinem Pflegesohn Artus, der ein Knabe von wunderbarer Schönheit und in allen Dingen sehr artig und wohlerzogen war; auch seinen eignen Sohn brachte Anthor mit nach London, welcher ein Jahr älter war als Artus, und am Allerheiligen-Tage Ritter geworden war. Anthor liebte aber seinen eigenen Sohn nicht mehr, als er den Pflegesohn liebte.

Am Vorabend vor dem Weihnachtsfest versammelten alle Fürsten und Ritter, und vieles Volk sich in der Kirche, beteten, und hörten die Messe um Mitternacht mit großer Andacht; als aber die Mitternachtsmesse vorüber war, und kein Zeichen sich noch wollte sehen lassen, fingen viele an zu zweifeln, und meinten, sie seien wohl rechte Toren, auf ein solches Zeichen zu warten. Darauf bestieg ein sehr gelehrter geistlicher Herr die Kanzel und hielt ihnen eine vortreffliche Predigt, worin er ihnen ihren Unglauben und Ungeduld verwies, und sie ermahnte, ihren Eifer im Gebete nicht sinken zu lassen, und auf Gott fest zu vertrauen; hielt ihnen auch ihre Pflicht vor, daß sie um die jetzige Stunde doch nicht allein aus der Ursache in der Kirche versammelt wären, um einen König aus ihrer Mitte zu erwählen, sondern sie wären auch um des Heils ihrer Seelen willen hier, und um den König aller Könige anzuflehen, welcher ihnen in dieser Nacht geboren worden. Die Predigt war so kräftig und vortrefflich, daß die Fürsten, davon bewegt, ihre Andacht erneuerten, und in inbrünstigem Gebete die Frühmesse abwarteten. Als aber auch diese gehört worden, und der helle Tag begann in die Kirche hineinzuscheinen, da gingen viele von ihnen hinaus; und siehe da, auf dem Platze vor der Kirchentüre erhoben sich drei breite Stufen von einem fremden sonderbaren Stein, einige sagten, es sei Marmor; ein eiserner Amboß stand oben auf den Stufen, in diesem Amboß war ein Schwert befestigt, so daß es aufrecht auf dem Amboß stand. Die, welche aus der Kirche gekommen waren, liefen erstaunt und erschreckt zurück und verkündigten das Wunder dem Erzbischof Brice, der eben Messe las. Als er fertig war, ging er hinaus, und alles Volk und die Fürsten ihm nach; der Erzbischof stieg die Stufen hinauf, besah das Schwert und las die Schrift, welche auf beiden Seiten des Schwertes mit goldnen Buchstaben eingegraben war, dem Volke laut vor. Es stand darauf: »Derjenige unter euch, welcher dieses Schwert aus dem Amboß zieht, soll König dieses Landes sein auf Ermahnung Jesu Christi.«

Alles Volk war erstaunt über dieses wunderbare Zeichen; der erhöhte Amboß und das Schwert ward zehn tapfern verständigen Männern zur Wache übergeben, von welchen fünfe weltlich, fünfe aber geistlich waren. Darauf verfügten sich alle wieder in die Kirche, und stimmten dem Herrn Dankgebete an für dieses Zeichen, das er ihnen gnädig gesendet, und sangen feierlich ein Tedeum. Nachher fingen die Versuche mit dem Schwerte an: erst kamen die Fürsten, die Barone, alle großen Herrn und Ritter, jeder versuchte das Schwert aus dem Amboß zu ziehen, keiner war es aber imstande. Der Erzbischof gab den zehn Männern, welche das Schwert bewachten, den Befehl, jeden heranzulassen, der den Versuch machen wollte, er sei von welchem Stande er wolle; sollte einer es herausziehen, so müßten sie aber wohl acht geben, wer es sei, um ihn wieder zu erkennen. Während acht Tagen bis zum Neujahrstage versuchten es alle im ganzen Lande, denn sie kamen von weit und breit, um den Versuch zu machen; niemand aber konnte das Schwert aus dem Amboß ziehen, obgleich viele hundert der tapfersten Ritter es versuchten.

Einunddreißigstes Kapitel

Am Neujahrstage nach der Mahlzeit hielten die Fürsten und Barone schöne Ritterspiele und Rennen, zur Ergötzlichkeit, auf einem schönen Platze außerhalb der Stadt. Da dies die Ritter und die andern Leute in der Stadt vernahmen, machte sich ein jeder bereit, auch hinauszugehen, um bei den Spielen zu sein, und die Bürger der Stadt gingen fröhlich hinaus, um diesen Spielen zuzuschauen. Als die Männer, welche das Schwert bewachten, sahen, daß alles zur Stadt hinauslief, gingen sie mit, und ließen auf diese Weise das Schwert unbewacht. Der gute Ritter Anthor befand sich gerade vor der Stadt, als diese Spiele begannen, nebst seinem Sohn, der am Allerheiligen-Tage Ritter geworden war, und welcher Lreux genannt wurde, und nebst Artus, seinem Pflegesohn, der so, wie jeder, glaubte, Lreux's wirklicher Bruder zu sein, und ihn auch als seinen ältern Bruder liebte und ehrte. Da nun die Spiele angingen, befahl Lreux seinem Bruder Artus, eilends nach Hause zu laufen und ihm sein Schwert zu holen, welches er daselbst hatte liegen lassen. Dienstbar und gefällig ritt Artus sogleich eilends hin, um den Befehl seines Bruders zu vollziehen; als er aber in dem Gasthof ankam, in welchem sie wohnten, fand er alles verschlossen und niemand, der ihm öffnete, weil alle Hausleute gleichfalls hinausgegangen waren, den Spielen zuzusehen. Voll Verdruß, und vor Ärger weinend, ritt Artus schnell wieder zurück, und da er vor der Kirche über den Platz kam, und sich allenthalben umsah, ob er nicht etwa jemand aus dem Hause gewahr würde, erblickte er den Amboß auf den Marmorstufen, er hatte nie von diesem Wunder etwas gehört, und sah es jetzt zum ersten Mal. Voller Freude erblickte er das Schwert darauf, welches niemand bewachte, ritt darauf los, zog es mit so leichter Mühe, als wäre es gar nicht befestigt, aus dem Amboß, und ritt so schnell, als sein Pferd nur laufen wollte, zu Lreux hinaus, gab ihm das Schwert, und erzählte ihm, warum er ihm nicht das seine brächte, und wo er dieses hergenommen. Lreux erkannte das Schwert sogleich, suchte eilends seinen Vater, den Ritter Anthor, zeigte es ihm, und sagte, ich werde König, ich habe das Schwert herausgezogen. Ritter Anthor war höchst verwundert, glaubte aber seinem Sohne nicht; du lügst, rief er, sogleich komm mit mir zum Amboß. Er ritt mit ihm hin, Artus und die Diener begleiteten sie. Da sie auf den Platz kamen, und der Ritter sah, wie das Schwert wirklich nicht mehr im Amboß sich befand, wandte er sich zum Lreux: geliebter Sohn, sagte er, ich bitte dich, sprich die Wahrheit, wie kommst du zu diesem Schwerte? Niemals könnte ich dich als meinen Sohn lieben, wenn du mir lügen möchtest, und ich werde sehr wohl wissen, ob das, was du sprichst, Wahrheit ist, oder nicht. Lreux war beschämt, als er seinen Vater so sprechen hörte, und sagte: mein Vater, ich lüge nicht, mein Bruder Artus hat dies Schwert mir statt des meinigen gebracht, ich weiß aber nicht, wie er dazu gekommen. Gib es mir, sprach Anthor, du hast kein Recht darauf, sondern der, von welchem du es erhalten. Lreux gab ihm das Schwert, und da Anthor sich umsah, erblickte er den Artus von ferne bei den Dienern und rief ihn her zu sich. Lieber Sohn, sagte er ihm, nimm dies Schwert, stecke es wieder dahin, woher du es genommen; dies tat Artus auch sogleich, und es war so fest im Amboß, als zuvor, so daß niemand es herauszuziehen vermochte, außer Artus. Darauf ging der Alte mit den beiden Söhnen in die Kirche; hier sagte er zu Lreux, ich wußte wohl, daß du das Schwert nicht konntest aus dem Amboß gezogen haben; Artus aber nahm er in seine Arme und sprach zu ihm: Teurer geliebter Herr, wenn ich Euch dazu verhülfe, daß Ihr König würdet, welche Gunst würdet Ihr mir erzeigen? Wie könnte ich, erwiderte Artus, wohl dieses Gut oder irgendein anderes erwerben, worüber Ihr nicht als mein Herr und Vater zu gebieten hättet? –Ich bin nur Euer Pflegevater, Euern Vater aber, der Euch gezeugt hat, diesen kenne ich nicht. Da Artus dies vernahm, war er vor Gram und Betrübnis fast außer sich, denn er hatte Anthor als seinen Vater geliebt und geehrt, und es war ihm sehr schmerzhaft und äußert traurig, keinen Vater zu haben.

Ganz trostlos rief er, o mein Gott, was soll mir dieses Gut oder jedes andre, da ich keinen Vater habe! Ei, sagte Anthor, Ihr müßt allerdings einen Vater gehabt haben, jetzt aber, teurer Herr, sagt mir, welche Gunst Ihr mir zusichert, im Fall dies große Gut Euch von dem Herrn bestimmt ist, und ich Euch dazu verhelfe. –Ach alles, was Ihr wollt, rief Artus weinend. –Nun erzählte Anthor ihm, was er alles für ihn getan, wie seine Frau ihren eignen Sohn Fremden aufzuziehen gegeben, und wie sie ihn als Sohn angenommen und ihn mit ihrer Milch getränkt, und wie er auf diese Weise sowohl ihm als seiner Ehefrau und seinem Sohne Lreux die größte Dankbarkeit schuldig sei, denn nie wäre ein Kind mit mehr Liebe auferzogen, als er von ihnen allen erzogen worden sei. Vater, erwiderte Artus, haltet mich als Euern Sohn forthin, bin ich auch nicht Euer Kind, denn wie sollte ich wohl einen Schritt gehen, oder der Gnade, welche Gott vielleicht mir erweisen, und zu welcher Ihr mir verhelfen wollt, wie sollte ich mich ihrer wohl würdig erweisen, ohne Euern Rat und väterlichen Beistand; seid also gewiß, daß ich alles zu tun bereit bin, was Ihr mir befehlen werdet. –Nun so bitte ich Euch, fing Anthor wieder an, wenn Ihr König sein werdet, macht meinen Sohn Lreux zu Euerm Seneschall, und dergestaltig, daß er sein Seneschallsamt nie verlieren kann, solange er lebt, sollte er auch sich eines Verbrechens gegen Eure Person, oder gegen irgendeinen andern in Euerm Reiche schuldig machen. Sollte er ein Verräter sein, oder übel reden, so bitte ich Euch, erduldet ein kleines von ihm; denn um Euch besser zu erziehen, gab die Mutter ihn in fremde Hände, so daß er dadurch ganz ausgeartet ist, also müßt Ihr Euch auch von ihm mehr, als von irgendeinem andern gefallen lassen; ich bitte Euch also, diese Bitte gewähret mir. Da Artus ihm nun die Gewährung zusagte, nahm Anthor ihn bei der Hand und führte ihn zum Altar, vor das Bild der heiligen glorreichen Jungfrau Maria, und hier ließ er ihn auf die heiligen Reliquien schwören, daß er sein Versprechen gegen Lreux halten wolle. Nachdem gingen sie aus der Kirche, wo sie den Fürsten, Baronen und Rittern begegneten, welche von den Spielen zurückkamen, und nun in die Vesper gehen wollten. Anthor rief diejenigen unter ihnen, welche seine Freunde waren, ging mit ihnen und seinen Söhnen zum Erzbischof und sagte: Herr Erzbischof, mein Sohn hier, welcher noch nicht Ritter ist, verlangt den Versuch mit dem Schwerte zu machen, und bittet Euch dazu um Erlaubnis. Der Erzbischof ging sogleich mit allen Anwesenden hinaus und stellten sich um die Stufen her; mein Sohn, sagte Anthor, steig hinauf, nimm das Schwert und bring es dem Herrn Erzbischof. Artus tat unverzüglich, wie sein Vater ihm befohlen, stieg mutig die Stufen hinauf, zog ohne alle Mühe das Schwert aus dem Amboß, und händigte es dem Erzbischof ein; dieser umarmte den Knaben, und sang mit lauter Stimme, Te Deum Laudamus. Die Fürsten und Herren gingen mit Artus nach der Kirche zurück. Voller Verdruß sagte einer zum andern: wie kann es sein, daß ein solcher Bursch unser König werde, und über uns herrsche? Als der Erzbischof diese Reden hörte, geriet er in Zorn; er und Anthor waren auf Artus' Seite, aber die Barone sowohl als auch das Volk waren gegen Artus. Darauf sprach der Erzbischof das kühne Wort: »Und wäre die ganze Welt gegen diese Wahl, und Gott der Herr hat sie beschlossen, so wird er König!« Geh, Artus, fuhr er fort, stecke das Schwert hin, wo du es hergenommen. Artus gehorchte, und das Schwert war so fest als vorher. – Jetzt geht, fing der Erzbischof wieder an, Ihr Fürsten, Herzoge, Ihr Reichen und Mächtigen, jetzt geht hin und seht, ob einer unter Euch ist, der es herauszieht. – Sie versuchten es alle noch einmal, einer nach dem andern, keiner vermochte es aber. – Ihr Toren, rief der Erzbischof, wollt Ihr gegen den Willen Gottes streiten? – Das wollen wir nicht, sagten die Fürsten, sollte es uns aber nicht kränken und uns weh tun, daß ein solcher Bursche über uns herrschen soll? – Der ihn erwählte, sagte der Erzbischof, der kennt ihn besser als ihr ihn kennt. – Wir bitten Euch, Herr Erzbischof, sagten die Fürsten, laßt das Schwert noch stecken bis zur Lichtmeß, damit noch andre den Versuch machen. – Dies ward ihnen bewilligt, und nun kamen Fürsten, Herzöge, Edle und Ritter aus allen Landen, und von weit und breit, jeden Tag kamen neue, gingen zum Amboß, zogen aus allen Kräften das Schwert, aber keiner von ihnen konnte es herausziehen. Am Tage der Lichtmesse versammelten alle sich wieder, da stieg Artus auf Befehl des Erzbischofs die Stufen hinauf, zog das Schwert mit Leichtigkeit aus dem Amboß, und überreichte es dem Erzbischof; dieser sowohl, als der ganze anwesende Klerus weinten vor Freude und Wehmut, als sie dies Wunder sahen. – Ist noch einer unter Euch, rief der Erzbischof, welcher an der göttlichen Wahl zweifelt? – Dennoch erlaubt, Herr Erzbischof, sagten die Fürsten, daß es noch bis Ostern anstehe, und kommt bis dahin niemand, der es vermag, so wollen wir diesem untertan sein. Wollt Ihr, fragte der Erzbischof, gern gehorsam sein, wenn ich noch bis Ostern warte? – Ja, Herr Erzbischof, das wollen wir. – Nun so geht, Artus, steckt das Schwert wieder an seinen Ort, so es Gott gefällt, wird es doch das Eure bleiben. Artus gehorchte, das Schwert stak wieder fest wie zuvor, und zehn Männer bewachten es.

Am Osterfest nach der Messe ward Artus die Stufen hinaufgeführt, wo er wieder das Schwert aus dem Amboß zog. Da erhoben die Fürsten sich, und begrüßten ihn als ihren Herrn; baten ihn aber, daß er noch einmal das Schwert auf den Amboß stecken, und erst etwas mit ihnen reden möchte. Sehr gerne, antwortete Artus höflich, so wie alles was Euch beliebt, daß ich tue. Sie gingen darauf alle zusammen in die Kirche, um mit Artus sich zu unterreden, und ihn auf die Probe zu stellen; denn der Erzbischof hatte den Fürsten vorher viel Rühmens gemacht, von der Verständigkeit und dem guten Anstand des Artus; jetzt also wollten sie prüfen, ob sich dies also verhalte. – Sire, redeten sie ihn an, wir sehen nun wohl, daß es Gottes Wille ist, daß Ihr über uns herrschen sollt; was Gott will, das muß geschehen; wir erkennen Euch also als unsern König und Herrn, und wollen jetzt von Euch unsre Lehen und Gaben empfangen; doch bitten wir Euch gehorsamst, daß Ihr Eure Krönung noch bis zum Pfingstfest anstehen laßt, Ihr sollt dessen ungeachtet unser König und Herr verbleiben. Hierüber sagt uns jetzt Eure Meinung, ob Ihr es so zufrieden seid? – König Artus erwiderte auf der Stelle: daß ich Euch Gaben und Lehen erteilen sollte, kann nicht eher geschehen, als bis ich erst das meinige erhalten, ich kann niemand erteilen, was ich selber nicht besitze; so kann ich auch nicht eher Euer König genannt, und dafür gehalten werden, als bis ich zum König gesalbt und gekrönt worden bin, und das Reich mir überantwortet ist. Doch der Aufschub, den Ihr von mir verlangt, gebe ich Euch sehr gern; denn ich bin weit entfernt, die Krönung oder das Reich zu verlangen, noch ihm nachzutrachten, wenn es nicht Gottes und Euer Wille ist.

Die Fürsten waren mit seiner Antwort sehr wohl zufrieden, und alle die zugegen waren, sagten: dieser Knabe würde, wenn er am Leben bliebe, sehr verständig werden. Dann wandten die Fürsten sich wieder gegen Artus, und sagten: Sire, es dünkt uns gut, daß Ihr erst am Pfingstfeste mit der königlichen Krone gekrönt werdet, bis dahin aber wollen wir Euch auf Befehl des Erzbischofs gehorchen.

Nachdem dieses beschlossen war, und die Fürsten endlich den Entschluß gefaßt, Artus als ihren König anzusehen, brachte ihm ein jeder sehr reiche Geschenke; einige brachten kostbare Rüstungen, andre vortreffliche Rosse, noch andere goldne Halsketten und köstliche Edelsteine; und so brachte ihm ein jeder, wonach, wie sie glaubten, Artus trachten würde. Artus nahm diese Geschenke sehr ehrenvoll auf, und war ihnen sehr verbindlich dafür, teilte sie aber unter die, welche ihm am nächsten waren, und die er in Ehren hielt, alle wieder aus. Einem jeden gab er, was ihm nach Stand, Verdienst, nach seinem Amt und Gemüt am meisten vergnügen mußte. Den Rittern schenkte er Pferde und

Rüstungen; goldene und seidene Stoffe den Eitlen, welche sich gern kostbar schmücken mochten; den Verliebten gab er Gold und Silber, die Geliebte damit zu beschenken, und den Verständigen, was ihnen wohl gefallen mochte; so wie er den Weisen, die aus fremden Ländern kamen, dasjenige verehrte, was in ihrem Lande am höchsten geachtet war, auch war er viel in ihrer Gesellschaft, und hörte auf ihre Ermahnungen und ihren Rat. So gab er alles wieder weg, was man ihm schenkte, und erwarb sich die Liebe aller derer, die mit ihm umgingen. Auch sagten die Fürsten und Barone zueinander: er muß wahrlich von hoher Abkunft sein, denn es ist keine Habsucht oder Begehrlichkeit in ihm.

Da sie nun keinen Tadel an ihm finden konnten, wie vielfach sie ihn auch prüften, versammelten sich alle Fürsten, Große, Edle und Ritter aus ganz England in London, am Tage vor dem Pfingstfeste. Hier versuchte noch einmal ein jeder das Schwert herauszuziehen, aber es war umsonst. – Der Erzbischof, welcher alles zur Krönung auf den folgenden Tag in Bereitschaft gesetzt hatte, schlug auf Verlangen aller Fürsten den Artus zum Ritter, und er wachte die ganze Nacht in der Kirche bei seinen Waffen. Am andern Morgen hielt der Erzbischof den Fürsten eine schöne Rede, und fragte am Ende derselben, wenn noch jemand gegen diese Wahl und die Krönung des Königs etwas einzuwenden habe, der sage es nun. Alle aber riefen einstimmig, er solle gekrönt werden; darauf knieten sie alle vor Artus nieder und baten ihn um Verzeihung, daß sie so gegen ihn gewesen im Anfange, und daß sie seine Krönung so oft aufgeschoben; auf ihren Knien flehten sie ihn um Gnade. Artus kniete auch nieder gegen sie und rief: ich vergebe Euch, und so vergebe Euch Gott! Da standen sie auf, nahmen Artus, und trugen ihn auf ihren Armen dahin, wo die königlichen Kleider lagen, und bekleideten ihn damit. Hierauf sprach der Erzbischof zu Artus, daß er nun hingehen müsse, das Schwert der Gerechtigkeit zu holen, womit er die Kirche und die Christenheit beschützen solle, sobald sie seiner Hilfe bedürftig würde, denn unser Erlöser, da er die Gerechtigkeit auf Erden brachte, habe er sie in ein Schwert gelegt. Darauf gingen sie alle, der Erzbischof, die ganze Geistlichkeit, Artus, die Fürsten, Herzoge, Barone und die edlen Ritter in einer Prozession zu dem Amboß mit dem Schwerte. Ehe aber Artus hinaufstieg, sagte der Erzbischof, er müsse vorher den Eid ablegen. Alles, was Ihr befehlt, erwiderte Artus. – So schwöre, fing der Erzbischof wieder an, bei Gott dem Allmächtigen Schöpfer, bei der Jungfrau Maria, bei dem heiligen Petrus, und bei allen Heiligen, daß du unserer heiligen Mutterkirche getreu, sie in allem aufrecht erhalten, und ihr in Nöten beistehen, ihr beständig die ihr gebührende Ehrfurcht erzeigen und ihren Frieden erhalten wirst; daß du dein Volk beschützen und schirmen, und gegen jeden verteidigen willst; daß du, solange du lebst, jedem einzelnen, wie allen zusammen, Treue und Redlichkeit halten, niemand in seinem Rechte beeinträchtigen, und den Frieden und die Freiheit erhalten willst; auch daß du nach deiner Macht die Gerechtigkeit pflegen willst, so wie es einem jeden gebührt. – Als der junge König diese feierliche Anrede vernahm, mußte er weinen, und alle

Umstehenden weinten mit ihm; dann faßte er sich aber wieder, und sagte mit gesetzter Stimme: So wahr ich an Gott, den Herrn des Himmels und der Erde, und unser aller Vater glaube, so schwöre ich, daß ich nach meinen Kräften alles das tun werde, was Ihr mir vorgelegt. – Nun so nimm das Schwert! sagte der Erzbischof. Artus kniete nieder, ergriff das Schwert, zog es wie die vorigen Male mit großer Leichtigkeit heraus, und trug es, gefolgt von allen, die mit ihm waren, nach dem großen Altar in die Kirche; hier legte er es hin. Nun ward er gesalbt, und ihm die Königskrone aufgesetzt, wobei man alle die üblichen Gebräuche beobachtete. Nun las der Erzbischof die Messe, und als sie aus der Kirche gingen, fanden sie weder die Stufen noch den Amboß mehr, worüber alle in das größte Erstaunen gerieten. So ward Artus König in London, wo er sehr lange Zeit in Frieden lebte, bis sich nochmals die Fürsten gegen ihn empörten, wie man weiterhin lesen wird.

Zweiunddreißigstes Kapitel

Die Geschichte sagt, daß nach langer Zeit König Artus einst Hof halten wollte. Er ließ die Fürsten und Barone des Landes zusammenberufen, die auch mit großer Begleitung ankamen. Zuerst kam König Loth von Orkanien, welcher das Land Leonnois hatte, mit fünfhundert Rittern, alle in guter Rüstung und wohl beritten; dann kam König Urien vom Lande Gorre, ein junger, in den Waffen wohlgeübter Ritter, begleitet von vierhundert Rittern von hohem Wert. Alsdann König

Uter von Gallot, welcher eine Schwester des Königs Artus zur Gemahlin hatte, mit siebenhundert Rittern; dann König Lrarados von Brebas, ein sehr großer und starker Herr, er beherrschte Estrangegore, und war einer der Ritter von der Tafelrunde. Dann kam der schöne junge König Aguiseaulx von Schottland, mit fünfhundert Rittern; zuletzt König Idiers mit vierhundert jungen, tapfern und in den Waffen wohlgeübten Rittern.

König Artus war höchst erfreut, eine so vortreffliche und edle Ritterschaft bei sich in London versammelt zu sehen, und empfing sie allesamt mit vielen Ehrenbezeugungen und großer Festlichkeit. König Artus war unterdessen auch ein sehr schöner Herr und vortrefflicher Ritter geworden, so daß es eine Freude war, ihn anzuschauen, und war mit seinen Gütern sehr freigebig. Er beschenkte also jeden der Fürsten und jeden Ritter mit kostbaren Kleinodien und mit allerhand reichen Gaben, und mit so edlem freigebigen Anstand, wie einer, dem es an solchen Schätzen nicht fehle, und der gewohnt ist, sie zu verschenken. Einige von den Fürsten nahmen die Geschenke mit Freude an, und dachten sehr gut von ihrem König deswegen, andre aber waren voller Neid, und von dieser Zeit an trugen die größten und vornehmsten einen tödlichen Haß gegen den König im Herzen. Ist es nicht eine Torheit, sagten sie untereinander, daß wir einem Burschen von so geringer Abkunft eine solche Macht und das beste Königreich gelassen haben, so daß er solche Schätze sammeln und sie mit Stolz verschenken kann? Das wollen wir von nun an nicht länger zugeben. – Sie schlugen also die Geschenke des Königs hoffärtig ab und schickten sie ihm zurück, ließen ihm auch dabei sagen, er solle wissen, daß sie ihn nicht länger als ihren König ansähen, er möge daher nur aufs eiligste sein Reich, sowie das ganze Land verlassen, und sich wohl hüten, sich je wieder daselbst sehen zu lassen; sonst würden sie ihn auf alle Weise ums Leben zu bringen suchen.

König Artus ward sehr ergrimmt über diese Drohungen; da er sich aber nichts Gutes von ihnen versah, entfernte er sich in der Stille, und verschloß sich in einen festen Turm, welcher in der Stadt London sich befand, wo er sich fünfzehn Tage lang verbarg, weil er die Verräterei der Fürsten schon kannte. Hierauf kam Merlin an, und zeigte sich öffentlich dem ganzen Volke. Als dieses den Merlin erkannte, war seine Freude so groß, und die Freudensbezeugungen und der Tumult so laut um ihn her, daß man wohl den Donner nicht gehört hätte, so sehr lärmten sie. Merlin ist gekommen! Merlin ist da! so schrien sie auf allen Gassen einander zu. Auch die Fürsten gingen ihm entgegen, erzeigten ihm viel Ehre, und führten ihn nach dem Palast, in einen Saal, dessen Fenster über die Stadt weg auf eine lustige grüne Wiese sahen; durch diese Wiese sah man einen schönen hellen Fluß fließen, den man sehr weit verfolgen konnte, bis er die Mauern der festen Burg Clarion umgab. Hier setzten die Fürsten sich mit Merlin nieder, und zogen ihn zur Rechenschaft; fragten ihn, was ihn bedünke zu dem neuen Könige, welchen der Erzbischof Brice gekrönt habe, ohne ihre Erlaubnis, und gegen ihren Willen sowohl, als gegen den Willen des Volks. – Er hat wohl getan, antwortete Merlin, Ihr möget wissen, daß er keinen andern hätte wählen können, der geschickter dazu wäre. – Wie das, Merlin? Erkläret Euch; denn uns dünkt, es sind viele unter uns, welche sowohl der Tapferkeit als der Geburt nach, diese Ehre mehr verdient hätten, als ein solcher Bursche, von dem man nicht weiß, wer er ist? – Er ist von höherer Abkunft, als einer von Euch, sagte Merlin, denn er ist weder Anthors Sohn noch Lreux' Bruder! – Merlin, Ihr macht uns immer mehr und mehr verwirrt; wer ist er denn? was sollen wir denken? – Sendet nach dem König Artus, daß er hier vor uns erscheine, und versprecht ihm Sicherheit, auch seinen Pflegevater Anthor lasset zugleich herkommen, und Ulsius, den Rat des Königs Uterpendragon, nebst den Erzbischöfen von Brice und von London, in deren Gegenwart sollt Ihr hören, wer Artus ist, und Eure Zweifel sollen gelöst werden. – Es ward sogleich einer aus ihrer Mitte abgesandt, welcher den König Artus im Namen Merlins und der versammelten Fürsten rufen mußte, so auch die Erzbischöfe, und die andern beiden. Als sie hörten, daß Merlin dabei war, wurden sie fröhlichen Mutes, und begaben sich sogleich hin; Artus zog aber einen Panzer unter seinem Rocke an, denn er traute den verräterischen Fürsten nicht mehr. Als sie nun in den Saal vor die versammelten Herren kamen, wo sich auch eine große Menge vom Volke befand, um diese Sache zu hören, setzten sich alle, Merlin aber stand auf, und erzählte den ganzen Verlauf von der Geburt des Königs Artus mit allen Umständen und mit großer Deutlichkeit, worauf denn Ulsius und Anthor den Eid vor den Bischöfen ablegten, daß alles sich so zugetragen, wie Merlin es erzähle. Ihr seht also, sagte Merlin weiter, daß König Uterpendragon, sein Vater, ihn nicht für seinen Sohn und Erben erklären wollte, aus großer Gewissenhaftigkeit, weil er nämlich diesen seinen Sohn mir überliefert hatte, noch ehe er wußte, daß er ihn erzeugt, er wollte also seinen Schwur auf keine Weise brechen. Gott der Herr aber, der seine Frömmigkeit und die Tugend seiner Gemahlin Yguerne sah, beschloß, daß um der Eltern willen der Sohn dennoch zu seinem rechtmäßigen Erbe gelange, und sandte das Wunder mit dem Schwerte, damit Ihr alle erkennen möget, wie Gott selber ihn erwählte, und daß er Euer König sein soll.

Das ganze Volk weinte vor Freude, als es diese wunderbare Geschichte hörte, und daß Artus ein Sohn des sehr geliebten Königs Uterpendragon sei, und verfluchte im Herzen diejenigen, welche diese Zerstörung anfingen und nicht wollten, daß Artus König sein solle.

Die Fürsten aber erklärten laut, sie wollten keinen König, welcher nicht in rechtmäßiger Ehe erzeugt sei; stießen darauf sehr üble Reden aus, die ich gar nicht hersetzen will; unter andern sagten sie, er sei ein Bastard, und einem Bastard hätten sie nicht nötig den Frieden zu halten, oder ihn in einem Reiche wie London herrschen zu lassen. Darauf gingen sie alle in großem Zorn und Grimme davon, die Erzbischöfe aber, der Klerus und alles Volk war auf Artus' Seite. Die Ritter bewaffneten sich in ihren Gasthöfen; und ließen dem Könige Artus den Frieden aufsagen. Dieser begab sich wieder nach seinem festen Turm, und setzte sich nebst so vielen Leuten, als er habhaft werden konnte, in Bereitschaft, sich zu verteidigen. Nachdem seine ganze

Partei versammelt war, fand es sich, daß er wohl, den Klerus mitgezählt, an siebentausend Mann hatte. Ritter hatte er aber nur eine sehr geringe Anzahl, ungefähr dreihundertundfünfzig an der Zahl, der König gab ihnen Waffen und Pferde, und sie versprachen ihm treu bis in den Tod zu bleiben und ihm zu helfen.

Merlin ging zu den Fürsten, die sich fertig machten, den König anzugreifen, und machte ihnen Vorstellungen wegen ihres bösen Unternehmens. Die Fürsten aber spotteten über Merlin, nannten ihn Schwarzkünstler, und hießen ihn schweigen. Merlin sagte, es würde sie dieses Betragen zeitig genug gereuen, ging von ihnen, und begab sich zum König Artus in sein festes Schloß. – Sei nicht erschrocken, Sire, sagte er, du darfst deine Feinde nicht fürchten, denn ich will dir helfen gegen sie; keiner unter ihnen ist so keck, daß er nicht, noch ehe es Nacht wird, wenn auch ganz nackt, bei sich zu Hause zu sein wünschen soll. – Artus bat ihn darauf in sehr sanften und demütigen Worten, daß er ihn nicht verlassen möchte, und daß er ihn so lieben möge, wie er seinen Vater Uterpendragon geliebt; er wolle, so wie dieser, ihm in allen Stücken gehorchen und seinen Willen pünktlich erfüllen. Sei gutes Mutes, König Artus, erwiderte Merlin, du darfst nichts fürchten, höre aber genau zu, was ich dir hier sagen will. Sobald du diese Barone dir wirst vom Halse geschafft haben, welches gar nicht lange dauern soll, so tue, wozu ich dir hier raten will. Wie du weißt, sind die Ritter von der runden Tafel, nach dem Absterben deines frommen Vaters, dessen Seele jetzt bei Gott ist, da sie sahen, welcher Betrug und welche Falschheit hier im Lande entstand, von hier fortgezogen, und haben die Tafel verlassen. Nun mußt du wissen, es regiert ein König, namens Leodagan, in Thamelide, seine Gemahlin ist tot, er ist schon bei Jahren, und hat nur eine einzige Tochter, Genevra genannt, die einzige Erbin seines Reiches ist. Dieser König Leodagan ist in einem schweren Kriege begriffen gegen Rion, König des Riesenlandes, und des Hirtenlandes, welches niemand bewohnen kann, denn es gehen so wunderbare und seltsame Dinge daselbst vor, daß kein Mensch weder des Tags noch des Nachts daselbst Ruhe findet. König Rion ist sehr mächtig, an Land und an kühnen, tapfern Leuten; dabei ist er ein sehr grausamer Mann. Er hat wohl schon an zwanzig gekrönte Könige bezwungen und ihnen grausamerweise die Bärte abgeschnitten, aus welchen er sich einen Mantel verfertigen ließ; diesen Mantel muß einer seiner Ritter ihm stets vortragen bei seiner Hofhaltung; da nun an diesem Mantel noch etwas fehlt, so hat er geschworen, nicht eher zu ruhen, bis er dreißig Könige besiegt und mit ihren Bärten seinen Mantel vollendet hätte. Jetzt macht er dem König Leodagan den Krieg, und hat seinem Lande schon unendlich viel Schaden zugefügt. Du mußt aber wissen, daß wenn er erst sein Land erobert hat, so verlierst du alsdenn auch das deinige gegen ihn; und würde König Leodagan nicht von den Rittern der Tafelrunde unterstützt, die sich alle bei ihm versammelt haben, so hätte er schon jetzt sein Königreich verloren, denn er ist schon alt. Zu diesem König Leodagan ziehe also und diene ihm eine Zeitlang; er wird dir seine Tochter Genevra zur Gemahlin geben, und du wirst also Erbe seines Reiches werden. Seine

Tochter ist eine junge sehr schöne Dame, und dabei eine der verständigsten in der Welt. Trage keine Sorge um dein Land, es wird ihm nichts geschehen, denn die Barone, die jetzt mit dir Krieg führen wollen, werden so viel zu tun haben, daß sie nicht werden daran denken können, dein Land zu bekriegen, außer daß sie dich angreifen werden im Vorbeigehen, wenn du auf dem Wege nach dem festen Lande sein wirst; doch sollen sie auch da keinen Vorteil finden. Ehe du aber ziehest, versorge deine Hauptstädte und die festen Burgen mit Nahrungsmitteln, mit Kriegsleuten und allem, was zur Gegenwehr notwendig ist. Und dem Erzbischof von Brice trage auf, daß er alle die exkommuniziere, welche dem Lande auf irgendeine Weise schaden oder als Feinde begegnen, und daß er gleich diesen Abend anfange, die Fürsten und Barone mit dieser Exkommunikation zu belegen, und so muß es die Geistlichkeit in jeder Stadt, und an jedem Orte, alle Tage wiederholen. Du sollst sehen, daß auch die frechsten deiner Feinde davon erschreckt und vom Kriege abgeschreckt sein werden. Auch will ich zu jeder Zeit und bei allen Gelegenheiten dir zur Hilfe sein, und dich niemals verlassen, wo du dich auch aufhalten magst.

König Artus dankte dem Merlin sehr, nachdem er aufmerksam alle Worte vernommen, die er ihm gesagt. Hierauf überreichte Merlin ihm eine Fahne von großer Bedeutung; es war ein eherner Drache darin, der helles Feuer auszuspeien schien: sein Schwanz, gleichfalls von Erz, war ungeheuer lang und dick und wand sich in vielen Krümmungen. Kein Mensch wußte, wo Merlin diese Fahne herbekommen, Artus nahm den Drachen an und überreichte ihn dem Lreux, seinem Seneschall, daß er denselben ihm vortrage, mit dem Bedeuten, daß er auf Lebenszeit Fahnenträger im Königreich London sei. Lreux war ein tapfrer Ritter und von allen wohl geehrt, hielt sich auch bei allen Fehden und in den Schlachten sehr mutig und tapfer, nur daß er den Fehler hatte, sehr verdrießlich und langweilig zu sprechen; und wegen dieses Fehlers flohen alle Ritter seine Gesellschaft und verspotteten ihn. Wer ihn kannte, der ließ seine törichte Reden sich nicht verdrießen, weil er im Herzen eigentlich niemand übelwollte, oder zu schaden suchte, aber er sprach bloß aus Gewohnheit töricht; so daß, wenn er zu reden anfing, er immer nicht recht wußte, was er eigentlich sagen wollte, sondern er sprach so allerlei, bis irgendein verkehrtes Wort ihm entfiel, man über ihn lachte, und ihn stehenließ. Diesen seltsamen Fehler ausgenommen, war er von den besten Sitten; er hatte ihn sicher nicht von seiner Mutter, der artigsten und verständigsten Frau von der Welt, sondern von der Amme, welcher er überlassen war, um Artus desto besser zu erziehen.

*

Da von hier an Merlin nicht weiter bedeutend vorkommt, als daß er dem Artus beständig in allen Schlachten zum Siege verhilft, so übergehen wir hier den größten Teil des Originals – um so mehr, da dies alles in dem Roman vom König Artus besser und ausführlicher stattfindet.

Dreiunddreißigstes Kapitel

In einem Tal von Bergen rings umschlossen, bei dem Walde von Briogne, lag ein schönes, mit großer Pracht erbautes Haus; dies Haus bewohnte eine Jungfrau von hoher Schönheit; sie war die Tochter eines vornehmen Herrn, eines Afterlehnsmanns von sehr hoher Abkunft, er hieß Dionas. Diesen Namen erhielt er von der Sirene von Sizilien, Diana, die Pate seiner Frau war, und so ward er Dionas genannt wegen ihres Namens Diana. Ehe sie sich von ihrem Patkinde trennte, begabte sie ihn mit vielen Gütern und Reichtümern und mit vielen glücklichen Gaben, denn sie war die Göttin des Meeres und war sehr mächtig, hielt auch dem Dionas zeit seines Lebens alles, was sie ihm versprochen. Auf ihr Verlangen ward von den Göttern über ihn beschlossen, daß sein erstes Kind, eine Tochter, mit aller Anmut und Schönheit begabt sein, und daß sie zu ihrer Zeit von dem weisesten aller Menschen geliebt werden solle, der zur Zeit des Vortigerns, Königs von Nieder-Bretagne, leben werde; und daß die Liebe dieses Mannes zu ihr ewig sei, und nie ein Ende erreiche; sondern wo er sich auch befinden mag, soll das Andenken an diese Jungfrau ihn immerfort begleiten. Er soll ihr auch die Kunst der Zauberei lehren, und viele andere geheime Wissenschaften, denn nie soll er ihr irgendeine Bitte oder Begehren versagen können, sondern was sie von ihm verlange, das werde er tun.

Als Dionas nun aufwuchs, und von wunderbarer Schönheit ward, auch ein tapferer und in den Waffen wohlgeübter Ritter, ging er in Dienste der Frau Herzogin von Burgund. Diese war sowohl mit seinem Betragen zufrieden, und ehrte ihn so hoch um seiner Taten, und seiner adligen Sitten willen, daß sie ihm eine ihrer Nichten zur Gemahlin gab; ein junges, sehr schönes und sehr wohlerzogenes Fräulein. Er bekam auch nebst vielen schönen und reichen Gütern mit diesem Fräulein, die Hälfte des Waldes von Briogne, vom Herzoge von Burgund, die andere Hälfte gehörte dem Könige Ban von Benoic, welcher nachmals nebst dem Könige Beors, den König Artus auf seinem Zuge zum Könige Leodagan begleitete, und ihm in allen Schlachten und Kriegen beistand. Unter allen Ländern und Besitzungen gefiel dem Dionas dieser Wald von Briogne am allermeisten, denn er liebte über die Maßen die Jagd und das Vergnügen im Walde, sowie auch das Fischen und die Ergötzlichkeit auf dem Wasser. Nun war in dem Walde ein Überfluß von allerhand Wild, Rehen, Hirschen und Hasen, auch an wilden Schweinen war kein Mangel; desgleichen lag ein großer See in diesem Walde, worin sich eine Menge der schönsten Fische befanden. An diesem See nun, so recht mitten im Walde, ließ Dionas sich nun ein sehr schönes, reiches und bequemes Haus erbauen, und wohnte darin mit seiner schönen Gemahlin aufs höchste vergnügt, und von allen seinen Lieblingsergötzlichkeiten umgeben. Doch begab er sich auch oftmals an den Hof das Königs Ban, und war beständig bereit ihm zu dienen nebst zehn gewaffneten Rittern, die ehrenvoll in seinem Gefolge waren. König Ban sowohl, wie auch König Beors, hielten den Dionas sehr hoch und ehrten ihn, um seiner Tapferkeit und seines ritterlichen Betragens willen, auch weil er ihnen schon manchen guten Dienst geleistet, und ihnen in ihrer Fehde gegen den König Klaudas, wie auch in andern Fehden sehr tapfer beigestanden. Um ihm ihre Erkenntlichkeit zu beweisen, schenkte König Ban ihm die andre Hälfte des geliebten Waldes; auch König Beors gab ihm reiche Geschenke an Ländereien, guten Städten, festen Schlössern und Dörfern; beschenkten ihn überhaupt und liebten ihn dermaßen, daß er einer der Mächtigsten im Reiche ward, und es ihm, so lange er lebte, an nichts mangelte, was ein Mensch zu seinem Vergnügen und zu seiner Ergötzlichkeit sich nur wünschen mag. Seine Gemahlin kam mit einer Tochter nieder, welche den Namen Nynianne in der Taufe erhielt. Dies ist ein chaldäischer Name, der in unsrer Sprache so viel bedeutet als: das tu ich nicht. Die Bedeutung dieses Namens ging auf Merlin, so wie man im Verfolge dieser Geschichte erfahren wird; denn sie war so klug und verständig, daß sie sich wohl vor Betrug zu hüten wußte.

Nynianne war zweiundzwanzig Jahre alt, als Merlin durch den Wald Briogne kam, er hatte auf diesem Wege die Gestalt eines jungen schönen Edelknechts. Da er nun durch den Wald ging, kam er an eine sehr schöne Quelle, die so klar über den feinen weißen Sand hinrieselte, daß es schien, der Grund sei vom feinsten Silber. Jeden Tag kam Nynianne an diese schöne klare Quelle, zu ihrem Ergötzen und angenehmen Zeitvertreibe. Merlin fand sie am Rande der Quelle sitzend, und sie dünkte ihm von solcher göttlichen Schönheit, daß er ganz betroffen stehen blieb, und nicht weiter konnte, er sah sie unverwandt an, und es war ihm immer, als hätte er ihr etwas zu sagen. Er dachte zwar bei sich selber, er dürfe nicht um der Schönheit einer Frau willen von Sinnen kommen, und kein Vergnügen dieser Art begehren, auch kein Verlangen nach dem Leibe eines Weibes tragen, um nicht den Zorn Gottes auf sich zu laden, er sagte sich dies alles zwar selbst, doch konnte er es nicht lassen, sie höflich zu begrüßen. Die Dame grüßte ihn wieder auf eine wohlgesittete feine Weise und sagte: Ihr habt Euch lang auf etwas bedacht, das ich zwar nicht kenne, Gott aber möge Euch den Willen verleihen, alles zu Euerm Besten zu tun. Da nun Merlin sie so freundlich sprechen hörte, konnte er nicht anders, er mußte sich zu ihr an den Rand der Quelle setzen, und sie nach ihrem Namen fragen. Ich bin die Tochter eines Edelmanns hier in der Nähe, sagte sie, aber wer seid Ihr? – Ich bin ein fahrender Edelknecht, antwortete Merlin, ich suche meinen Meister, der mich eine sehr schätzenswerte Kunst lehrte. Welch eine Kunst ist dies? fragte die Jungfrau. – Ei, er lehrte mich, daß ich, wo es mir gefiele, sogleich ein Schloß sich erheben lasse, mit vielen Gewaffneten darin, und welche von außen, die es belagern. Auch kann ich auf dem Wasser gehen, ohne mir die Sohlen zu benetzen; kann einen Fluß entstehen lassen, an einem Ort, wo niemals einer war. – Nun sicher, sagte die Jungfrau, ich wollte wohl viel von dem meinigen dafür geben, um einen Teil dieser Spiele zu verstehen. – Noch mehrere, weit schönere weiß ich, sehr ergötzend für jeden edeln Menschen. So würdet Ihr Euch niemand ausdenken, dessen Gestalt ich nicht sogleich annehmen könnte. – Ich bitte Euch, Herr, wofern es Euch nicht mißfällt, mich einige dieser

Spiele sehen zu lassen; dafür will ich, so lange ich lebe, Eure Freundin und Vertraute sein, in allen Züchten und Ehren, und ohne böse Gedanken. Ihr seid, erwiderte Merlin, so sanft und von so gutem Herzen, daß ich, um Eure Liebe zu gewinnen, gern Euch einen Teil der schönen Spiele lehren will, doch müßt Ihr Eure Liebe mir schenken, denn andern Lohn verlange ich nicht. – Doch in allen Ehren, sagte die Jungfrau, und denkt nichts Böses dabei, und nichts was mir zu Schaden gereichte. Da stand Merlin auf, entfernte sich ungefähr einen Bogenschuß weit von ihr, brach eine Rute ab, und machte damit einen Kreis um sich her. Dann ging er wieder hin, und setzte sich neben der Jungfrau nieder. Nach einer kleinen Weile blickte sie von ungefähr nach dem Ort hin, wo er den Kreis gezogen, und siehe da, es kamen Damen, Ritter, Fräulein und Edelknechte daherspaziert, hielten sich bei den Händen angefaßt, und sangen mit so lieblicher Stimme, und so herrliche Weisen, als man niemals vorher dergleichen gehört. Vor ihnen her gingen auch Spielleute mit verschiedenen Instrumenten, diese machten eine so herrliche Musik zusammen mit dem Gesange, daß man die Harmonie der Engel im Himmel zu hören glaubte. In dem Kreis, welchen Merlin gezogen, standen sie still, und nun fingen einige an mit lieblichen Gebärden und mit gar anmutigen Bewegungen zu tanzen, während die andern die herrliche Musik fortsetzten. Keines Mannes und keiner Frauen Herz war wohl jemals so wach, daß es nicht bei Anhörung dieser wundersüßen Musik eingeschlummert wäre. Auch darf man nicht fragen, ob sie so schön anzuschauen gewesen, als lieblich zu hören;

sie waren alle von selten schöner Gestalt, und blühendem Angesicht, und waren alle mit prächtigen Kleidern und köstlichem Geschmeide, von Perlen, Edelsteinen, Gold und Silber, so reich und auf eine so neue seltsame Weise geschmückt, daß die Augen davon geblendet wurden, wenn man sie ansah. Kein Mund kann nur den vierten Teil ihrer herrlichen Gestalt, und der wundersüßen Musik und von dem Tanze erzählen; man konnte nicht müde werden, ihnen zuzuschauen und zu hören. Der Ort, an welchem Merlin den Kreis gezogen, war ohne Schatten und ein bloßes Stück Land; als nun die Sonne höher heraufkam, entstand über den Sängern und um ihnen her, ein dick belaubtes Gebüsch, und unter ihren Füßen entsproßten so viel Blumen und wohlriechende Kräuter, daß die Luft weit umher davon durchwürzt ward. Nynianne ward nicht müde der Musik zuzuhören, und vergaß Essen und Trinken dabei, doch konnte sie nicht verstehen, was sie sangen, obgleich sie sehr aufmerksam zuhorchte, nur den Refrain verstand sie, der hieß: Liebes Anfang süße Freuden, endet doch in bitterem Leiden.

Der Gesang war so laut, daß man ihn in Dionas Hause vernahm, worauf sich denn alles Volk dahin versammelte, und nicht wenig verwundert war, diese schöne Gesellschaft, und das lieblich duftende Gebüsch, den Tanz und die Musik dort zu sehen, wo vorhin niemals dergleichen war gesehen worden. Als sie nun müde waren, setzten sie sich alle zusammen in das frische grüne Gras, pflückten süß duftende Blumen, machten Kränze und Sträuße, und scherzten mit lieblichen Gebärden und Lächeln, so daß es eine Wonne war, ihnen zuzuschauen. Merlin nahm Nynianne bei der Hand; was dünkt Euch hiezu? fing er an. – Gewiß, Ihr habt so viel getan, daß ich ganz die Eurige bin; sagte sie. – Nun schöne Dame, so müßt Ihr auch den Vertrag halten. – Wahrlich, das will ich gern, nur müßt Ihr mich Eure Spiele machen lehren. – Ich bin es ganz zufrieden, ich will sie Euch lehren, damit Ihr noch etwas anders wisset, als lesen und schreiben. – Wie? Ihr wißt, daß ich lesen und schreiben kann? – Ja, schöne Dame, denn mein Meister lehrte mich, alle geschehene Dinge zu wissen. – Dies ist in Wahrheit denn noch das Schönste von allen Euern Spielen, und das ich wohl verstehen möchte. Aber wißt Ihr denn auch die Dinge, die zukünftig geschehen sollen? – Jawohl, meine Herrin und geliebte Freundin, größtenteils weiß ich diese, Gott sei Dank. – Nun warum wollt Ihr noch weiter etwas lernen, mit diesen hohen Wissenschaften dünkt mich, könnte Euch wohl genügen, und braucht Ihr nicht weiter zu forschen. –

Während Merlin und die Jungfrau sich so in sanften zärtlichen Gesprächen vergnügt unterhielten, begaben die Sänger und Tänzer, samt den schönen Sängerinnen und Tänzerinnen, sich nach dem Walde, woher man sie zuerst hatte kommen sehen, verschwanden eins nach dem andern und zerflossen in Luft gegen den Wald hin, so daß man nicht wußte, wo sie hinkamen. Der schöne Busch aber und die lieblichen Blumen auf dem frischen Rasen blieben stehen, weil das Fräulein den Merlin gar sehr darum bat, daß es möchte stehen bleiben, und sie nannte den Ort: Wonne und Trost.

Als sie sich nun noch recht lange unterhalten, sagte

Merlin: Schöne Jungfrau, ich muß nun fort, meine Gegenwart ist anderswo notwendig. –Wie? wollt Ihr mich denn nicht vorher Eure Spiele lehren? – Eilet damit nicht so sehr, mein Fräulein, nur zu bald werdet Ihr sie lernen. Aber ich muß fort, und Ihr habt mir noch keinen Beweis Eurer Liebe gegeben. – Welchen Beweis soll ich Euch geben? sagt, was Ihr verlangt, und ich will es tun. – Nun so gelobet mir Eure Liebe und Eure Person, daß Ihr mein eigen seid. – Die Jungfrau bedachte sich eine Weile, dann sagte sie: Nun wohl, ich vertraue Euch, und bin ganz die Eurige, und meine Liebe ist ganz für Euch, doch mit der Bedingung, daß Ihr mich sogleich einige der Künste lehrt. – Nachdem nun Merlin ihre Treue, ihre Liebe und sie selber erhalten, und sie sich ihm gelobet und ganz hingegeben hatte, lehrte er sie allerhand Künste zu ihrer Ergötzlichkeit, die sie nachmals auch sehr ausübte, so wie die Kunst, einen Fluß hervorkommen und ihn dann nach Belieben wieder verschwinden zu lassen; und andere schöne Künste mehr, die sie sehr sauber auf Pergament aufschrieb und aufbewahrte. Dann nahm Merlin von Nynianne sehr zärtlichen Abschied; wann werde ich Euch wiedersehen? fragte sie ihn. – Merlin versprach ihr, am Vorabend des Johannistages bei ihr zu sein. Darauf ging er fort, und wandte sich nach Tharoaise in Thamelide, wo König Artus und die Könige Ban und Beors ihn erwarteten und freudig empfingen.

*

Hier hört die Geschichte auf von Merlin zu sprechen. Beschreibungen der Kriege und einzelnen Fehden zwischen Artus und seinen Feinden, füllen den Rest des ersten Buches sowohl, als auch das ganze zweite des Romans von Merlin; lauter Begebenheiten, worin er selbst wieder nur erscheint, um dem Artus durch seinen Rat, seine Tapferkeit, oder auch durch Zauberei zum Siege zu verhelfen.

*

Am Vorabend des Johannistages begab er sich zu seiner Freundin, die voller Freude war, ihn wiederzusehen, denn noch wußte sie nicht so viel von seinen Künsten, als sie wohl gern gewußt hätte. Sie bezeigte ihm ihre Freude und Liebe auf alle Weise; aß und trank mit ihm, und schlief mit ihm in einem Bette; doch hatte sie schon so viel von der Zauberei erlernt, daß wenn er sich nicht länger zurückhielt, und sie zu seinem Willen zu bewegen versuchte, oder sie umarmen wollte, so verwandelte sie schnell ein Kissen in ihre Gestalt, das er alsdann in seine Arme nahm, und so einschlief. Auch tut die Geschichte nicht genau Meldung, daß er je einer Frau beigewohnt; und doch hatte er zu einer Frau solche Liebe getragen, und sich ihr so überlassen, daß er als ein Tor zuletzt ganz in ihrer Macht blieb. Er blieb lange Zeit bei seiner Freundin, sie hielt seine Sinne beständig in Schranken, unterließ aber keinen Augenblick nach allen seinen Künsten und nach seiner Weisheit zu forschen; er konnte ihr nichts versagen, lehrte sie alles, was er wußte, und sie schrieb sich jedes Wort, welches er ihr sagte, sorgfältig auf, so daß sie bald alles in ihrer Gewalt hatte. Dann nahm Merlin wieder von ihr, sowie sie von ihm zärtlich Abschied, ging fort nach seinem Meister Blasius, versprach ihr aber vorher, über ein Jahr an demselben Tage wieder bei ihr zu sein.

Vierunddreißigstes Kapitel

König Artus war zu London, mit seiner Gemahlin, der Königin Genevra, seinem Neffen Herrn Gawin, Merlin, und den Rittern der runden Tafel. Sie brachten hier ihre Zeit auf eine so angenehme Weise zu, daß sie wohl inne wurden, wie ihnen nichts fehle. Weder Argwohn noch Feindschaft war zwischen ihnen, nichts als Feste, Spiele, Ergötzlichkeit und freundliche Gespräche wechselten unter ihnen ab, bald im schönen kühlen Walde, oder auf dem Fluß. Auch kamen von weit und breit Ritter und Herren an den Hof des Königs Artus, auch Damen und Jungfrauen die Menge, sowohl zu ihrer Ergötzlichkeit und um die Pracht des Hofes zu sehen, als die Damen, um sich Hilfe zu verschaffen gegen erlittenes Unrecht, denn König Artus erlaubte jedesmal einem Ritter seines Hofes, sich der Fremden anzunehmen, wenn ihre Sache gerecht war, und sie um Hilfe bat; wie auch die fremden Ritter oft in Turnieren und im einzelnen Lanzenbrechen, die Ritter des Königs Artus aufforderten, und ihre Waffen gegen sie erprobten. So lebten sie in hohen Freuden, die Tafelrunde und der Hof des Königs Artus war berühmt, und allenthalben in der ganzen Welt sehr geehrt.

Unterdessen kam aber die Zeit heran, in welcher Merlin seinem Versprechen gemäß, bei seiner Freundin Nynianne sein mußte, vorher aber wollte er erst zum Meister Blasius nach Northumberland ziehen. Er ging also zum König Artus und zur Königin Genevra, und beurlaubte sich von ihnen; diese baten ihn in gar sanften und demütigen Worten, daß er doch bald wiederkommen sollte, denn beide liebten ihn so sehr, daß sie nicht gern ohne seine Gegenwart waren. Der König sagte mit gerührter Stimme: Ihr geht nun, Merlin, ich kann Euch nicht halten, auch will ich nichts, als was Ihr selber wollt; aber ich werde nicht vergnügt sein, bis ich Euch wiedersehe; darum eilt, ich bitte Euch um Gottes willen, eilt, daß Ihr wieder herkommt. Mein König, sprach Merlin, Ihr seht mich jetzt zum letzten Male. Bei diesem Worte erschrak Artus so sehr, daß er kein Wort hervorbringen konnte. – Merlin ging weinend fort, und rief noch, lebt wohl, mein König, seid Gott empfohlen.

Weinend verließ er die Stadt London, und wanderte zu seinem Meister Blasius nach Northumberland. Diesen ließ er alles aufschreiben, was an dem Hofe des Königs Artus geschehen, und alle Kriege und Gefechte, welche dieser gehabt, sowie alle seine Taten. Durch das Buch des Meister Blasius wissen wir noch bis auf den heutigen Tag die Wahrheit aller jener Geschichten. Acht Tage blieb Merlin bei Blasius, und lebte mit ihm wie ein Einsiedler, aß und trank auch nichts anders als dieser. Als er wegging, sagte Meister Blasius, ich bitte dich, komm bald wieder, denn ich weiß nicht, welche Angst mich befällt, da du gehen willst, noch was mein Herz so zaghaft macht, wenn ich dich ansehe. – Auch ist es zum letzten Male, sprach Merlin, daß du mich siehst, denn fortan werde ich bei meiner Freundin wohnen, und du siehst mich nie wieder, weil ich weder die Macht, noch die Kraft haben werde, von ihr zu gehen, noch zu bleiben oder zu kommen nach andrer als ihrer Willkür. Meister Blasius erschrak, und ihm ward weh bei diesen Worten: O mein süßer Freund, rief er traurig weinend, wenn es dann so ist, daß du nicht wirst fortkönnen, wie du es so gut vorher weißt, warum gehst du hin? – Gehen muß ich, erwiderte Merlin, denn ich habe es ihr versprochen, und hätte ich das auch nicht, ich liebe sie dermaßen, daß ich nicht von ihr bleiben kann oder mag; es war so vorherbestimmt, darum kann ich es nicht ändern. Viel hat sie von mir erlernt, noch mehr werde ich sie lehren, zu meinem Unglück, aber so muß es sein, drum lebe wohl, du siehst mich nimmer wieder.

Er ging, und langte in kurzer Zeit bei seiner Freundin Nynianne an. Ihre Freude war groß, als sie ihn sah, denn immer noch ruhte ihr Geist nicht, verlangend mehr von ihm zu wissen, und ihm ganz gleich zu werden. Er sagte und lehrte sie auch alles ohne Widerstand, was sie immer nur fragte; darüber ward er von jeher, so wie auch noch zu unsrer Zeit geschieht, für einen Toren gehalten, da er doch gezwungen war, so zu tun. – Nynianne war jedesmal, wenn er sie etwas gelehrt, wonach sie gefragt, immer so vergnügt, und bezeigte ihm jedesmal eine solche herzliche Liebe, daß er ganz und gar und immer mehr von ihr entzückt und eingenommen wurde. Nachdem sie so nach und nach mehr erfahren, und weiser war, als je eine Frau vor ihr, oder nach ihr gewesen, fürchtete sie immer noch, Merlin könnte sie verlassen wollen, und was sie auch ausdenken mochte, ihn zu halten, dünkte es sie doch nicht sicher genug. Über solche Gedanken verfiel sie in große Traurigkeit, und da Merlin sie nach der Ursache fragte, sagte sie: o mein süßer Freund, noch eine Wissenschaft fehlt mir, die ich doch so gern erlernen möchte; erhöre meine Bitte, und lehre sie mich. – Und welche Wissenschaft ist dies? fragte Merlin, der aber schon sehr wohl wußte, was sie dachte. – Lehre mich, wie ich einen Mann feßle, ohne Ketten, ohne Turm und ohne Mauern, bloß durch die Kraft des Zaubers, so daß er niemals entweichen kann, wenn nicht ich ihn entlasse. – Da Merlin dies hörte, seufzte er tief, und ließ sein Haupt sinken. – Warum erschrickst du, mein Freund? fragte Nynianne. – Ich weiß, antwortete Merlin, daß du mich so zu halten willens bist, und doch kann ich nicht widerstehen, es dich zu lehren, so ganz bin ich von deiner Liebe hingenommen! – Nynianne warf sich ihm in die Arme, küßte ihn zärtlich, und sprach liebevoll an ihn gelehnt: willst du dich denn nicht mir ganz hingeben, da ich so ganz doch dein bin? Verließ ich nicht Vater und Mutter, um der Liebe willen, so daß ich nicht Ruhe fand, wo ich nicht bei dir war? Ich lebe ja nur für dich, und meine Gedanken, all mein Verlangen, meine ganze Seele lebt nur in dir; keine Freude, kein Gut und keine Hoffnung blieb mir auf Erden, als in dir nur allein; du bist mir alles! Und da ich dich nun so liebe, und du mich ebenso, ist es nicht recht und billig, daß du meine Wünsche erfüllst, wie ich nach deinem Willen lebe? – Jawohl, süße Geliebte, sagte Merlin, ich will alles für dich tun, was du wünschest; nun sage, was verlangst du? Nun, sprach sie, ich wünsche, daß wir uns einen bezauberten Wohnort errichteten, der nie zerstört werden kann, worin wir beide allein ungestört von der ganzen Welt zusammenleben, und unsrer froh werden. – Dies soll geschehen, sprach Merlin. – Nein, mein Freund, erwiderte Nynianne, du sollst ihn nicht machen, sondern sollst mich ihn machen lehren, damit er alsdenn ganz in meiner Gewalt sei. – Es sei dir gewährt, sprach Merlin; fing darauf an sie zu unterrichten, und lehrte sie alles ohne Rückhalt, was zu einer solchen Verzauberung gehörte. Als sie es nun begriffen hatte, auch sich jedes Wort sorgsam aufgeschrieben, denn sie verstand die Schreibekunst, konnte auch sehr wohl lesen, und verstand die sieben hohen Wissenschaften; als sie nun alles erlernt hatte, war sie voller Freude und Entzücken, und bezeigte dem Merlin so viel Liebe, daß er kein andres Vergnügen mehr kannte, als mit ihr zu sein.

Eines Tages gingen sie Hand in Hand im Walde von Broceliande lustwandelnd. Als sie sich etwas ermüdet fühlten, setzten sie sich unter einer großen Weißdornhecke, die eben süß duftend blühte, ins hohe kühle Gras nieder, und scherzten und ergötzten sich mit süßen Liebesworten und -werken. Merlin legte dann seinen Kopf in den Schoß seiner Freundin, und sie streichelte seine Wangen und spielte mit seinen Locken, bis er einschlief. Als sie gewiß war, daß er schlafe, stand sie leise auf, nahm ihren langen Schleier, umgab damit die Weißdornhecke, unter welcher Merlin schlief, und vollendete die Bezauberung ganz so, wie er solche sie gelehrt; neunmal ging sie um den geschlossenen Kreis und neunmal wiederholte sie die Zauberworte, bis er unauflöslich war; dann ging sie wieder hinein, setzte leise sich wieder auf den vorigen Platz, und legte Merlins Kopf sich wieder in den Schoß. Als er aufwachte und umherschaute, dünkte ihm, er wäre in einen entsetzlich hohen festen Turm eingeschlossen, und läge auf einem herrlichen kostbaren Bett; da rief er: o mein Fräulein, Ihr habt mich hintergangen, wenn Ihr jetzt mich verlaßt, und nicht immer bei mir bleibt, denn niemand als Ihr kann mich aus diesem Turm ziehen. – Mein süßer Freund, sagte Nynianne, beruhige dich; ich werde oft in deinen Armen sein! –

Dies Versprechen hielt sie ihm treulich, denn wenige Tage oder Nächte vergingen, wo sie nicht bei ihm war. Merlin konnte nie wieder von dem Ort, an welchen er von Nynianne gezaubert war, sie aber ging und kam nach Wohlgefallen. Sie hätte nachmals ihm gern die Freiheit wiedergegeben, denn es dauerte sie, ihn in solcher Gefangenschaft zu sehen; aber der Zauber war zu stark, und es stand nicht mehr in ihrer Macht, worüber sie sich in Traurigkeit verzehrte.

Fünfunddreißigstes Kapitel

König Artus war ganz sprachlos vor Schrecken und Entsetzen geblieben, als Merlin ihm die Worte gesagt, daß er ihn niemals wiedersehen würde; er konnte keine Worte finden, und ließ den Merlin gehen, ohne ihm Lebewohl sagen zu können. Angst- und trauervoll, konnte er lange an nichts andres denken, und acht Wochen lang dachte er immer noch, er würde etwas von Merlin hören, und er könne vielleicht doch noch wiederkommen. Da er aber nichts von ihm vernahm, so ward er ganz niedergeschlagen. Manchmal fiel ihm dann ein, er habe vielleicht den Merlin auf irgendeine Weise erzürnt, und Merlin wolle ihn darum nie wiedersehen. Einen wahrscheinlicheren Grund konnte er nicht erdenken, und doch war dieser ihm der kränkendste von allen; so daß er nach und nach ganz tiefsinnig und betrübt ward. Endlich faßte sein Neffe Gawin Mut, und fragte ihn um die Ursache seiner Betrübnis. König Artus erzählte ihm, wie Merlin von ihm geschieden, und welche Worte er beim Abschied zu ihm gesagt; seit acht Wochen, fuhr er fort, erwarte ich ihn nun umsonst, so lange blieb er sonst nie aus; ich hätte ihn freilich nicht erwarten sollen, da er gesagt, ich würde ihn nie wiedersehen, denn er sprach nie eine Unwahrheit; aber ich konnte mich in seinen Verlust nicht finden, denn so wahr Gott mir helfe, lieber hätte ich meine Stadt London verloren, als ihn. Ich bitte Euch, geliebter Neffe, so Ihr mich liebt, so geht, erkundigt Euch nach ihm, weit und breit, und bringt mir Nachricht von ihm, denn ich kann nicht länger leben, ohne etwas von ihm zu erfahren. – Mein König, antwortete Ritter Gawin, ich bin ganz bereit, Eurem Befehl zu gehorchen; ich schwöre Euch bei dem Eide, den ich Euch ablegte, da Ihr mich zum Ritter schlugt, daß ich nicht eher ruhen will, bis ich Euch Nachricht von ihm bringen kann, und verspreche in einem Jahre wieder bei Euch zu sein, so Gott mir hilft, und Euch die Nachricht zu bringen, die ich bis dahin von Merlin erlangt habe. Dasselbe schwuren die Ritter Ywain, Sagremors von Constantinopel, und noch dreißig andre Ritter, worunter die drei Brüder des Ritters Gawin, Gaheriet, Agravin und Gareheiz; sie schwuren alle, ein Jahr auszuziehen, um sich nach Merlin zu erkundigen. Sie ritten alle zusammen auf einem Wege aus der Stadt London hinaus, als sie aber im Walde an dem Kreuze anlangten, wo der Weg sich in drei Straßen teilte, nahm Sagremors nebst zehn andern Rittern einen Weg, Ywain wieder mit zehn den zweiten, so auch Gawin mit zehn den dritten Weg.

Ritter Sagremors, und Ywain, kamen mit ihren Haufen nach einem Jahr wieder zum König Artus, wo sie ihm die sonderbaren Abenteuer erzählten, welche ihnen auf ihren Wegen zustießen, und deren wir an einem andern Ort Erwähnung tun werden, denn König Artus ließ alle die Abenteuer, welche seine Ritter bestanden oder erzählten, von vier gelehrten Schreibern sorgfältig aufschreiben, welche eigens dazu bestellt waren. Von Merlin aber wußten sie nichts zu sagen, und keiner unter ihnen hatte etwas von ihm vernommen. Wir lassen sie, und kehren zum Ritter Gawin zurück.

Dieser war kaum aus dem Walde heraus, als er zu seinen zehn Begleitern sagte, er wünschte, sie ritten einen andern Weg, und ließen ihn allein; die zehn, worunter seine drei Brüder sich befanden, verließen ihn ungern, denn sie wünschten sehr in seiner Gesellschaft zu reiten, sie durften sich aber seinem Befehle nicht widersetzen, und mußten gehorchen. Ritter Gawin fand sich bald allein, und suchte im ganzen Land umsonst nach Merlin. Da er nun eines Tages ganz schwermütig und in tiefe Gedanken versenkt in einen Wald ritt, begegnete ihm ein Fräulein auf einem der schönsten schwarzen Zelter reitend, den man sehen konnte; der Sattel war von Elfenbein und die Steigbügel von Gold, die scharlachrote Decke, mit goldenen Fransen besetzt, hing tief, beinahe bis an die Erde, so auch waren die Zügel und Buckeln von getriebenem feinem Gold und auf das herrlichste verarbeitet. Die Dame selber war in weißen Atlas gekleidet, und ihr Gürtel von Seide und sehr reich gestickt; den Kopf hatte sie in einen dicken Schleier gehüllt, um sich gegen den Sonnenbrand zu schützen. Ritter Gawin war aber so tief in Gedanken, daß er sie nicht wahrnahm, als sie vorbeiritt, und sie auch nicht begrüßte. Als sie nun vor ihm vorbei war, hielt sie an, wandte sich um und sprach: Gawin, Gawin, es ist doch nicht alles wahr, was gesprochen wird. Von dir geht das Gerücht im ganzen Königreiche London, du seist der tapferste Ritter in der Welt, und das ist wirklich wahr; das Gerücht sagt aber auch von dir, du seiest der artigste und höflichste, aber darin lügt das Gerücht. Du bist der unhöflichste Ritter, den ich je gesehen, solange ich mich in diesem Walde aufhalte; denn deine Grobheit und Unart erlaubt dir nicht einmal, mich zu grüßen und höflich anzureden. Wisse aber, es soll dir übel bekommen, du sollst noch die Stadt London, ja das halbe Reich des Königs Artus darum geben wollen, dich besser betragen zu haben. – Schöne Dame, rief Gawin ganz beschämt und erschrocken, indem er gleich beim Anfang ihrer Rede sein Pferd Gringalet angehalten und sich gegen sie gewandt hatte; so wahr Gott mir helfe, es ist wahr, daß ich sehr unhöflich gewesen bin, daß ich vorbeiritt, ohne Euch zu grüßen, aber ich war in tiefen Gedanken und dachte an etwas, das ich suche; ich bitte Euch deswegen sehr um Verzeihung, vergebt mir, schöne Dame! – Mit Gottes Hilfe! doch hast du Strafe verdient, und die mußt du tragen, bis du es ein andresmal nicht vergißt, die Jungfrauen zu begrüßen, sonst mußt du die Strafe ewig tragen. Im Königreich London findest du nicht, was du suchest, sondern in Klein-Britannien möchtest du wohl Nachricht davon haben. Reite deines Weges, und mögest du dem ersten, welchem du begegnest, ähnlich werden, bis du mich wiedersiehst. – Hierauf ritt die Dame fort, und Ritter Gawin empfahl sich ihr voll Angst und Schrecken.

Er war nicht lange geritten, als er einen entsetzlich häßlichen Zwerg auf einem Maultiere begegnete, hinter ihm saß ein wunderschönes Fräulein; sie war die Geliebte des Zwerges, der vorher ein schöner Ritter gewesen. Als er dreizehn Jahre alt gewesen, verliebte sich eine Zauberin in ihn, da er sie aber nicht wiederlieben wollte, verwandelte sie seine schöne Gestalt in die eines häßlichen übelgestalteten Zwerges, auf die Art, daß er neun Jahre lang verzaubert bliebe; während dieser ganzen Zeit verließ ihn die schöne Prinzessin, seine Freundin, nicht, die auch mit ihm an König Artus' Hof ging und ihren Zwerg vom König Artus selbst zum Ritter schlagen ließ, und blieb ihm treu, trotzdem, daß man sie von allen Seiten wegen ihrer Liebe zum Zwerge verhöhnte. Sie wußte aber, wer er war, und kannte seine Tapferkeit und seinen Edelmut, obgleich seine äußerliche Gestalt verächtlich schien, und wartete geduldig die Zeit seiner Schmach ab. Diesen, wie gesagt, begegnete Ritter Gawin; sobald er sie gewahr wurde, grüßte er sie höflich, der ersten Dame eingedenk; jene grüßten ihn ehrerbietig wieder, und als sie eine Strekke aneinander vorbeiwaren, fand es sich, daß gerade die Zeit und die Stunde der Verzauberung des Zwerges um war, und er ward plötzlich so schön und wohlgebildet, als er vorher gewesen, und war gerade zweiundzwanzig Jahr alt; sogleich mußte er die Waffen von sich werfen, die ihm nicht mehr paßten, und nun umarmte er seine treue schöne Geliebte, die so voller Freuden war, daß sie beinahe vor übermäßiger Freude gestorben wäre. Und nun kehrten sie freudig und Gott dankend zu ihrer Heimat, und glaubten dieses Glück dem Herrn Gawin schuldig zu sein, der sie so freundlich gegrüßt und Gott empfohlen.

Herr Gawin aber fühlte, als er kaum vor den beiden vorbei war, wie ihm seine Kleider und seine Rüstung auf einmal zu lang und zu weit wurden; die Ärmel hingen ihm weit über die Hände, so auch wurden die Beine ihm kürzer, seine eisernen Schuhe sah er in den Steigbügeln stecken, aber seine Beine reichten kaum über den Sattel weg. Das Schild ging ihm an zwei Ellen hoch über den Kopf heraus, so daß er nicht drüber hinsehen konnte; auch schleifte sein Schwert ihm nach an der Erde, um so viel war das Gehänge ihm zu weit worden; kurz er merkte und sah ein, daß er ein Zwerg geworden war, woraus er schloß, daß die Dame es ihm angewünscht, welche er nicht gegrüßt. Er war außer sich vor Zorn und Schrecken, und wenig hätte gefehlt, daß er sich das Leben genommen. Ergrimmt ritt er schnell bis an den Ausgang des Waldes, wo er ein Kreuz fand auf einer Erhöhung, hier kletterte er hinauf, machte seine Steigbügel kürzer, sein Wehrgehäng und die Handhabe des Schildes enger, befestigte die Ärmel des Panzers aufwärts an den Schultern, und machte alles so gut für sich zurecht, als es gehen wollte, aber unter beständigen Verwünschungen und Grimm, denn der Tod wäre ihm jetzt erwünschter gekommen, als das Leben. Dann setzte er sich wieder auf, und ritt betrübt weiter, unterließ aber doch trotz seiner Verunglimpfung und seines tiefen Grams nicht, allenthalben, an jeder Burg, in jeder Stadt, in allen Dörfern, in Wäldern und auf Feldern sich nach Merlin zu erkundigen, bei jedem Menschen, den er antraf. Viele von denen, die er traf und anredete, hielten sich über ihn auf und verspotteten ihn, denen erging es aber übel; denn wenn er auch an Gestalt ein Zwerg geworden, so waren es sein Mut und seine Tapferkeit nicht; er war kühn und unternehmend wie zuvor, und manchen Ritter besiegte er unter seiner häßlichen Zwergsgestalt.

Da er nun das ganze Königreich London über Berg und Tal allenthalben vergeblich durchsucht, erinnerte er sich wie die Jungfrau, die ihn so schimpflich verunstaltet, ihm gesagt, er solle nach Klein-Britannien ziehen, dort würde er Nachricht finden von dem, was er suche. Er ritt also zum Meere hin, und ließ sich nach dem Gallischen Lande übersetzen, in Klein-Britannien, und ritt sehr lange hier umher, ehe er etwas vernahm. Da nun die Zeit nahte, daß er wieder zum König Artus sollte, sagte er zu sich selber: Ach, was soll ich tun? Die Zeit, daß ich zurückkommen soll, ist nahe, ich habe es meinem Oheim geschworen, zurückzusein in dieser Zeit; ich muß es also tun, sonst wäre ich meineidig und unredlich. Zwar meineidig wäre ich nicht zu nennen, denn der Eid lautete: wenn ich mein eigen sein würde. Und bin ich denn nun wohl mein eigen? Ist diese schimpfliche Gestalt die meinige? Und darum kann ich mich wohl von der Pflicht am Hofe zu erscheinen lossagen. . . .Wahrhaftig, diesmal habe ich übel geredet, denn steht es nicht immerdar in meiner Macht zu gehen oder zu bleiben? Da ich nicht eingeschlossen bin, und gehen kann, wohin es mir beliebt, so wäre es allerdings Meineid, wenn ich nicht meinen Schwur hielte. Habe ich den Leib auch zeitlich verloren, so will ich doch meine Seele nicht verlieren, und zu Gott bitten, daß er ihr gnädig sei, denn mein Leib ist schändlich zugerichtet. So sich beklagend, schlug er einen Weg ein, der ihn nach London zurückführen sollte, und hier kam er durch den Wald von Broceliande. Als er traurig vor sich hinritt, hörte er auf einmal zu seiner Rechten eine Stimme, er wandte sich dahin, sah aber nichts, als einen leichten Rauch, der sich in der Luft verlor, durch welchen er aber doch nicht hindurch konnte. Und da hörte er die Stimme wieder, welche rief: Gawin, Gawin, gräme dich nicht, denn alles geschieht, was geschehen muß. – Wer spricht mit mir, rief er, und wer nennt mich hier beim Namen? – Wie? kennt Ihr mich nicht mehr, Herr Gawin, ehedem kanntet Ihr mich doch sehr wohl; so ist das Sprichwort doch wahr, welches sagt: entfernst du dich vom Hofe, so entfernt der Hof sich auch. Als ich dem König Artus diente, und den Hof und die Barone besuchte, da ward ich von allen gekannt und geliebt, jetzt aber werde ich verkannt, und sollte es doch nicht werden, wenn Treu und Glaube auf Erde wären. – Da erkannte Gawin den Merlin und rief: O Meister Merlin, jetzt erkenne ich deine Stimme, komm aber hervor, ich bitte dich, daß ich dich sehe. Nie wirst du mich sehen, antwortete Merlin, auch werde ich nach dir mit keinem Menschen sprechen, und du bist der letzte, der meine Stimme vernimmt; auch soll künftig niemand hier nahen, selbst du wirst nie wieder hierher kommen. Ich kann nimmer hier hinaus, wie weh es mir auch tut, muß ich doch ewig hier bleiben; nur die, welche mich hier hält, hat Macht und Gewalt ein- und auszugehen nach ihrem Wohlgefallen, und sie ist die einzige, die mich sieht, und mit mir spricht. – Wie, rief Gawin, mein lieber süßer Freund, bist du so festgehalten, daß du niemals wieder loskommst? Wie kann dir, dem Weisesten der Menschen, solches begegnen? – Ich bin auch zugleich der Törichtste, antwortete Merlin, denn ich liebe eine andre mehr, als mich selbst; ich lehrte meine Liebste, wie sie mich fesseln könne, und nun kann keiner mich befreien. – O, rief Gawin, dies macht mich sehr betrübt, und es wird auch den König Artus sehr betrüben, der dich in allen Ländern suchen läßt, weswegen auch ich hier bin. – Er muß sich darin finden lernen, sagte Merlin, denn er wird mich nie wiedersehen, so wie ich nicht ihn. Jetzt reite zurück, grüße die Königin von mir, den König und alle Fürsten und Barone, erzähle ihnen, wie es mit mir steht; du wirst den Hof zu Kardueil finden. Gräme dich auch nicht wegen dem, was dir begegnet ist; du wirst der Jungfrau wieder begegnen, und sie wird dich entzaubern, vergiß aber nicht, sie zu grüßen. Nein, sicher nicht, so es Gott gefällt, rief Gawin. – Gehab dich wohl, sagte Merlin, der Herr segne und behüte den König und sein Reich, samt allen Fürsten, und auch dich, Gawin, ihr seid die besten Menschen, die jemals wieder auf Erden leben werden.

Herr Gawin ritt halb traurig halb fröhlich fort, denn obgleich es ihm lieb war zu hören, daß er entzaubert werden würde, war ihm doch sehr betrübt zu Sinne, daß Merlin so verloren sei. Er setzte wieder übers Meer, begegnete der Jungfrau, grüßte sie mit lauter Stimme im Namen Gottes, und fühlte sich auf der Stelle entzaubert, indem sie ihm den Gruß wieder gab; ritt darauf heitern Mutes in seiner vorigen schönen Gestalt nach Kardueil, wo König Artus Hof hielt, und alle Großen und Fürsten des Landes um ihn her versammelt waren. Groß war die Trauer und das Leid, als Ritter Gawin erzählte, wie niemals jemand den Merlin wieder sehen oder hören würde, und in welcher Gefangenschaft er immerdar bleiben müsse; und alle weinten, als sie vernahmen, wie er die Königin, den König und die Barone gegrüßt, und sie alle nebst dem ganzen Reich noch gesegnet.

Lother und Maller

Eine Rittergeschichte
aus einer ungedruckten deutschen
Handschrift

Erstes Kapitel

Eine schöne Historie will ich Euch verkünden; die Worte darin sind lieblich, und sagen von hübschen Abenteuern, welche in Wahrheit geschehen sind. Dies Buch ist aus dem Lateinischen ins Welsche, und vom Welschen ins Deutsche übertragen, und sagt von zwei getreuen Gesellen, getreuere wurden nie erdacht. Sie waren beide Fürsten; der eine war König Karls Sohn von Frankreich, und hieß Lother; der andre war des tapfern König Galyens Sohn, und hieß Maller; seine Mutter, die schönste Frau der damaligen Zeit, ward Rosamunde genannt.

Lother nahm in allen Tugenden zu, war fröhlich und heiter; darüber gefiel er allen Frauen so wohl, daß sie ihn alle liebhatten. Dies verdroß viele von der Ritterschaft sehr, sie gingen hin vor Ludwig, König Karls Sohn, und klagten über Lother. Herr, sprachen sie, Euer Bruder Lother geht stets zu unsren Frauen, und wir können es auf keine Weise verhindern. Er läßt nicht ab, wenn Ihr ihn nicht auf sieben Jahre aus dem Lande verbannt; unterdessen wird ihm vielleicht der Schimpf vergessen, und dann würde er wohl verständig genug sein, Gutes und Böses zu verstehen. Bliebe er aber hier, so mögtet Ihr fürwahr wissen, er brächte Eure hohe Verwandte in solchen Zorn und Unwillen, daß Ihr und Euer Vater nicht wissen werdet, Euch zu sichern. Darum, Herr, bitten wir Euch, dies Eurem Vater vorzulegen. – Ich will es gern tun, sprach Ludwig, ging zu seinem Vater, dem König Karl, und legte ihm die Sache vor.

König Karl schickte sogleich nach seinem Sohn Lother; er kam, und mit ihm sein Gesell Maller. Mein lieber Sohn, fing König Karl an; meine Herrn, und Getreuen, und meine hohe Mannschaft, die sind um Eurentwillen sehr erzürnt, und hassen Euch alle gar sehr, wegen der Sache, die ich Euch schon oftmals verboten habe, aber das Verbot habt Ihr nicht gehalten, welches mich nicht wenig betrübt. Nun muß ich über Euch ein Urteil sprechen: Bei dem allmächtigen Gott und seiner lieben Mutter, der reinen Jungfrau, bei allen Gottesheiligen im Himmel und dem guten St. Dyonisius, bei meiner Krone, die ich auf dem Haupte trage, und bei meinem Bart, den ich in meiner Hand halte, und bei meines Vaters und meiner Mutter Seelen, finde ich Euch in sieben Jahresfrist in den Grenzen meines Landes, und sollte ich darum ewiglich verdammt werden, so will ich Euch in einen tiefen Turm werfen, darinnen Ihr in sieben Jahren weder Sonn noch Mond werdet scheinen sehen. Als Lother seinen Vater so sprechen hörte, erstarrte ihm das Blut in seinen Adern. Lieber Herr und Vater, fing er an, wer Euch dazu riet, der ist sicher nicht mein Freund, darum bitte ich Euch sehr, seid mir nicht so ungnädig, ich hoffe, ich habe dies nicht verschuldet, ich bitte Euch um Gottes willen, beratet Euch eines Bessern. – Es mag und kann nicht anders sein, sprach Karl; nehmet Goldes und Silbers so viel Ihr bedürft, auch von meiner besten Ritterschaft, die Euch ansteht, zieht in ein anderes Land und erwerbt Ehre. Streitet gegen die Heiden, und geratet Ihr in eine

Not, so laßt es mich wissen, daß ich Euch zu Hilfe komme. Fürwahr, mein lieber Sohn, Ihr müßt sieben Jahre lang aus sein, solches ist mir getreulich geraten worden; werdet Ihr nicht tun, was ich Euch heiße, so habt Ihr niemals Friede mit mir. Gedenkt alle Wege nach Ehre zu streben, wie Geryn von Mangelen tat, der dasselbe Land mit seiner Hand gewann, dazu ich ihm verhalf. Legt Ihr Euch auch so wohl an, so will ich Euch auch helfen. Seid fromm und getreu, so will ich Euch für einen Sohn halten; seid Ihr dies aber nicht, so werde ich Euch stets verleugnen. Vater, sprach Lother, ich will tun, was Ihr mich heißt. Mallern, meinen Gesellen, will ich mitnehmen, und mehrere andere Ritter, die ich gern habe. Gott empfohlen, mein lieber Vater; ich bin nicht willens, wiederzukommen, ich habe denn Ehre und ein Königreich gewonnen. Der König sprach: damit erfreust du mich gar sehr.

Wohlan, liebe Gesellen, rief Lother seinen Rittern zu, als er von seinem Vater fortgegangen war, wir wollen fort, mein Vater hat mich verbannt auf sieben Jahre aus diesem Lande; mein Herz sagt mir, ich werde nimmer ein Erbe in diesem Reiche. – Lieber Herr, sprach Maller, verzagt nicht, diejenigen, welche dem Kaiser, Euerm Vater, dies rieten, die werden schon ihren Lohn davontragen; Euch zum Schaden war es erdacht, aber ich hoffe, es soll Euch zur Ehre und zum Nutzen werden; ein junger Mann muß nicht zu Haus bleiben, sondern im fremden Lande sein Glück suchen und Ehre erwerben, denn daheim mag es ihm wohl nicht gelingen. Ich zieh mit Euch, und will Euch treulich dienen. Mit diesen Worten umarmte er ihn, und tröstete ihn.

Lother ward getröstet, und sprach lachend: Ich hoffe, Gott wird mit helfen; wir wollen uns ihm befehlen und uns die Reise leicht werden lassen. Damit hieß Lother seinen Gefährten, daß sie sich bereit machen, und ihre gute Rüstungen anlegen sollten. Maller, wie die übrigen Ritter, bereiteten sich köstlich, und stellten sich vor dem Palast wohl gerüstet und im Zeuge. Lother saß auf sein Roß, nahm Abschied von den Herrn und der Ritterschaft. Diese weinten alle, da sie Lother fortziehen sahen; jene aber die dazu geraten, die lachten und waren fröhlich.

Zweites Kapitel

Lother und seine Gesellen zogen aus Paris, nachdem sie Gold und Silber in Mengen vom Kaiser Karl erhalten, und ritten nach der Lombardei in eine Stadt, Pavia genannt, wo Lother seinen Oheim, seiner Mutter Bruder, fand. Er zog mit seinen Gesellen nach einer Herberge in der Stadt, und nachdem sie ihre Rüstungen abgelegt, gingen sie allesamt zu der Burg, wo sie den König Danfier, den Oheim Lothers, in dem Garten unter eines Ölbaums Schatten fanden, wo er saß, und mit einem seiner Ritter Schach spielte.

Gott wolle meinen Herrn Oheim behüten, sprach Lother, als er vor ihn kam. Da stand König Danfier auf und empfing sie sehr freundlich. Wie geht es Euerm Vater, den ich sehr lieb habe? fragte er den Lother. Ihm geht es sehr wohl, antwortete Lother, aber ich bin bei ihm verlästert worden, daß er mich auf sieben Jahre aus seinem Lande verbannt hat. Dies erschrecke Euch nicht, sagte König Danfier, ich bin reich genug, und lasse Euch sicher nicht stecken; ein Biedermann verläßt seine Freunde nicht in der Not. Herr Oheim, sprach Lother, schweigt davon, daß ich bei Euch sollte verbleiben, dazu bin ich noch zu jung; ein junger Mann muß ausreiten, und ritterliche Abenteuer suchen, und weder des Winters noch des Sommers achten, was er sich dann in der Jugend erstritten, das mag er sich im Alter wohl erfreuen. Darum, lieber Herr Oheim, bin ich willens, gegen die Heiden zu ziehen, und Abenteuer zu suchen. Ihr redet sehr wohl, sprach König Danfier. Während sie miteinander sprachen, trat zu ihnen Otto, König Danfiers Sohn, ein Jüngling von schöner Gestalt, hübschem Angesicht, und rötlichem Haar; als dieser hörte, wie es dem Lother ergangen, und daß er so verbannt worden, da schwur er ihm, er wolle ihn niemals verlassen; aber er log ihm das, wie Ihr hernach wohl hören werdet.

Nachdem Lother wohl vierzehn Tage bei seinem Oheim zugebracht, sprach er zu Otto: Vetter, ich will nun über die Heiden, willst du mit mir ziehen, so will ich gern alles mit dir teilen, was ich gewinne. Ja, Vetter, sprach Otto, ich will mit Euch ziehen, und will auch meine Ritterschaft mit mir nehmen, wofern Ihr mir schwören wollet, dies ganze Jahr lang meinen Namen zu tragen, und mich dafür den Eurigen führen zu lassen; Ihr und Eure ganze Ritterschaft müßt es mir auf dem Altar zuschwören, daß Ihr dies ganze Jahr hindurch von ihnen nicht anders wollet gehalten sein, als wäre ich es, und ich muß dafür statt Eurer gelten. Das will ich sehr gern tun, sagte Lother, schwor es ihm auch mit allen seinen Gesellen vor dem Altar zu. Darauf nahmen Lother und Otto Urlaub von dem Könige; dieser befahl seinem Sohn, daß er Lother in Ehren halten, und alles tun sollte, was ihm angenehm wäre. Darauf ritten sie hinweg.

Im Römerlande kamen sie in einen Wald, vor eine Burg, in dieser meinten sie die Nacht zuzubringen. In dieser Burg lagen aber Räuber verborgen, wohl zweihundert an der Zahl. Man spricht, und es ist auch wahr: Wie man sich vor heimlichen Dieben nicht wohl verwahren kann, so mag einem auch niemand mehr betrügen, als dem man am meisten vertraut. So geschah es dem Lother, er traute seinem Vetter Otto gar viel, aber dieser betrog ihn fälschlich, denn wie sie in der Burg zu Tische saßen, wo sie zuerst von dem Räuberhauptmann waren gütlich empfangen worden, sprangen, als sie sich keines Überfalls versahen, die Räuber alle aus ihren Schlupfwinkeln hervor, und fielen sie an. Sobald als nun Otto dies gewahr wurde, ließ er seinen Vetter Lother und die Übrigen in der Not, suchte sich durch Flucht zu retten, und lief hinaus. Lother und die Seinigen kämpften frisch mit den Räubern, mit solcher Mannskraft, daß die Räuber überwältigt wurden, und entflohen. Lother und seine Gesellen setzten ihnen nach. Als Otto dies gewahr wurde, stieg er von dem Baum herab, auf welchen er sich gerettet hatte, zog sein Schwert heraus, und lief auch mit den andern den Räubern nach. Vetter, rief er Lother zu, wir mögen wohl Gott danken, daß wir die Mörder überwunden haben. Freilich, rief Maller, Ihr habt sehr viel dazu beigetragen, es liegen ihrer viel, die Ihr erschluget. – Nun blieben sie die Nacht in der Burg und ruhten aus. Den Morgen begaben sie sich auf den Weg, gingen über Rom nach Konstantinopel zu. Sie mußten übers Meer. Als sie eingeschifft waren, sprach Lother: Nun laßt uns fröhlich sein: unser erstes Abenteuer mit den Mördern haben wir glücklich bestanden; Gott wolle uns ferner helfen. Euch alle bitte ich aber, daß wir beieinander bleiben und uns nicht einander verlassen, wenn uns wieder etwas begegnet. Das schworen ihm alle zu, mit frohem Mute.

Sobald sie ans Land getreten waren, wurden sie sogleich wieder von Räubern überfallen, die mit großem Geschrei auf sie zukamen. Otto wandte sogleich sein Pferd um, und ritt in einen Busch, nah am Ufer. Hier verbarg er sich, während Lother und die Ritter sich mit den Räubern schlugen. Maller sah es, wie er sich verbarg, ritt hin und fand ihn hinter der Hecke sitzend. Du falscher Dieb, rief Maller, möge Gott dich verfluchen, daß du deinen Vetter Lother in solcher Not magst allein lassen! Nahm einen Stecken und schlug so auf ihn ein, daß dieser, ihm entfliehend, in das Wasser fiel; worauf Maller ihn aber wieder bei einem Beine herauszog, und ihn vor sich her in den Streit jagte. Er sagte es dem Lother, wie er den Otto hinter einer Hecke hätte sitzend gefunden. Bei meiner Treue, sprach Lother, ich war ein Tor, daß ich ihn mit mir ausführte, und noch dazu meinen Namen mit dem seinigen vertauschte. Der Streit war sehr groß, doch wären sie diesesmal nicht so gut als das erstemal weggekommen, wäre nicht der Richter des Landes, ein sehr tapfrer Ritter, ihnen zu

Hilfe geeilt. Die Räuber wurden geschlagen, und Hände und Füße ihnen abgehauen. Darauf führte der Richter Lothern und die Ritter alle in sein Haus, nachdem er gehört, daß sie gekommen seien, König Orschier zu dienen und ihm zu helfen in seinem Krieg gegen die Heiden. Der Richter führte sie dann zum Könige, dem er erzählte, wie er sie mit den Räubern kämpfend angetroffen, und wie sie gekommen seien, ihm gegen die Heiden zu helfen. König Orschier war dieser Söldner sehr froh, und besonders da er vernahm, daß sich des Königs Sohn von Frankreich dabei befände.

Drittes Kapitel

König Orschier nahm Otto bei der Hand: Lieber Herr, sagte er, wie nennt man Euch, und wo kommt Ihr jetzt her? – Herr, sprach Otto, ich heiße Lother, und bin des König Karls Sohn von Frankreich. Ich freue mich, entgegnete Orschier, daß Ihr hergekommen seid, mir in meiner Not beizustehen. Ihr sollt hier an meinem Hof leben, ich will Euch gütlich tun, und will Euch meine Tochter Zormerin zur Frau geben; sie ist so schön, meine Tochter, als Ihr wohl nimmer ein schöneres Weib sahet. – Herr, antwortete Otto, ich wäre wohl ein Tor, wenn ich dies nicht annähme, ich danke Euch sehr dafür. Hier kam Zormerin die Stufen herab zu ihnen; zwei Herzoginnen führten sie. Komm her, meine liebe Tochter, sprach der König, hier ist Lother, des Königs Sohn von Frankreich, empfange ihn freundlich, und danke ihm, er ist hergekommen mir zu helfen; ich habe dich ihm verlobt, du wirst, will's Gott, gut mit ihm beraten sein. – Er und seine Gesellen sollen mir willkommen sein, sprach Zormerin; auch sehe ich dort hinten einen schönen Ritter stehen, er ist von edlerer Gestalt, als einer unter ihnen, ich wünsche wohl zu wissen, wer er wäre?

Er heißt Otto, sprach der König, er ist mit Lother aus Frankreich gekommen.

Zormerin war sehr schön und verständig, man mochte ihresgleichen wohl selten finden. Otto dachte in seinem Herzen: Wann doch nur erst die Zeit wäre, daß ich könnt' in ihren Armen liegen und mich mit ihr ergötzen, und sollte Lother und seine Gesellen auch alle darum an dem Galgen hängen. Er weiß nichts als zu kämpfen; ich ziehe es vor, bei den Frauen zu bleiben; was hilft es einem Mann, wenn er im Streit erschlagen wird? Er wird gar bald vergessen; ich lobe mir ein gutes Leben, daß man zarte Speise und guten Wein zu sich nehme, denn das ist des Leibes Arznei. Maria, Mutter Gottes, wie schön ist diese Zormerin; wie hat Lother sich nun selber betrogen, denn nun werde ich sie unter seinem Namen heiraten.

Sie saßen zu Tisch, König Orschier und seine Tochter, und Otto ihnen gegenüber. Maller wäre vor Zorn darüber fast unsinnig geworden, und sprach zu Lother: Herr, wie seid Ihr doch ein Tor gewesen, daß Ihr dies nicht eher bedacht! – Lother hieß ihn schweigen und tröstete ihn mit guter Hoffnung, aber er selber war in seinem Herzen nicht fröhlicher darum, und verfluchte die Stunde, in welcher er seinen Namen mit Otto getauscht. König Orschier sagte zu Otto, er solle seine Gefährten nach der Herberge in die Stadt schicken, ihn selber aber hieß er in der Burg bleiben, um gleich bei ihm zu sein, wenn die Heiden ihn überfielen. Sobald der Krieg geendet, fügte er hinzu, so will ich Euch meine Tochter geben, und sobald ich nicht mehr bin, so sollt Ihr König dieses Landes sein. – Otto bedankte sich sehr für diese großen Gaben.

Lother und Maller zogen in die Stadt mit ihren Gesellen, und wohl mit dreißig Pferden zu einem Wirt, der hieß Salomo.

Otto und die Seinigen blieben am Hofe, und hätten gern gesehen, daß Lother und Maller an dem Galgen wären, denn sie fürchteten sie. Zormerin erzeigte dem Otto alle Ehre, die sie glaubte dem Sohne des Königs von Frankreich schuldig zu sein. Otto, als er die schöne Zormerin immer vor seinen Augen hatte, und in Freuden am Hofe lebte, vergaß den Lother und seinen Gesellen Maller in der Herberge, und bekümmerte sich so wenig um sie, als wären sie Heiden. Lother verzehrte all sein Gut daselbst; als er nichts mehr hatte, verkaufte er nach und nach alle Pferde, ausgenommen sein eignes vortreffliches Roß; er hatte es von seinem Vater bekommen, und seine Gesellen wollten es nimmer zugeben, daß er es verkaufen sollte. Der Wirt war ein Biedermann, er gab ihnen zu essen auf Glauben, und lieh ihnen dann noch an zwanzig Mark dazu, weil er wohl sah, wie Lother sich adlig hielt. Aber die zwanzig Mark halfen nicht viel, Lother hatte sie sehr bald ausgegeben; er kaufte seinen Rittern Kleider dafür, nebst übrigem Zubehör. Herr, sprachen endlich die Ritter, es ist in Wahrheit töricht von Euch, daß Ihr nicht dem Könige

Orschier sagt, wie der Schalk Otto übel mit Euch verfährt; und wie sich die ganze Sache mit Euch verhält; wollt Ihr aber Euern Eid nicht damit beflecken, so wollen wir in Gemeinschaft vor den König treten und es ihm vorstellen. Euer Vater, König Karl, hatte einst den Ogier von Dänemark gefangen, und geschworen, er wolle ihn töten; wer sich unterstand, für ihn zu bitten, den haßte er und ließ ihn sogleich um das Leben bringen; damals entschloß sich auch die ganze Ritterschaft, daß sie gemeinschaftlich vor den König traten und ihn für den Ogier baten; so wollen auch wir jetzt tun. – Ihr Herrn, antwortete Lother: Bei der Jungfrau, die Gott unter ihrem Herzen trug, wer von Euch mir dieses tun wollte, der müßte von meiner Hand sterben. Der ist kein Biedermann und keine Treue ist in dem, der seinen Eid nicht fest in sich hält. Sollte ein Mann um Armuts willen seine Seele beladen? Ihr wißt es wohl, was wir dem Otto auf dem heiligen Altar geschworen; will er nun Übels tun, sollen auch wir darum Übels tun? Eher wollte ich Steine auf meinem Nacken tragen, ehe ich meinen Eid fälschte, und ihn nicht grade und unbefleckt hielt! Laßt uns stets aufrichtig im Dienste Gottes leben, so wird er uns auch sicher lohnen. – Die Ritter, als sie Lothern so wohl reden hörten, gingen hinaus und weinten.

Sie gingen darauf zu Tische; ihrer waren wohl an vierundzwanzig, aber ihr Vorrat an Speisen langte kaum für zehne. Der Wirt teilte, als ein Biedermann, alles was er hatte mit ihnen, gab ihnen wohl zwanzig Krüge mit Wein, und auch der Speisen genug. Dieser Wirt zeigte sich als ein rechtschaffener frommer Mann.

Denn als Otto erfuhr, wie es dem Lother in der Herberge ging, und wie große Armut er leiden mußte, da freute er sich dessen von ganzem Herzen, ging auch zum König Orschier, und beredete ihn, daß er jemand sollte nach der Herberge schicken, um dem Lother sein gutes Pferd abzuhandeln, denn er meinte, in der Not würde dieser es gern um Geld verkaufen. König Orschier sandte einen Ritter deshalb nach der Herberge, dieser fand den Lother, als er mit seinem Wirt spielte, um sich den bösen Verdruß zu vertreiben. Als nun der Ritter seine Botschaft, wegen des Pferdes, angebracht, sprach Lother zu seinen Gefährten: Ihr Herrn, ich muß nun wohl mein Roß verkaufen, um den Wirt davon zu bezahlen. Da der Wirt nun dieses hörte, sprang er hervor und rief: So mir Gott helfe, Ihr sollt meinetwegen Euer Roß nimmer verkaufen, und sollte ich zehn Jahre vergebens warten, und sollt' ich alles, was ich habe, dabei verlieren! Geht nur wieder zu Euerm Herrn, indem er sich zu dem Boten wandte, sagt ihm, seinem Verwandten ginge es schlecht, aber das Roß sollt Ihr dennoch nicht mit Euch führen, eh' wollt ich ihm mit einem Stecken die Beine entzwei schlagen. – Über diese Rede des Wirts lachte der Ritter in seinem Sinn, denn sie gefiel ihm gar wohl. Darauf nahm er Abschied von dem Wirt, von Lother und seinen Gesellen, und ging wieder nach der Burg, wo er dem Könige und Otto alles wieder erzählte; darüber ward Otto sehr verdrießlich.

Hast du wohl vernommen, lieber Maller, fragte Lother, was Otto gegen mich im Sinne hat? Gott wolle ihn ewig verdammen! – Amen! rief Maller; Maria, Mutter Gottes, wann wollen doch die Heiden kommen, daß man dann möge sehen, welch ein Mann der falsche Verräter ist! Käme es zur Schlacht, so verlör er zur Stund seinen Namen wieder, denn er wagt es nimmer zu kämpfen.

Viertes Kapitel

Lother lag eines Tages in seinem Bett, und sah sein Hemd an, daß es sehr unrein war. Hemd, sprach er, es ist sehr lang her, daß du nicht gewaschen bist, das kränkt mich am meisten. Maller, lieber Gesell, nimm mein Hemd, gib es einer Frau, daß sie es wasche, ich will im Bette liegen bleiben, bis es trocken ist. – Sehr gern, lieber Herr, sprach Maller, nahm es und ging damit hinaus, des Morgens ganz früh. Ich werde keine Frau suchen, sondern ich selbst will dich waschen, du Hemd, sprach er; denn einer schlechten Frau gönnte ich es nicht, daß sie dich wasche, und eine edle wird es nicht tun. Er ging aus dem Haus hinaus, und durch die Stadt, bis an die Burg, wo ein sehr schöner Garten lag, worin viel schöne Bäume waren. Von ungefähr hatte der Pförtner den Garten nicht wohl verschlossen, so daß die Tür weit offenstand. Maller ging hinein, und kam zu einem Brunnen, mitten in dem Garten; das Wasser lief hell und klar aus goldnen Löwenköpfen in ein großes Becken von weißem Marmor, einen schöneren Brunnen konnte man nicht erdenken; auch ging eine marmorne Treppe von hier nach einem Gang, auf marmornen Säulen, wo Zormerins Kammern waren, denn der Garten lag gerade hinter der Burg. Als Maller den Brunnen sah, warf er das Hemd hinein, und wusch und rieb es mit seinen Händen gar fleißig. In derselben Zeit kam Zormerin mit ihrem Fräulein, Scheidechin genannt, die Stufen herab in den Garten, und als sie den Ritter an dem Brunnen gewahrte, schlichen sie sich leise hinter einer Hecke nah herbei, um ihm zuzusehen, wie er das Hemd so fleißig wusch und rieb. Währenddem sprach Maller ganz laut mit sich selber, als ob er zu dem Brunnen redete: Ach du süßer Brunnen, könntest du sprechen, so könntest du dich wohl rühmen, daß du heute mit deinem Wasser das Hemd des tapfersten Ritters hast gewaschen, der je auf Erden gelebt, oder der jemals Waffen hat getragen. Verflucht sei doch die Stunde, da er seinen Namen hat verwechselt mit dem falschen verräterischen Rotkopf, dem Otto; erbärmlich ist es, daß ein Mann von so edler Abkunft nun solche Armut leiden muß! – Als Zormerin diese Worte vernommen hatte, schlich sie sich leise wieder mit ihrer Jungfrau die Stufen hinauf nach ihrem Gemach, und befahl dieser, daß sie sogleich wieder hinunter gehen und den Ritter zu ihr führen sollte, den sie unten die Worte habe sagen hören.

Scheidechin, Zormerins Fräulein, ging sogleich hinunter, wo sie Mallern noch an dem Brunnen antraf, und richtete die Botschaft ihrer Gebieterin aus. Maller folgte ihr auch sogleich nach, in das Gemach der Prinzessin. Er fand es so schön, und mit solcher Pracht verziert, daß er darüber erstaunte. Zormerin saß auf einem hohen Sessel, der mit Gold und edlem Gestein gar wohl geziert war. Maller sah sie an, und es überlief ihn kalt, da ihm zu gleicher Zeit die Worte einfielen, welche er am Brunnen mit sich selber geredet. Er kniete vor ihr nieder, und sprach: Der Gott, der um unsrer Erlösung willen die Marter litt, der wolle die Prinzessin Zormerin, und alles was ihr lieb ist, in seinen Schutz nehmen! Ich bitte Euch, Ihr wollet meinem Herrn zu essen schikken, er liegt fastend von gestern morgen her in seinem Bette. – Wie heißt Euer Herr, fragte Zormerin, dessen Hemd Ihr gewaschen habt? – Maller erschrak so sehr, daß er nicht ein einziges Wort hervorbringen konnte. – Erschreckt nicht, lieber Herr, fing Zormerin wieder an; wer in fremde Länder reist, um Abenteuer zu suchen, oder auch um Ehre zu erwerben, der kann nicht zu jeder Stunde alles haben, dessen er bedarf, oder was er gerne hätte. – Jungfrau, fing Maller an, ich gestehe es Euch, wäre mein Herr Otto, in seiner Heimat in der Lombardei, so wäre er reich und versorgt. – Wie ist es denn, daß Ihr ihn Otto wollt nennen? Mich dünkt, Ihr verwechselt seinen Namen, denn ich hörte Euch sagen: der Brunnen leiste den Dienst dem besten Ritter, der hieße Lother, und sei des König Karls Sohn aus Frankreich? so hörte ich Euch sprechen; und Ihr sagtet noch: verflucht sei die Stunde, daß er seinen Namen verwechselte; meine Jungfrau wird es bezeugen, daß ich Euch dies sagen hörte. – Ja wohl bezeuge ich es, sprach Scheidechin, und da ich Euch das Hemd so mit Euern Händen reiben sah, da hätte ich Euch gern ein Waschholz bringen wollen.

Frauen, ich kann es nicht leugnen, antwortete Maller, es ist wahr, ich habe das Hemd des tapfersten, des frommesten Ritters gewaschen, mit meinen Händen; könnt ich aber auch ein Königreich damit gewinnen, so möchte ich keinem lebenden Menschen seinen wahren Namen sagen, weil ich einen teuern Eid geschworen habe, es nicht zu tun. – Als Zormerin dies hörte, dünkte es ihr schlimmer, daß sie diese Sache nicht gründlich und ganz zu Ende hören sollte, als wenn sie gar nichts davon erfahren hätte. Denn es ist gemeinlich so der Frauen Art: so man ihnen etwas zu erzählen beginnt, wird all ihr Sinn bewegt, und sie gewinnen keine Ruhe, bis sie auch das Ende davon erfahren. Sie fragte also den Maller noch einmal, da er aber darauf bestand, er dürfe es keinem Menschen entdecken, sprach sie: – Hört eine List; ich will mit Scheidechin in eine andre Kammer gehen, dann entdeckt Ihr hier der Erde Euers Herrn Namen, dies kann mit Eurem Eide sehr wohl bestehen; sollt ich es dann von ungefähr auch hören, so will ich es doch nimmer jemand sagen, bis die Zeit um ist. – Werte Frau, sprach Maller, ich will tun, was Ihr befehlt; versündige ich mich an meinem Eid, so will ich Gott stündlich bitten, daß er es mir wolle verzeihen um Euerntwillen. – Da entfernten sich Zormerin und Scheidechin, und gingen in eine andre Kammer.

Erde, fing Maller an: höre zu; dir will ich klagen von dem großen Schalk, dem Otto von Lombardei; der hat meinen Herrn mit glatten Worten dazu verführt, daß er seinen Namen mit dem des Otto vertauschte, der nun den Namen meines Herrn trägt, der ist: Lother, König Karls Sohn von Frankreich! Darum bietet jetzt König Orschier dem Otto solche große Ehre, in meines Herrn Namen, während mein Herr sich in Ottos Namen so schämen muß, und solche Armut erleiden, nebst seinen Gesellen; niemals hat ein so großer Herr solche Armut leiden müssen. – Ehe er noch weiterreden konnte, sprang Zormerin aus der Kammer hervor, und sprach: Lieber Geselle, dein Herr soll genug bekommen. O fürwahr, mir hat diese Verräterei lange schon geahnt, oft sah ich in der Kirche wie deinem Herrn die heißen Zähren über die Wangen liefen, daß es mich jammerte. Mein Herz hat es mir gleich gesagt, es hat mehr nach ihm gestanden als nach dem Verräter Otto, wenngleich mein Vater mich diesem zum Weibe zugesagt, aber nimmer, nimmer soll er mich haben; denn wer mich zum Weibe haben will, der muß mich erst verdienen. Wie heißt Ihr, Geselle? – Ich heiße Maller. – Lieber Maller, zur glücklichen Stunde habt Ihr Euers Herrn Hemd am Brunnen gewaschen, ich will Euerm Herrn so viel schicken, daß er die Armut, welche er und seine Gesellen erlitten haben, bald vergessen und daß er sich mit ihnen wohl ergötzen mag.

Sie holte Hemden und Kleider von ihrem Vater, gab sie Maller, daß er sie seinem Herrn in ihrem Namen bringe, dazu auch einen kostbaren Gürtel. Maller dankte ihr, nahm Urlaub von ihr, und ging desselben Wegs, den er gekommen war, wieder zu seinem Herrn in die Herberge. Wo kommst du so eilends her? Da warf Maller, was er auf seiner Schulter trug, auf das Bett. – Hast du diese köstlichen Kleider einem reichen Mann gestohlen? fragte Lother, so trag sie nur wieder dahin, woher du sie genommen hast, nimmermehr sollen sie an meinen Leib kommen. – Man sollte mich eher rühmen, rief Maller, daß ich so geschickt war, einen reichen Mann zu bestehlen; hätte ich einen Armen beraubt, so wäre ich den Galgen wert! Lieber Herr, nehmt des reichen Mannes Gut hin, die Sünde will ich tragen, und will sie dazu nimmer beichten. Ist es nicht besser, einen Reichen bestehlen, als einen Armen Hungers sterben lassen? – So sprach Maller im Schmerz, seinen Herrn neckend; doch als er sah, daß dieser gar zornig um des gestohlnen Gutes ward, da fing er ernstlich an, ihm die Wahrheit zu erzählen, wie die Königstochter ihn am Brunnen gewahrte, wie sie ihn durch ihr Fräulein zu sich berief, und alles, was sich hier zugetragen. Da Lother den Verlauf gehört, freute er sich herzlich. Sehr lieb ist es mir, sprach er, daß du deinen Eid nicht gebrochen hast, denn wahrlich, lieber Maller, so du dieses hättest getan, ich wäre dir nimmer wieder hold. – Nun lieber Herr, habt guten Mut; wenn es Euch gefällt, so will ich ein Bad für Euch bestellen, darin sollt Ihr Euch baden, ehe Ihr die weißen Kleider antut. – Das wäre mir sehr lieb, antwortete Lother, nur fürchte ich, die Wirtin wird es nicht bereiten wollen, weil ich ihr schon so viel schuldig bin. – Maller schwieg, und ging hinaus zur Wirtin. Da er sie fragte: ob sie seinem Herrn ein Bad bereiten wolle, da war sie sehr freundlich, und sagte: sie wolle es gern tun. Indem sie noch mit ihm redete, kam ein Knecht vor die Türe, der führte ein Pferd mit Gold und Silber schwer beladen. Diesen Schatz, sprach der Knecht, sendet die Prinzessin Zormerin, des Königs Tochter dem Gaste, der hier in der Herberge liegt; sie hat vernommen, wie er große Armut hier leiden muß, dies wird sie nimmer geschehen lassen. – Maller nahm das Geld und trug es in die Kammer zu seinem Herrn. Seht, lieber Herr, rief er, das kommt Euch von der schönen Zormerin. Gott beschütze sie!

rief Lother. Nun will ich wieder fröhlich essen und trinken, da ich meinen Wirt bezahlen kann; auch will ich, nach dem Bade, mich auf mein Roß setzen und wieder etwas reiten; es ist mehr als vier Wochen her, daß ich auf kein Pferd gekommen bin, denn ich hatte nicht den Mut dazu, solange es bei dem Wirt verpfändet stand. Lother bezahlte den Wirt mit fröhlichem Mut, und dankte ihm, daß er ihm so gütlich geborgt, rief dann seine Gesellen alle zusammen, und gab ihnen allen Geld zu Pferden, zu Rüstungen und schönen Kleidern; badete sich, legte schöne Kleider an, und war von Herzen fröhlich.

Fünftes Kapitel

Zormerin ging zu ihrem Vater und sprach zu ihm: Geliebter Herr Vater, Ihr habt so viel fremde Söldner in der Stadt liegen, so stellt doch einmal ein Turnieren an, ich bitte Euch darum, und versprecht dem, der den Dank verdient, ein schönes Roß zu geben. Auf diese Weise mögt Ihr sie erproben, und wohl erfahren, was jeder unter ihnen wert ist; denn wie Ihr wißt, wird König Pynart bald gegen diese Stadt ziehen, dann ist es wohl gut, daß Ihr wißt, auf welchen unter Euern Dienern Ihr Euch am besten verlassen könnt. – Liebe Tochter, antwortete der König, ich wollte dies schon sehr lange immer tun, aber Lother von Frankreich hat es jederzeit verhindert. – Wäre Lother fromm und tapfer, sprach Zormerin dagegen, und wäre von dem edeln Blut, dessen er sich rühmt, so würde er es sicher nicht verhindern, vielmehr würde alle sein Trachten und Sinnen darnach stehen, oft zu turnieren und zu stechen. Ich schwöre bei dem Gott, der mich erschaffen hat, wäre er auch ein König über zehn Könige, ich würde ihm dennoch nimmermehr zuteil. Nimmer will ich mich einem Feigen vermählen! Der mein Gemahl wird, derselbe muß nach Euch dieses Land regieren: ein feiger, verzagter Mann, der würde es gegen die nahen Heiden gar übel beschirmen! – Dies hörte der König gern von seiner Tochter; ließ auch sogleich in die Stadt ausrufen, wie er ein Stechen vor dem Palast wolle veranstalten lassen. Nämlich: sechs Bretter sollten an ebensoviele Stangen aufgerichtet werden, und wer diese Bretter niederstäche, der solle ein Roß von ihm zum Dank erhalten, das so gut als hundert Mark an Wert hätte. Die Söldner waren über diesen Aufruf alle sehr erfreut; Otto aber erschrak gar sehr in seinem Herzen, und fluchte mehr als hundertmal allen, die dazu geraten.

Lother bereitete sich köstlich nebst allen seinen Gesellen zum Stechen, ihn dünkte, der Donnerstag, auf welchen Tag es angesetzt war, bleibe gar lange aus, so ungeduldig war er zu stechen und zu turnieren. Die andern Herrn und Ritter rüsteten sich auch wohl dazu; gar mancher unter ihnen dünkte sich der Weidlichste zu sein, und hoffte wohl den Dank zu verdienen. Zormerin gedachte gar oft in ihrem Herzen: Ach wollte Gott es fügen, daß Lother den Dank gewönne, ich gönnte es ihm wohl von ganzem Herzen. Oft redete sie mit ihrer getreuen Scheidechin von ihm. Könnte er den Dank verdienen, wie ich es hoffe, sprach sie, dann kommt er in meines Vaters Huld gar hoch, dann würde die Falschheit wohl ausbrechen. – Sicher, Ihr redet wahr, sagte Scheidechin; mir wollte es nie so vorkommen, daß Otto der Mann wäre, für den er sich ausgibt; all sein Verhalten hat ihm nie wohl angestanden, dazu ist er ein Rotkopf, die sind gewöhnlich falsch und ungetreu.

Sechstes Kapitel

Als der Donnerstag kam, da ging der König an ein Fenster seines Palastes, bei ihm standen andre Herren, Grafen und Ritter, wohl an zweihundert; Zormerin stand auf der andern Seite, und bei ihr wohl dreißig Jungfrauen. Sie war gar köstlich gekleidet, auf ihrem Mantel glänzten die herrlichsten Edelgesteine, und vorn war er mit einem Karfunkel und einem schönen Rubin befestigt. Über diesem Karfunkel hatte ein Jude namens Pharao wohl sieben Jahre lang gearbeitet; er gab ihn der Sybille, diese gab ihn in den Tempel, welcher Christo zu Ehren erbaut ward; Pilatus schenkte ihn dem Kaiser, daß er ihn sollte leben lassen, da Vespasian Jerusalem zerstörte; der Kaiser gab ihn St. Clemens, dem Papst, dieser gab ihn dem Antonius, Vater der heiligen Helena. Diese führte ihn nach Konstantinopel und stellte ihn vor St. Sophien, da ward er zu dem Schatz gelegt. Diesen Mantel hatte König Orschier aus dem Schatz genommen, und seine Tochter damit geziert, einen schönern mochte man wohl in keinem Lande sehen; auch keine schönere Jungfrau, als Zormerin war; sie war von so großer Schönheit, daß sie nie ein Mann recht ansehen mochte, ohne in Liebe für sie zu entbrennen, so daß er sich von Stund an vor großer Liebe nicht zu raten wußte.

Otto kam zu Zormerin, als sie mit ihrem Fräulein Scheidechin in einem Fenster lag, dem Stechen zuzusehen. Liebe Jungfrau, sprach er, ich will hier bei Euch stehen, und dem Stechen zusehn, damit ich urteilen kann, wem man den Dank geben mag. – Was denkt Ihr? fing Zormerin gegen ihn an; wähnet Ihr schöne Frauen zu gewinnen mit Essen, Trinken und Schlafen, und mit müßigem Schwätzen? Wenn es sich denn also fügte, daß ich Eure Gemahlin würde, so möchte meine Ritterschaft und die ganze Welt wohl denken, was ich für einen feigen unseligen Mann geheiratet habe, der nicht mit dem Schwert dreinzuschlagen versteht. Um meinetwillen tut es, reitet hinaus, Ihr möchtet sonst in ein arges Gerücht kommen.

Otto mußte mit Schande von Zormerin hinunter zu dem Stechen gehen, und mußte sich schämenshalber zu Pferde setzen.

Jedermann kam zu dem Stechen, in Begleitung von Pfeifern, Trompeten und Posaunen. So kam auch Lother mit einer Menge seiner Gesellen und Ritterschaft; er hatte auch Pfeifer, Trompeten und Posaunen, und viele Herolde und Knappen, die in Haufen neben und hinter ihnen gingen, als wäre er ein großer König. Wer ist, sprach Orschier, der stattliche Ritter, der mit so ansehnlichem Gefolge kommt? – Es ist Otto von Lombardei, sprachen die Diener, der so sehr arm war; er muß den Reichtum gestohlen haben, wie käme er sonst dazu. – Otto wunderte sich nicht wenig, wo seinem Vetter Lother doch das Gut zu solchem Aufwand mochte hergekommen sein, und konnte deshalb seine Verwunderung nicht bergen. Maller ritt zu ihm hin, und sagte ihm: Nach Euern Gedanken müßten wir eigentlich in großer Not und Armut stecken, solche Gedanken mögt Ihr aber nur fahren lassen, es sei Euch nun lieb oder leid. Wer nach Bosheit ringet, dem wird solcher Lohn! – Otto tat als hörte er nicht, was Maller ihm sagte, und ritt immer vor sich hin. Zormerin sah nach niemand, als nach Lother, er allein gefiel ihr vor allen andern; so sah auch Lother oft zu Zormerin hinauf, und wenn er merkte, daß sie auf ihn sah, so ließ er lustig sein Pferd springen, und setzte über die Bänke mit solchem Mut, und so edelm Anstand, daß alle sich darüber freuten.

Nun fing das Stechen an; wer die Bretter nicht eben traf mit dem Speer, dem schlug der Schwengel an dem Helm, daß er vom Pferde fallen mußte. Dies widerfuhr manchem, der sich sehr stattlich dünkte. Otto nahm seinen Speer unter den Arm; und rannte so greulich zu, daß er weder sah noch hörte, denn er saß auf einem guten Roß. Da er aber nah an das Brett kam, wider welches man stechen mußte, da erschrak er so sehr, daß er das Brett nicht traf; der Speer ward ihm in der Hand herumgedreht; dicht an dem Brett war eine Pfütze voll Mist und Unrat; da er nun das Brett nicht getroffen, sondern selber vom Schwengel getroffen wurde, so konnte sein Pferd sich nicht halten, sondern fiel mit ihm in die Pfütze, darin ward Otto wie ein Schwein besudelt und herumgewälzt. Maller fing an laut zu lachen. Schweig, Maller, sagte Lother, täte das ein andrer als du, ich würde es ihm nicht verzeihen. Lother war so treu, daß es ihm immer leid tat, wenn dem Otto etwas Übels widerfuhr, obgleich dieser gar schlecht an ihm handelte. Zormerin aber hätte nicht einen Wagen voll geschlagenen Goldes dafür genommen, daß Otto gefallen war.

Nun rannte Lother mit seinem Speer gegen das Brett, mit solcher Macht, daß der Stecken oben entzwei brach, woran das Brett hing, und dieses hinunterfiel; ebenso stach er auch die andern fünf Bretter herab. Maria, Gottes Mutter, riefen die Ritter, wer sah je einen so starken Ritter? – Herr, sprachen die Herolde zu König Orschier, gebt diesem Ritter so viel Güter, und so viel Pferde, als Ihr immer wollt, Ihr könnt ihm doch nimmer so viel geben, als er verdient. Zormerin, voller Freude, sprach zu Scheidechin: Der Rotkopf hat mich verloren! Geh, eile zu Maller, sag ihm in meinem Namen, sein Herr möchte in seiner Herberge heute offenen Hof halten, ich werde ihm Geld genug dazu schikken; was ich auch schicken mag, ist er dennoch mehr noch wert.

Scheidechin richtete den Auftrag an Maller aus, worauf dieser sich gar höflich bedankte, und sogleich zu seinem Herrn auf den Platz ritt, um ihm den Befehl der Königstochter zu hinterbringen. Lother berief zehn Herolde zu sich, und ließ durch diese alle Herren, sowohl Ritter als Knechte, Edelleute, Bürger und Bürgerinnen, wes Alters oder Standes sie sein mochten, zu sich auf den Abend in seine Herberge einladen, um sich mit ihm und seinen Gesellen gütlich zu tun, mit Essen, Trinken und anderer Ergötzung. Da sprach einer zu dem andern: Wer hat wohl diesem Erbärmlichen so viel Geld und Gut gegeben? Es kann nicht mit rechten

Dingen zugegangen sein; denn erst kürzlich wollte er sein Roß aus Armut verkaufen, und nun will er offnen Hof halten. Das ist ja eine große Hoffart; morgen früh, beim Frühstück, wird er sich wohl aus dem Staube machen. So schwatzten die Leute; Lother aber war fröhlich, und dankte Gott von ganzem Herzen, daß es ihm den Tag so glücklich ergangen war. Zormerins Gunst war ihm mehr, denn alle das Gold was sie ihm schickte, und seine Sorge ging nur dahin, wie er dieses seinen Gästen wieder zugute kommen lassen wollte; darum sprach er zu Maller: Lieber Geselle, verlasse dich nicht auf den Wirt allein, sorg selber, daß wir genug haben mögen. – Sorgt nicht, sprach Maller, was in der Stadt zu haben ist, das soll bei uns diesen Abend nicht fehlen; ritt hin zur Herberge, rief den Wirt Salomo. Herr Wirt, rief er, schafft Rat, denn mein Herr hält diesen Abend hier offnen Hof, und er hat durch zehn Herolde einladen lassen: Ritter, Grafen, Herren, Bürger und Bürgerinnen, alt und jung, groß und klein, und jedermann, der mit uns essen will; es darf uns also an nichts fehlen. – Das soll geschehen, lieber Herr, sprach der Wirt, bringt wen ihr wollt, ich will Eure Gäste wohl bedienen. Ging darauf hinaus und bereitete das Gastmahl auf das köstlichste. – Da das Stechen vorbei war, ritt jedermann nach Hause, um die Rüstung abzulegen, und sich alsdann zu Lother in die Herberge zu begeben.

Siebentes Kapitel

König Orschier übersandte dem Lother den Dank, und ließ ihn zur Tafel an seinen Hof einladen; Lother ließ ihm aber erwidern, er wolle es nicht übel aufnehmen, daß er nicht kommen könne; es sei ihm diesmal nicht gelegen, da er selber einen offenen Hof halten wolle. Darüber war der König nicht wenig verwundert.

Lother begab sich in seine Herberge, wo der Gäste so viel gekommen waren, daß sie in dem Hause nicht alle Platz fanden; sie mußten teils in den Garten sich lagern, teils saßen sie auf der Gasse vor der Herberge. Es war Wildbret und Geflügel, und an Schüsseln mit Eßwaren aller Art kein Mangel; dabei standen große Fässer mit Wein, sowohl weißem als rotem, woraus ein jeder so viel trinken konnte, als ihn gelüstete. Es waren an demselben Tag wohl an zweihundert Menschen des Weins so voll, daß sie ihre eigene Sprache nicht reden konnten. Einer sprach da zu dem andern: Fürwahr er muß morgen davonlaufen; der Wirt ist wohl ein Tor, ihm so viel zu borgen. Lother hörte dies, und rief: Laßt Euch wohl sein, ihr Freunde, und sorgt nicht fürs Bezahlen, der gute Wirt borgt mir gern. – Ich habe ebensogroße Sorge für meine Bezahlung, sprach der Wirt, als ob ich das Geld schon in meiner Hand hätte. – Da sagten sie: Ei, der Wirt ist so voll als irgendeiner der Gäste; morgen wird er ein anderes Lied singen. Die Gäste blieben in Freuden und in Ergötzlichkeit zusammen bis Mitternacht, dann schied ein jeder von dannen. Zormerin hatte ihr Wort nicht vergessen, noch ehe es tagte, kam ein Pferd mit Gold und Silber beladen in der Herberge an. – Lieber Wirt, jetzt macht Euch bezahlt, so viel als draufgegangen, das übrige Geld nehmt in Eure Verwahrung; sobald es verzehrt ist, sagt es mir, daß ich Euch wieder welches verschaffe.

Des Morgens früh zog Lother sich sauber an, nebst seinen Gefährten, und ging mit ihnen in die Kirche. Als Zormerin ihn erblickte, pochte ihr Herz heftig. Sie bat ihren Vater, daß er den Ritter, der gestern den Dank verdiente, und so vortrefflich stach, doch zur Tafel bitten möchte, und zeigte dem König den Lother, daß er derselbe sei. Da nun der König zu ihm ging und ihn zur Tafel bat, da wollte Lother es nicht annehmen, und sprach: Herr König, ich will nicht eher an der Tafel mit Euch sitzen, bis ich es gegen die Heiden verdient habe. Da gab Zormerin ihm die Hand, die er nahm, und bot ihm einen guten Morgen, darüber ging er erfreut wieder in seine Herberge.

Achtes Kapitel

Vierzehn Tage hernach da kam König Hispinart von Akre, wohl mit zweihunderttausend Mann, und mit ihm kamen vierzehn Könige. Da diese Heiden in das Land kamen, da flohen die Einwohner alle zu König Orschier, und schrien um Hilfe gegen die Heiden. Der König erschrak, da er hörte, daß die Heiden so nahe wären, und ließ Otto zu sich rufen. Lother, sprach er zu ihm, heißet Eure Söldner sich rüsten, wir müssen gegen die Heiden, Euch übergebe ich und befehle ich mein Banner. Otto erschrak von ganzem Herzen, doch verbarg er es, und sprach mit lachendem Munde: Herr, ich will das meinige aufs beste tun. Ging hinaus, und ließ austrompeten, daß ein jeder sich aufs beste waffne. Lother und seine Gesellen die waffneten sich sogleich aufs eilendste, und setzten Pferde und Zeug in besten Stand. Da rief Otto einen seiner Waffenträger, zu dem sagte er: Geh zu meinem Vetter, sage ihm, es sei mir von Herzen leid, daß ich ihn erzürnet. Ich sei bösem Rat gefolgt, bin aber nun bereit, ihn um Gnade zu bitten, er solle mir nur diesmal aus der Not helfen. Denn König Orschier hat mir sein Banner zu führen gegeben, in diesem großen Krieg, damit kann ich mich aber nimmer behelfen; mein Vetter vermag es besser zu tun als ich, denn er ist ein tapfrer, starker Ritter, ihm käme es mehr zu als mir. Will er sich nun des Banners für mich annehmen, so will ich ihm die Jungfrau Zormerin gern überlassen, die mir von dem König versprochen worden ist. Ich will lieber eine Frau entbehren, als daß ich diesen großen Streit führen sollte. – Herr, antwortete der Knappe, diese Botschaft will ich gern ausrichten; es wäre sehr gut, wenn Lother sich der Sache annähme; denn soviel ich Euch kenne, laßt Ihr im Streit das Banner fallen, das möchte den Christen zu gar großem Schaden gereichen. – Das ist freilich wahr, sagte Otto. – Darauf ging der Knappe von ihm zu Lother, und richtete die Botschaft gar ernstlich aus. Er nahm den Lother auf die Seite, und sprach: Euer Vetter Otto sendet mich zu Euch; er bittet Euch um Gnade, daß er Euch erzürnet, er sei hierin bösem Rat gefolgt, und es ist ihm leid. Er bittet sehr, Euch mit ihm zu versöhnen; wenn Ihr ihm verzeihen wollt, so will er seinen Fehler gegen Euch verbessern, und damit anfangen, daß er, um Euch zu ehren, Euch das Banner überlassen will, das der König ihm übergab, dazu will er Euch auch die schöne Zormerin lassen, die der König ihm versprochen, und alle Ehre die Ihr sonst verlangt. Prüft diesen Vorschlag wohl, lieber Herr, ich bitte Euch freundlich darum. – Sage meinem Vetter, sprach Lother, ich habe keinen bösen Willen, besonders nicht gegen ihn; ich halte ihn für einen verständigen Mann, dazu ist er auch von edler Geburt; hat ihm nun der König sein Banner befohlen, so ist es bei ihm in guten Händen, besonders gegen die Heiden; hat ihm dann Gott eine Frau beschert, so begehre ich nicht sie ihm zu nehmen. Gott wolle ihm zu beidem viel Freude und Glück geben; ich wünsche es ihm von Herzen, und er täte sehr Unrecht, wenn er nicht das Beste tun wollte, um des großen Glücks willen. Sagt meinem Vetter dann auch noch in meinem Namen: da der König ihm das Banner empfohlen, so möge er wohl zusehen, daß er es nicht fallen lasse, denn wo er es fallen läßt, so haue ich ihm den Kopf herunter, oder wenn ich zur Stund nicht zu ihm kommen kann, so werde ich meinen Gesellen Maller schicken, daß er ihm seinen Kopf herunterhaut. Diese Antwort bring meinem Vetter von mir.

Der Knappe war sehr betrübt, daß er nicht besseren Bescheid erhalten konnte, Otto aber erschrak gar erbärmlich, als er diese Botschaft vernahm. Ach ich Armer, Unseliger! rief er aus; ich sehe wohl, meine Zeit ist nun gekommen, ich muß streiten wider meinen Willen, und muß noch dazu der vorderste sein, und die anderen anführen, wiewohl ich lieber der hinterste wäre! –

Der König setzte sich auf sein Pferd, nahm das Banner in seine Hand und übergab es Otto; dieser nahm es, und ritt hinaus, wohl mit dreißigtausend Christen. Lother ritt ihm zunächst; er trug auf seinem Helm einen seidenen Ärmel mit Gold gestickt, und mit goldnen Spangen, den hatte ihm Zormerin gegeben. Sie ging auf einen Turm, wo sie dem Streit zusehen konnte; Lother kannte sie wohl an dem Ärmel, und bat Gott von ganzem Herzen, daß Otto doch nicht wiederkäme.

Da die Heiden sahen, wie das Heer der Christen gegen sie zog, da stellten sie sich in Schlachtordnung, und ein schreckliches Schlagen begann; sie hieben entsetzlich auf die Christen ein, und schlugen was ihnen vorkam. Als Otto sah, daß die Heiden so gar greulich stritten, da ließ er vor Schrecken das Banner fallen, und sprach zu seinen Leuten: Liebe Gesellen, ich bleibe nicht länger hier, ich will heimreiten in die Lombardei, denn ich habe große Sorge, die Heiden möchten mich noch hier erschlagen. Ich möchte nicht hierbleiben, und wollt mir König Orschier auch noch ein Königreich zu dem seinigen geben. – Gott verdamme Euch, riefen seine Gesellen ihm nach, Ihr schändet alle Lombarden; darum möget Ihr nur allein reiten: wer einen bösen Herrn verläßt, den mag Gott segnen. König Pynart kam wohl mit zehntausend Heiden von der Seite her, wo Otto entfloh; da er sie so gegen sich kommen sah, rief er mit lauter Stimme, und mit aufgehobenen Händen: Tötet mich nicht, Ihr Herren, ich will gern Gott verleugnen, und will an Mahom glauben.

Da ward er gefangen, und in ein Zelt geführt, und König Pynart begann wieder frischlich zu streiten. Die Christen waren bestürzt, daß ihr Panier gefallen war. Oh weh mir! rief König Orschier; verflucht sei die Stunde, wo ich diesen Lother an meinem Hof empfing, und ihm so traute; er hat heute als ein falscher Bösewicht an mir gehandelt. Die Heiden waren gar fröhlich; denn wenn ein Panier gefallen ist, so ist die Gegenpartei desto fröhlicher. König Orschier stritt auch tapfer, als er aber zu tief in den Streit geriet, da kam der heidnische König Helding und stach ihn vom Pferde; alsobald umringten ihn die Heiden, und führten ihn gefangen hinweg. Als die Christen ihren König gefangen sahen, da hielten sie sich gar übel, was auch nicht Wunder zu nehmen ist; ein Heer mag wohl erschrecken, das sein Banner, und dann auch seinen König, verloren hat.

Lother focht kühnlich, und schlug sich tief in das Heer der Heiden, Maller und die übrigen Gesellen fehlten auch nicht; da erblickte Lother das Panier, das auf der Erde lag. Maller, lieber Geselle, rief er, nun schlage frisch zu, daß ich absteigen und das Panier aufheben kann. Da schlugen die beiden so greulich um sich, bis sie einen Kreis um das Panier freimachten, da stieg Lother ab, ergriff das Panier und ließ es hoch in der Luft wehen, es war aber ganz beschmutzt und zerrissen worden unter den Pferden. Er gab es dem Maller, und sagte: Hebe es hoch in die Höhe; das tat Maller. Darüber freute sich das Christenheer, und fing wieder mit frischem Mut zu kämpfen an. – Maria, Gottes Mutter, rief Zormerin, beschütze meinen Geliebten; er ist der tapferste Mann, der je auf einem Pferd gesessen.

Lother stritt solange bis er kam zu König Pynarts Banner, da sah er eben, wie vier Heiden den König Orschier gefangen fortführten, der heiß weinte. Lother eilte sogleich hinzu, erschlug die vier Heiden, ergriff eins ihrer Pferde und reichte es dem König Orschier. Lieber Herr, rief er ihm zu, sitzt geschwind auf und seht, daß ihr tapfer streitet. Freund, erwiderte Orschier, du hast mich heute von dem Tod errettet, dir will ich meine Tochter geben, dazu auch mein Königreich; Lother von Frankreich hat mich böse verraten, er soll meine Tochter nimmer haben. Hiermit ritt er eilends wieder in den Streit, da brachte ihm Maller das Panier. Maria, Gottes Mutter, rief er, wer mag der Mann sein, der das Panier wieder aufgerichtet hat? – Herr, sprachen die Diener, das hat derselbe getan, der Euch auch aus der Gefangenschaft erlöste, er hat heiß darum gearbeitet. Auf meine Treue, sprach der König, das will ich ihm wohl lohnen, ich will ihm meine Tochter geben, und nach meinem Tode mein Reich; ist es nicht ein Jammer, ihr Freunde, daß mich der so betrogen, dem ich so viel getraut habe? Wäre dieser fromme Ritter nicht gewesen, so wären wir jetzt alle von den Heiden erschlagen.

Zormerin folgte dem Lother mit den Augen, denn sie erkannte ihn vor allen an dem Ärmel auf seinem Helm. Da sah sie, wie wohl zehntausend Heiden ihn umringten, und sein Pferd erstachen; sie sah ihn fallen, und sah ihn nicht wieder aufsitzen, auch niemand der ihm zu Hilfe käme, so daß er mit Gewalt gefangen ward. Als Zormerin dies sah, ergriff sie ein Messer und wollte sich dasselbe ins Herz stoßen; aber Scheidechin hielt sie, und sprach: Liebe Jungfrau, besinnt Euch, und bittet Gott Eure Sinne zu behüten. – Scheidechin, rief Zormerin, ich habe gesehen, daß die Heiden den Prinzen von Frankreich niedergestoßen haben, und niemand kommt ihm zu Hilfe; haben die Heiden ihn erschlagen, so will ich auch nicht länger leben. Hiermit wollte sie von den Zinnen hinunterspringen, aber ein Ritter erhaschte sie, und hielt sie. Liebe Jungfrau, sprach er, sie zu trösten, haltet Euch wohl, Euer Vater ist nicht erschlagen.

Neuntes Kapitel

Maller suchte seinen Herrn auf dem ganzen Schlachtfelde; da er ihn nirgend fand, ritt er zu König Orschier: Herr König, wo ist mein Herr und Meister? – Auf meine Treu, sagte Orschier, ich weiß nichts von ihm. – Du falscher König, so dankst du dem, der dich erlöste aus der Heiden Hand? Du hast verloren den Besten, der irgend im Lande zu finden ist, denn wisse, *er* ist Lother von Frankreich, denn nun kann ich es dir nicht länger verschweigen; auch denke ich, das Jahr ist nun wohl um. Otto von Lombardei hat dich betrogen; mit glatten Worten hatte er meinen Herrn beredet, dessen Namen mit dem seinigen zu verwechseln. – Nun wohl, ihr Herren, rief Orschier, laßt uns alsbald Lothern suchen: alles was ich habe, möchte ich hingeben, nur ihn nicht verlieren. Da ritten sie allesamt hinaus, Lothern zu suchen, konnten ihn aber nicht finden; darüber der König und die ganze Ritterschaft sich sehr betrübten, denn alle seine Gesellen liebten ihn, besonders aber Maller, dieser wäre beinah unsinnig geworden vor großem Schmerz.

Als die Nacht einbrach, zog König Orschier wieder ein in Konstantinopel, da kam Zormerin ihm entgegen. O Vater, redete sie ihn an, Ihr werdet traurig sein, daß Ihr den habt zurückgelassen, der Euch von den Heiden erlöste; Ihr wißt nicht, wer er ist. – Ich weiß es, meine Tochter, sprach Orschier; Otto, der Rotkopf, der hat mich und dich schändlich betrogen, und hätte dazu seinen Vetter gern in Schande gebracht. Gott wolle mir Lother behüten, und wolle verhindern, daß Otto nimmermehr wieder herkäme. Zormerin weinte heftig, als sie ihren Vater so sprechen hörte. Sie gingen darauf alle zu Tisch, Zormerin aber und Maller konnten beide vor großem Leid nicht essen. Als nun die Tafel aufgehoben war, und jedermann sich in sein Zimmer begab, ging auch Zormerin in ihre Kammer und ließ Maller zu sich rufen. Da saßen sie beide die ganze Nacht zusammen, klagten und weinten um ihren Herren. Weh mir, rief Zormerin, ohne meinen Geliebten mag ich länger nicht leben! – Jungfrau, sprach Maller, hört mich, ich will morgen früh mein Leben wagen, um meinen Herrn zu suchen; ich weiß der Heiden Weise sehr wohl nachzuahmen, ich werde unter sie gehen, daß sie mich für einen der Ihrigen halten, dort will ich hören, ob mein Herr lebt oder tot ist. – Des Morgens, da es anfing zu tagen, beurlaubte er sich von Zormerin, und ging in seine Herberge und rief die Gesellen zusammen. – Ihr Freunde, legt Eure Rüstung an, ich reite hinaus zu den Heiden, und nimmer will ich wiederkommen, ich habe denn Nachricht von meinem Herrn. Ihr kennt mein Hörnchen wohl, sprach er ferner zu ihnen, ich will Euch in einen Busch führen, dort sollt Ihr meiner warten; wenn Ihr mich nun blasen hört, so kommt mir schnell zu Hilfe. – Das tun wir mit Freuden, riefen die Gesellen, bereiteten sich dann eilends, und rüsteten sich.

Maller rieb sein Angesicht mit Kräutern, die er wohl kannte, davon wurde seine Farbe ganz verändert, darauf ritt er mit den Gesellen aus der Stadt hinaus. Als sie an den Busch kamen, da bat Maller sie, daß sie hier auf ihn warten sollten. Ich reite hin in das Heidenlager, sprach er, dort zu erfahren, ob mein Herr lebt oder tot ist; und lebt er noch, so wißt, ich will ihn befreien, und sollt' ich darüber mein Leben einbüßen. – Lieber Maller, riefen sie alle einstimmig, wir wollen Euren Wink hier erwarten; und zweifelt nicht, kommt es dazu, so wollen wir getreulich arbeiten, daß Ihr uns sollt Dank wissen; jeder von uns soll zwei wert sein. – Gesellen, sprach Maller, dies danke ich Euch freundlichst. Damit ritt er dem Lager zu, und befahl sich Gott und der Jungfrau Maria, seiner Mutter. Er dachte hin und her, wie er es anstellen solle, um Nachrichten von Lother zu erfahren, als ein Haufen Heiden zu ihm stieß, die von der Fütterung kamen. Er hatte Gesicht und Hände so gefärbt, kannte auch die Sprache und die Gebärden der Heiden so wohl, und ahmte sie so natürlich nach, daß sie ihn alle für einen der ihrigen hielten. So ritt er mitten unter ihnen ins Lager hinein. Er fragte nach König Pynarts Zelt; als man es ihm gezeigt, sprang er ab von seinem Pferde, und ging geradezu hinein in das

Zelt zum Könige. Mahomet, sprach er, der alle Dinge erschaffen hat, der wolle meinen Vetter, den König Pynart behüten, und wolle König Orschier nebst allen Christen verdammen. Vetter, ich bin König Glorians, deines Bruders Sohn; mein Vater hat mich zu dir hergeschickt mit zwanzigtausend Gewaffneten, dir zu helfen. Aber König Orschier und sein Heer sind im Walde über mich gekommen und haben meine Gesellen alle erschlagen. Mit großer Not bin ich ihnen entkommen; willst du mich nun nicht an ihnen rächen, so will ich mich selber töten. Damit schlug er sich selber ins Gesicht, zerraufte sein Haar und trieb so großen Jammer, daß die Heiden sich seiner erbarmten. Lieber Neffe, sprach König Pynart, faßt Euch; sagt mir, wie geht es meinem Bruder? Ihr seid sicher mein rechter Neffe, ich weiß wohl, daß mein Bruder einen schönen Sohn von Eurem Alter haben muß. – Vetter, es geht meinem Vater, Eurem Bruder, sehr wohl, er läßt Euch durch mich aufs schönste grüßen; auch bitt ich Euch freundlich, daß Ihr mich wollt zum Ritter schlagen, wonach mich von ganzem Herzen verlangt. Mein Vater hat mich auch mit darum zu Euch geschickt, daß Ihr mich mögt zum Ritter schlagen. Ach lieber Vetter, rächt mich doch auch an dem bösen Schalk Maller, der mir viel Schaden zugefügt hat, und der nur darauf lauert, wie er Euch möge Schaden zufügen. – Lieber Neffe, ich geh nicht eher weg von Konstantinopel, ich habe denn die Stadt gewonnen; dann wollen wir die Christen alle verbrennen, Maller aber in den Wind hängen. – Ach Vetter, ich kann meinen erlittenen Schaden nicht vergessen. – Du sollst ihn gar bald vergessen; ich habe wohl achtzig

Christen in meiner Gefangenschaft, an diesen sollst du dich wohl rächen. –

Maller fiel auf seine Knie und rief: Edler König, so gib mir nur sogleich diese Christen, daß ich mich an ihnen räche! – Recht gern, mein lieber Neffe, du sollst sie haben, und kannst mit ihnen machen, was dir gefällt; meinethalben schinde sie und brate sie; vorher aber will ich dich zum Ritter schlagen. Da schlug König Pynart den Maller zum Ritter nach heidnischer Art. Dann stand Maller auf, ergriff seine Lanze, und nachdem er sie wohl vier- bis fünfmal sich um den Kopf geschwungen, warf er sie so weit, daß man sie mit den Augen nicht erreichen konnte. Fürwahr, sprachen die Heiden, das ist ein wackrer Geselle; wenn unser König Pynart stirbt, so wollen wir diesen zu unserm König wählen. – Mein Neffe, sagte der König, helfe mir Mahomet, wenn ich Konstantinopel gewinne, so will ich dich zum König machen über dies ganze Land, und ich will Zormerin zum Weibe nehmen. Ich habe bei dem König Orschier schon um sie angehalten, aber der Lecker versagte sie mir, darum will ich sie mir selber nehmen; König Orschier will ich als einen Dieb in den Wind hängen, und die Gefangenen sollst du haben. – Da schickte König Pynart hin, daß man die Gefangenen vor ihn führen solle; sie wurden auch alsbald hergeführt. Lother war darunter; da Maller ihn erblickte, ward ihm fröhlicher zumut, als hätte er ein Königreich gewonnen; er zog sein Schwert heraus und schlug einem gefangenen Lombarden den Kopf herunter, so machte er es dem zweiten Lombarden und so dem dritten. Otto war auch dabei; als dieser sah, wie Maller den

Lombarden mitspielte, rief er überlaut: Edler König Pynart, ich will gern Gott verleugnen und will an Mahomet glauben! Da ergriff ihn Maller und wollte ihn eben wie die andern töten; König Helding rief ihm aber zu, er solle diesen leben lassen. Er will an Mahomet glauben, sprach er, darum darfst du ihn nicht töten; auch ist er mein Gefangener, er hat sich mir ergeben. – Bei Mahomet, rief Maller, desto eher muß er sterben; ein schlechter Christ wird nimmer ein guter Heide. – Nein, sprach König Helding, erst muß man ihn prüfen, er muß auf das Kreuz treten, Christum zu verhöhnen, dann wollen wir ihn beschneiden. – Neffe, sprach Pynart, erzürnt den König Helding nicht, er ist gekommen mir zur Hilfe mit wohl hunderttausend Mann. – Lieber Oheim, sagte Maller, ich bin gar sehr bekümmert, daß ich den Schalk davonkommen lassen soll; verflucht sei die Mutter, die ihn getragen hat! – Die Heiden aber waren einstimmig der Meinung, Otto müsse leben bleiben, weil er an Mahomet glauben wollte.

Da ging Maller auf Lother zu und ruckte ihn bei einem Arm, so daß er zur Erde fiel, dann gab er ihm noch einige harte Streiche über den Nacken. Lother sprang wieder auf und schlug in seiner Wut so hart auf Maller ein, daß er ihm zwei Zähne ausschlug und ihm das Blut aus Mund und Nase floß. Da fiel Maller vor König Pynart auf die Knie und rief: O edler König, laßt mich diesen Schalk aufhängen, der mich so übel hat zugerichtet! – Tu mit ihm was dir gefällt, sagte Pynart. – Einen Galgen will ich aufrichten lassen, sprach Maller, gegen Konstantinopel zu, da sollen die Christen zusehen, wie ich ihn daran hängen will. Ergreift ihn sogleich und führt ihn hinaus! – Da ward Lother gar erbärmlich ergriffen und gebunden, und ein Strick um seinen Hals geworfen. Da rief Lother zu Gott von ganzem Herzen, daß er seiner Seele gnädig sein möge.

Der Galgen ward auf dem Berge gegen Konstantinopel zu aufgerichtet, obgleich König Helding meinte, es wäre nicht gut getan. Wenn die Christen, sagte er, es sehen, denn sie haben alle Bäume von dieser Seite abgehauen, um alles zu sehen, was wir tun, so können sie uns leicht überfallen und einen Schrecken verursachen. Maller aber blieb dabei, die Christen sollten eben zusehen müssen, wie Lother gehängt werde. Als die Gesellen in dem Busch den Galgen aufrichten sahen, da baten sie flehentlich zu Gott, es möge Lother und Maller kein Unglück bedeuten, und es möge Maller sein Unternehmen glücken; setzten sich auch sogleich auf ihre Rosse, denn sie dachten wohl, es müsse nun bald etwas setzen, um sogleich in Bereitschaft zu sein, wenn sie Maller auf seinem Horn würden blasen hören; und nun standen sie alle fertig und willig zum Streit.

Maller führte Lothern gebunden zum Galgen, und viel Heiden mit ihm. Lother seufzte tief und sagte: Ach Zormerin, ach Maller, du treuer Geselle, ich sehe Euch nie wieder, Gott dem Allmächtigen empfehle ich Euch! – Da rief Maller in seinem Herzen zu Gott, daß er ihm zu Hilfe kommen möge, denn er sah sich allein, von den Heiden umringt, und wußte nicht, wie er es anfangen würde, seinen Herrn zu retten. Als sie unter den Galgen gekommen waren, da rief Lother Gott von ganzem

Herzen an, daß er seiner Seele möge barmherzig sein. Dann rief er: Vater, wüßtet Ihr, wie hart es mir geht, es würde Euch doch wohl erbarmen. Lebt wohl, Zormerin, geliebte Jungfrau, treuer Geselle mein, nie sehe ich Euch beide mehr, die ich sehr liebte. Ach Maller, wüßtest du, wie man mich hier hängen will, ich weiß gewiß, du kämest mir zu Hilfe. Aber ich habe dich verloren, und auch dich, schöne Zormerin; der Galgen wird schon aufgerichtet, und nimmer seh ich Euch wieder!

Höre, du Schalk, sprach Maller, willst du deinen Glauben verleugnen, und an Mahom glauben, so sollst du leben. – Nimmermehr, sprach Lother; führt mich zum Galgen, und laßt mich nur noch so lange leben, daß ich mein Gebet verrichte. – Du Unseliger, fing Maller wieder an, willst du deinen Glauben nicht verleugnen? – Nimmermehr! – Lother weinte heiß, da er geführt ward. Maller tat es tief in der Seele weh, daß er ihn weinen sah. Laßt ihn los, sagte er zu denen, die ihn hielten, laßt ihn frei stehen, während er betet. Da fiel Lother auf seine Knie, und als Maller ihm noch einmal zurief, seinen Glauben zu verleugnen, da hob er an mit lauter Stimme: Ewiger Gott Vater, wer dich verleugnet, wer an dich nicht glaubt, der ist kein Biedermann. Du hast Himmel und Erde geschaffen, dann gebar dich die Mutter, die reine Magd, du Gott und Mensch, und du hast die Milch ihrer Brust gesogen. O Maria, Gottes Mutter, du sahst deinen Sohn auf den Berg Calvari führen, wo er die Marter litt um unsrer Versöhnung willen, und als er am Kreuze starb, da ward die Sonne verfinstert, und die Erde spaltete sich. Du erstandest am dritten Tage, und fuhrest zum Himmel, und schicktest deinen Jüngern deinen heiligen Geist. Hernach holtest du deine liebe Mutter, und kröntest sie zum ewigen Leben. Ewiger Gott, so wahr ich dieses glaube, so wolltest du mir heute barmherzig sein, und meine Seele in deinen göttlichen Schutz nehmen. Hiermit stand Lother auf, und machte das Zeichen des heiligen Kreuzes über sich. Während er gebetet, hatte Maller auf seinem Horn geblasen, und sah nun die Gesellen aus dem Busch wohlgerüstet herzureiten. Da eilte er auf Lother zu, als dieser eben von seinen Knien aufstand, band ihm die Augen auf, und sprach eilig: Erkennt mich, Herr, ich bin Maller, Euer Geselle; hier nehmt diesen Ring, Zormerin sendet ihn Euch, sie trauert sehr um Euch. Damit schlug er einem Heiden den Kopf herunter, nahm dessen Schwert, und gab es Lother. Hier Herr, nehmt das Schwert, wehrt Euch! Da schlugen sie beide kühn um sich her, alles nieder was vor ihnen war. Die Heiden, da sie sich von Maller betrogen sahen, liefen hinzu, um sich zu wehren; unterdessen kamen auch die andern Gesellen aus dem Busch herzu, und führten zwei gute Pferde, Lother und Maller saßen schnell auf, und indem sie bald flohen, bald sich umwendeten und auf die Heiden schlugen, eilten sie gegen Konstantinopel zu; die Heiden verfolgten sie hart. König Orschier stand auf der Mauer, und sah das greuliche Jagen auf dem Felde, da sprach er: ich hoffe, es ist Maller, der den Lother zurückbringt; wohlauf Gesellen, daß wir ihnen zu Hilfe kommen! Da blies er auf seinem Horn, alles rüstete sich, und ritt mit ihm aus der Stadt, und nun fing ein gewaltiges Streiten an. Da Orschier Lother erkannte, freute er sich, ritt zu ihm hin, und fragte ihn:

wie er aus der Gefangenschaft erlöst sei? Das sage ich Euch ein andermal, sprach Lother, jetzt ist es Zeit zu streiten. Damit eilte er in den Grund, zog einem Toten den Harnisch ab, rüstete sich damit, auch mit einem Helm und übrigem Zeug, und schlug tapfer auf die Heiden, die sich stark wehrten. Einer ritt hin zu dem Graben, und rief der Prinzessin zu, die auf dem Turm dem Streit zusah: Lother wäre am Leben, und frei. Da dankte sie Gott mit heißen Zähren, und bat die Jungfrau um weiteren Schutz für den Geliebten. Der Streit war heiß; König Helding rannte gegen Maller, ward aber von ihm vom Pferde herabgestochen; Mallers Pferd fiel auch, sie standen aber beide wieder auf, und Helding begab sich zurück. Heute will ich die Christen vertilgen! rief König Pynart. Hättet ihr Lother und Maller, sprachen seine Diener, so möchtet Ihr die Christen wohl überwinden. – Diese beiden aber schlugen so kühnlich, daß keiner gegen sie zu stechen vermochte. König Pynart kam auf Maller los, den er an seinem Schild wohl erkannte. Bösewicht, rief er, falscher Verräter, daß du gehangen wärst! Wie durftest du Schelm es wagen, mich Vetter zu nennen? – Lieber Herr Vetter, sprach Maller wieder, die Vetterschaft verleugne ich nimmer. – Da rannte Pynart mit seinem Speer gegen ihn, und wollte ihn vom Pferde stechen, Maller aber traf ihn mit seinem Speer so hart, daß er ihn durch den Leib stach, wovon er vor großem Schmerz auf die Erde fiel. König Helding kam dem Pynart zu Hilfe, sonst hätte Maller ihn vollends getötet. Vetter, rief Maller, ich will Gott ewig für den bitten, der Euch vom Pferde stach. – Ach weh mir, sagte König Pynart, was habe ich für eine böse

Verwandtschaft gefunden! – Darauf ward er in sein Zelt zurückgetragen, wo er den Otto nicht mehr fand. Dieser war entflohen, und nach der Lombardei zurückgelaufen.

Als er heimkam, da fand er den König, seinen Vater, tot. Das Volk empfing ihn als seinen rechtmäßigen Herrn, und er ward zum König gekrönt. Er tat nachmals seinem Vetter Lother noch vieles Leid, wie man hernach erfahren wird. Er bedachte wenig die große Ehre, die ihm in Lothers Namen widerfahren war, auch daß dieser ihm nie Übles getan, obgleich er selbst ihm gar vieles Übel zugefügt. Dennoch haßte er den Lother, und gönnte ihm nie etwas Gutes; schwur auch einen Eid bei Gott, daß, könnte er Lother und Maller einen Schaden tun, er es nie unterlassen wolle. Er hielt auch seinen Schwur, wie man hernach hören wird.

Da es nun spät wurde, da zog König Orschier mit seinem Volk wieder in die Stadt Konstantinopel ein. Als Zormerin das Heer kommen sah, ging sie ihrem Vater entgegen vor dem Palast; da sie Lothern erblickte, da erschrak sie vor Liebe so sehr, daß sie nicht ein Wort sprechen konnte. Lother, sprach der König, ich gebe Euch meine Tochter, die hier steht. – Herr, das danke ich Euch gar herzlich, antwortete Lother, und weil Ihr sie mir nun gegeben habt, so erlaubt, daß ich sie umarme. Ging darauf zu ihr, umarmte sie und küßte sie mit großer Wonne. Nahm sie dann in seine Arme, und sprach: Geliebte Frau, danket meinem Gesellen Maller, der hat mich erlöst von den Heiden. Er hat um meinetwillen getan, was nie ein Mann um des andern willen je tat. Geliebter Herr, sprach Zormerin, wärt Ihr gestorben, ein größeres Leid hätte mir nicht geschehen können.

Darauf gingen sie allesamt in den Saal, ein jeder legte seine Waffen ab und saßen nieder an den Tisch. Orschier ließ Lother neben Zormerin sitzen, und seinen Gesellen Maller bei ihm. Da sie gegessen hatten, da fing Maller an zu erzählen, wie er den König Pynart überredet hätte, er sei sein Vetter, und alles was ihm auf dem Zuge begegnet, Wort für Wort. Darüber fing König Orschier an zu lachen und alles Volk lachte sehr.

Zehntes Kapitel

Die Belagerung von Konstantinopel dauerte wohl schon an zwei Jahre, während denen es manchen Streit und manchen Sturm gab, worin viel gute Männer, sowohl Ritter als Knechte, ihr Leben ließen. Lother und Maller verhielten sich so kühn und tapfer und fromm, daß sie viel Ehre erwarben und jedermann sie lieb gewann. Oft rannten sie beide heimlich, allein von ihren Gesellen und Rittern begleitet, hinaus in das feindliche Lager, und taten da den Heiden großen Schaden. Die Heiden hatten mehr Schaden durch Lother und Maller, als von allen andern Söldnern zusammengenommen. Darum bedauerten sie es immer mehr, daß ihnen die beiden aus den Händen gegangen waren, da sie sie schon in ihrer Gefangenschaft hatten; schwuren auch bei Mahomet, weder Lother noch Maller über Nacht leben zu lassen, wenn sie einen von ihnen erhaschen könnten.

Zormerin war aber sehr ängstlich, daß Lother so oft hinausritt. Sie bat ihn gar freundlich, er möchte sich doch nicht so sehr gegen die Heiden wagen; sie töten Euch gewiß, sprach sie, denn sie hassen Euch und Maller mehr als die andern alle. – Gott wird mich beschützen, geliebte Zormerin, sprach Lother; ich bin hier, um Abenteuer zu suchen, so muß ich sie denn auch nicht vermeiden; soll ich mich nicht an den falschen Heiden rächen? – Ich wünschte, sagte Zormerin, daß Ihr es um meinetwillen ließet, mir zuliebe. – Geliebte Frau, um Eurentwillen will ich alle Untat lassen, aber jede ehrliche Tat vollbringen.

Elftes Kapitel

Nach drei Monaten, als König Pynart von seinen Wunden wieder genesen war, da kam seine Tochter Synoglar und brachte wohl noch fünfzehntausend Gewaffnete in ihrem Gefolge. Synoglar war die schönste Heidin ihrer Zeit; Pynart war voller Freude, als er sie sah, er lief auf sie zu, herzte und küßte sie, und dankte ihr vielfältig, daß sie ihm zur Hilfe käme. Liebe Tochter, sprach er, längst schon hätte ich Konstantinopel gewonnen, wäre nicht ein junger Ritter darin, er heißt Lother, des Königs Sohn von Frankreich. Einen schönern Jüngling gibt es nirgend; wollte er seinen Gott verleugnen und an Mahomet glauben, so gäbe ich ihn dir zum Gemahl. Er ist der schönste und dabei der tapferste Mann, der je auf ein Pferd gesessen, er hat mich zwölfmal niedergeworfen; hätte ich ihn in meiner

Gewalt, ich ließe ihn nicht eher, und drängte ihn so lange, er müßte an Mahomet glauben, dann würdest du sein Weib. – Von dieser Rede ward Synoglar in Liebe entbrannt gegen Lother. Sie dachte in ihrem Herzen: nimmer werde ich wieder froh, ich habe denn Lother von Frankreich gesehen.

König Helding stand dabei und hörte die Reden des Königs Pynart. Er liebte die Prinzessin schon seit langer Zeit, und Pynart hatte sie ihm jederzeit versprochen; darum trat er jetzt vor und sagte: Edler König, ich habe Euch hunderttausend Mann gebracht, sie sind auf meine Kosten in Euerm Dienst, und will Euch auch nicht verlassen, bis wir die Stadt eingenommen. Das geschieht um Eurer Tochter willen, die Ihr mir zugesagt habt; wenn ich aber weiß, daß Ihr sie mir nicht geben wollt, so wollte ich morgen des Tages mit meiner Mannschaft aufbrechen, wieder heim in mein Land zu reiten. – Bei Mahomet, antwortete Pynart, lieber Helding, das hatte ich ganz vergessen; wohlan, könnt Ihr mir Lother und Maller in meine Hände geben, so sollt Ihr meine Tochter haben. König Helding sagte ihm dieses zu; ihm wäre aber besser gewesen, er hätte dies nicht getan.

Ich habe etwas erdacht, sprach Synoglar, wodurch Ihr sicher einen von den beiden in Eure Hand bekommt, ehe noch die Sonne untergeht. – O sagt mir das, sprach Helding, denn ich will nicht Ruhe haben, bis ich es ausgeführt. – So waffnet Euch, sprach Synoglar, setzt Euch zu Pferd, nehmt Eure Lanze, und laßt mich geschmückt und reich geziert, wie es einer Königstochter zukommt, auf einem andern Pferd Euch zur Seite reiten. So wollen wir hin zu den Graben an der Mauer. Ist Lother nun so ein Held, als mein Vater von ihm rühmt, und er sieht Euch mit mir freundlich zusammen sprechen, so kommt er sicherlich heraus, denn schöne Jungfrauen pflegt man gern zu sehen, und wessen Mannes Herz zu schönen Frauen nicht Liebe hat, der ist wohl nimmer ein Held im Streite. Bei Mahomet, ich weiß gewiß, wenn Lother mich so schön und trefflich geschmückt erblickt, so kommt er sicher heraus, und sollte es sein Leben kosten. Wenn Ihr dann gegen ihn streitet, so will ich Euch mit meinem Dolch wohl zu Hilfe kommen und ihn damit in den Rücken stechen, bis wir ihn überwunden haben. – Wenn Ihr mir helfen wollt, sprach König Helding, so gehe ich mit Euch bis in den Tod. Ich gehe jetzt mich zu waffnen, geht auch Ihr und bereitet Euch.

Als er gerüstet war, und Synoglar königlich geschmückt, da ritten sie hinaus aus dem Lager auf einen Hügel, einen Bogenschuß weit von der Stadt, und als sie sich auf diesem Hügel umsahen und niemand im Tale erblickten, da ritten sie ganz nahe zur Stadtmauer hin. Nun seht zu, sagte Helding zu Synoglar, daß Ihr den Dolch nicht vergeßt, wenn ich ins Gedränge mit Lother komme. Er wird herreiten zu uns, sobald er Euch gewahr wird, des bin ich gewiß, denn einen kühnern Ritter gab es nie, und nie einen schönern Jüngling. Euer Vater hatte ihn gefangen, da erlöste ihn Maller, sein Geselle, mit großer List. Wäre er nicht so hinweggekommen, so hätte Euer Vater ihn dennoch nicht getötet, sondern ihn an seinem Hof behalten, um seiner Schönheit und Tapferkeit willen. Als Synoglar den Ritter so von seinem Feind rühmen hörte, da gewann sie ihn im Herzen immer lieber. Ach, dachte sie in ihrem Sinn, möchte doch der Jüngling erst herauskommen, und gewiß kommt er, da er so ein gar kühner Held ist; wenn er dann Helding überwunden hat, so will ich mit ihm gehen, will Mahomet verleugnen und will der Christen Glauben annehmen. Wie könnte mir wohl ein besserer Mann, ein schöneres Glück werden, als mit diesem Helden. Helding meint, ich sollte ihm helfen; aber verflucht will ich sein, wenn ich meine Hand gegen den schönen Jüngling aufhebe! – Woran denkt Ihr, schönes Fräulein? fragte Helding. – Laßt uns nun, sagte Synoglar, nahe zur Mauer hinreiten, dort ruft mit lauter Stimme, Ihr habt Eure Liebste hier, wäre Lother von Frankreich der tapfre Ritter, so käme er heraus, sie Euch abzugewinnen. Vergeßt Euer Messer nicht, sagte Helding. Nur keine Sorge, antwortete Synoglar.

Da rief Helding mit lauter Stimme: Wo bist du, König Karls Sohn? Komme heraus, gewinne mir meine schöne Liebste ab! – Die auf der Mauer waren, die gingen es dem Lother zu sagen. Er stieg auf die Mauer und sah den Heidenkönig mit der schönen Jungfrau. Lother von Frankreich, rief Helding, komme heraus, eine Lanze mit mir zu brechen, wenn du Mut hast, um dieser schönen Jungfrau willen! – Wer ist die Schöne, fragte Lother, die so köstlich geschmückt ist? – Sie ist König Pynarts Tochter; ihr Vater hat sie mir gelobt, aber ich darf sie nicht eher zu meiner Hausfrau nehmen, das habe ich ihrem Vater versprochen, bis ich dich, oder deinen Gesellen Maller erschlagen habe. Darum bin ich hergekommen, daß ich mit dir kämpfe, Leib gegen

Leib, wenn du anders so kühn bist, es gegen mich zu wagen. – Erwarte mich hier, antwortete Lother, ich will mich waffnen. So spute dich, rief Helding.

Lother ging eilends nach dem Palast, hier fand er König Orschier und Maller. Er legte ihnen die Sache vor, wie der Heide gekommen sei, mit ihm eine Lanze zu brechen, und wie er es angenommen habe. Das ist mir leid, rief Orschier erschrocken. – Herr, sagte Maller, ich will hinaus und mit ihm fechten; es ist nicht gut, daß ihr hinausgeht. Das leide ich nimmermehr, sprach Lother, bringe meinen Harnisch her, und helfe ihn mir anlegen. Zormerin, die es erfuhr, kam eilends herzu, und weinte sehr. Sie bat Lother mit freundlichen Worten, daß er doch nicht hinausreiten möchte; Lother aber ließ sich auch von ihr nicht abhalten, sondern nahm von ihnen Urlaub, und ritt hinaus vor die Stadt.

Als Helding ihn kommen sah, sprach er zu Synoglar: Nun seht den, der Euch wohl verhaßt sein darf. Dies ist der Lother von Frankreich, der Euern Vater zwölfmal im Streite hat überwunden, und ihm viel der Mannschaft erschlagen hat; ich bitte Euch, Fräulein, Ihr mögt des Dolches nicht vergessen, wenn ich ins Gedränge mit ihm komme. – König Orschier, Maller und viele andre Ritterschaft standen auf der Mauer, dem Streite zuzusehen, auch Zormerin ging hinauf und weinte sehr.

Hier bin ich, rief Lother, als er zu Helding kam, und bin bereit mit dir zu rennen; gewinnst du, so führst du mich mit dir, überwinde ich aber dich, so führe ich die schöne Jungfrau mit mir. Ich werde um desto mutiger fechten, da es eine schöne Jungfrau gilt. – Ich achte deiner hohen Worte nicht, sagte Helding, solche Worte, wären sie auch noch so groß, führen keinen Streich aus. Lother nahm seinen Speer, so tat auch König Helding, und nun rannten sie frisch gegeneinander. Heldings Speer zerbrach, und er ward von Lother so getroffen, daß er vom Pferde fallen mußte. Synoglar lief hinzu und rief: Wie ließest du dich, du falscher Mann, so bald herabstechen! Verflucht seist du bei Mahomet! Meinen Leib sollst du sicher nie gewinnen. Bei diesen Worten zog sie ihren Dolch und wollte ihn damit erstechen, aber Lother verhinderte sie daran, und sprach zu Helding: Sitzt wieder auf, Herr, denn zu Fuß mag ich nicht mit Euch streiten. Helding setzte sich wieder auf sein Roß, ritt auf Lother zu und schlug nach ihm, Lother deckte sich mit seinem Schild, so daß Helding eine Hand breit von dem Schild herunter schlug. Lother schlug wieder nach ihm, und traf eine Achsel, so daß sein Blut herabfloß. Des war Synoglar im Herzen froh: Lieber Herr, rief sie Lother zu, habt kein Mitleid mit dem Lecker; wenn Ihr ihn erschlagt, so will ich aus Liebe zu Eurer Heldenkühnheit mit Euch reiten, Mahomet verleugnen, und der Christen Gott verehren, samt der Mutter, die ihn getragen. Das hörte Lother und freute sich. Er und Helding schlugen frisch aufeinander, und führten beide gar harte Streiche gegeneinander. Endlich schlug Helding so auf Lothers Pferd, daß es tot niederfiel; Lother sprang wieder auf, verwundete Helding in der linken Seite, und sprach: Steig von deinem Pferde ab, oder ich töte es. Ich will absteigen, sprach Helding, wenn du mir so lange nichts tun willst, bis ich abgestiegen bin. Lother stand, und sagte: Steig sicher ab, ich tu dir eher nichts. So bin ich sicher vor dir, sprach Helding, denn ich bin nicht willens, eher abzusteigen, bis ich in meinem Zelt bin. Mahom empfohlen! Ich lasse dir meine Liebste, Fräulein Synoglar, die gar übel an mir gehandelt hat. Ich will mir meine Wunden verbinden lassen, denn ich bin sehr verwundet. Damit wandte er sich und ritt schnell fort; Synoglar blieb allein bei Lother. Du hast ein verzagtes Herz, du falscher Heide, rief dieser ihm nach, ich hätte es nicht von dir gedacht.

Lother nahm Fräulein Synoglar freundlich in seine Arme, und fragte sie: Schöne Jungfrau, begehrt Ihr der Taufe von ganzem Herzen? Jawohl, antwortete sie, von ganzem Herzen. Lother setzte sich auf ihren weißen Zelter, und sie setzte sich hinter ihn, und während sie nach der Stadt ritten, redeten sie gar freundlich miteinander. Lieber Herr, sagte sie, ich hörte so viel von Eurer Tapferkeit und Schönheit reden, daß ich es nicht unterlassen konnte, ich mußte Euch sehen. Mein Vater hatte mich dem Helding zum ehelichen Weibe zugesagt, wenn er Euch und Maller überwinden, und in seine Hände liefern würde. Da machte ich die Erfindung, daß Helding herreiten und mich mit sich nehmen mußte, damit ich Euch nur zu sehen bekäme. – Lother antwortete mit Lachen: Dafür müßt Ihr Dank haben, schöne Synoglar, daß Ihr so schöne Erfindungen könnt ersinnen. Helding hätte wohl kühner streiten sollen, er sollte sich wirklich schämen, daß er sich eine so schöne Jungfrau so leicht abgewinnen ließ.

Zwölftes Kapitel

König Orschier, Maller und die ganze Ritterschaft gingen ihnen entgegen, und empfingen Lother sehr ehrenvoll. Zormerin aber ging ihm nicht entgegen, sie betrübte sich, daß er eine andre Jungfrau führte, und meinte, er würde diese nun mehr lieben als sie. Sie ging trauernd in ihre Kammer, und ließ Scheidechin zu sich kommen. – O liebe Scheidechin, rief sie weinend, warum mußte ich Lothern je sehen, warum mußte ich solche Liebe zu ihm tragen, und ihm mein ganzes Herz geben? Ich habe ihm viel Liebes getan, aber nun verläßt er mich, einer Heidin zu gefallen. Schön ist sie, und eine Königstochter, so gut als ich, und das Neue liebt man ja immer mehr als das Alte! Ach liebe Scheidechin, so habe ich nun an dem heutigen Tage den verloren, den ich so von Herzen liebe! – Liebes Fräulein, sprach Scheidechin, dafür halte ich Lothern nicht, er ist gewiß der treueste Mann unter der Sonne; auch ist er viel zu weise und verständig, er weiß ja wohl, daß er durch Euch so viel Gutes und solche Ehre genießt, darum bin ich gewiß, daß er nie etwas tun wird, was Euch Leid oder Betrübnis macht. Hat er eine schöne Jungfrau mit dem Schwert gewonnen, so ist er darum viel Lobes und großer Ehre wert. Ich weiß gewiß, er tauft sie, und gibt sie dann der Gesellen einem. Sollte es sich auch zutragen, daß er einen oder ein paar Monate bei ihr wäre, so ist ihm das erlaubt, weil er noch ledig ist. Sie käme damit wohl in Schande, und Ihr bleibet dennoch die Frau.

Nein, rief Zormerin aus, ich will es nicht verschweigen, ich will Mallern meine Not klagen. – Scheidechin ging hinaus, rief Maller zu ihrem Fräulein; er ging sogleich mit ihr hinein. O Maller, sprach Zormerin, die Frau, welche ihren Sinn auf einen Mann setzt, die handelt töricht! Lother verläßt mich um einer Heidin willen, das könnt Ihr jetzt wohl sehen; nie ist er noch von einem Streit gekommen, oder er kam sogleich zu mir in meine Kammer, aber diesmal kommt er nicht. Er hat mich vergessen, obgleich ich ihm so viel Gutes getan. Verflucht sei die Stunde, da ich ihm aus seiner Armut half, verflucht das Hemd, das du für ihn wuschest, und verflucht der Brunnen, dazu meine Ohren, daß sie je deine Worte hörten! – Liebes Fräulein, klagt nicht so stark meinen Herrn an, er ist fürwahr der treueste Mann in der ganzen Christenheit. Er hat ein heidnisches Fräulein mit dem Schwert gewonnen, es ist ihm also nicht zu verdenken, daß er so lange bei ihr bleibt, bis sie die Taufe empfangen hat; seid überzeugt, sobald sie getauft ist, gibt er sie seiner Gesellen einem. Wenn Ihr erlaubt, so will ich mit Lother davon sprechen, denn es wäre nicht gut, daß Ihr etwas gegen ihn zurückhieltet. Ich weiß gewiß, Ihr findet keine Untreue in meinem Herrn. Maller beurlaubte sich hierauf von ihr, und sie blieb in ihrer Kammer.

Zormerin war in Liebe entbrannt. Welches Menschen Herz die Liebe entzündet, dem wird es an Sorge niemals fehlen. Sie schickte Scheidechin zu Lother, und ließ ihn rufen; er kam alsobald, nichts Arges denkend. Lother, redete sie ihn an, mag Euch an mir nicht genügen, daß Ihr auch noch König Pynarts Tochter habt genommen, und sie mehr liebt als mich? – Nie begehrte ich König Pynarts Tochter, antwortete Lother, und nie kann ich eine andere Frau so lieben, als ich Euch liebe, und habe auch keine andre so geliebt. Er nahm sie hierauf in seine Arme und küßte sie gar zärtlich, und setzte sich neben sie auf ihr Bett. Da kam König Orschier wohl mit sechs Rittern, von ihrer Verwandtschaft, in die Kammer; sie hatte es so mit ihnen verabredet, noch ehe sie Lothern rufen ließ. Als nun der König die beiden nebeneinander liegen sah, da sprach er: Fürwahr, Herr Lother, Ihr eilt sehr! Wollt Ihr, nachdem Ihr Euern Willen an meiner Tochter verübet, nun nach Frankreich zurückreiten, und sie in Schande und mich in Betrübnis setzen? Aber bei Gott, der mich erschaffen hat, so Ihr nun meine Tochter nicht ehelicht, so will ich Euch wohin legen, wo Ihr nimmer wieder an das Tageslicht kommt. Lother sprang auf, und sprach: Edler König, was ich mit Eurer Tochter getan habe, das sei mir wohl erlaubt, denn Ihr habt sie mir verlobt, und mir zugesagt, ich solle sie nach dem Kriege vor den Altar führen. Doch gefällt es Euch, daß dieses jetzt geschieht, so kann ich mir nichts Glücklicheres wünschen, und bin ich sogleich von Herzen dazu bereit. – Das freut mich, sprach der König, wir wollen die Sache nicht länger verschieben, und morgen früh sollt ihr in der Kirche zusammengegeben werden. – Lother war voller Freude darüber; er hätte lieber gesehen, daß es gleich den Augenblick geschähe, als daß es noch bis den andern Tag währte, denn so konnte Zormerin nicht nach ihm sich sehnen, als ihn nach ihr verlangte.

Des andern Morgens gab der Bischof Lother und Zormerin zusammen in der Kirche, und segnete sie ein;

darüber freuten sie sich beide von ganzem Herzen, denn sie liebten sich gar sehr. Zu gleicher Zeit ward auch Maller mit der Jungfrau Scheidechin vermählt. Als sie aus der Kirche kamen, gingen sie zu Tische; jedermann war fröhlich, die Bürger in der Stadt bezeugten allgemein eine sehr große Freude, daß sie einen so tapfern Herrn haben sollten. Nach der Tafel begann ein großes Stechen und Rennen; den Herren und der Ritterschaft ward köstliche Ehre erzeigt, in allen Stücken, ein jeder tat das Beste, und bemühte sich einen Dank zu verdienen. Lother und Maller rannten und turnierten den ganzen Tag, und stachen manchen stolzen Ritter nieder; niemand durfte gegen sie die Bahn halten, oder gegen sie zurennen. – Maria, Mutter Gottes, sprach König Orschier, was sind diese beiden starke Helden! Sie allein machen den andern die Bahn zu enge; meine Tochter ist sicherlich wohl versorgt, und es ist auch ein schönes Paar, schönere Eheleute möchte man schwerlich finden. Seine Diener, die Herren und die Ritterschaft insgesamt gaben dem König Orschier dies gar gern zu. Alles war voll Lust und Fröhlichkeit, ausgenommen Synoglar; diese war sehr betrübt, da sie ihre ganze Hoffnung darauf gesetzt hatte, Lother sollte sie zur Frau nehmen. Lother ging zu ihr, und tröstete sie aufs beste. Liebes Fräulein, sprach er, trauert nicht, Ihr sollt gut versorgt werden. Bleibt bei meiner Hausfrau, bis ich Euch einen reichen und edeln Gemahl zuführe. Ich danke Euch, Herr, antwortete Synoglar, meine Hoffnung ist zerronnen, nun muß ich mich der Geduld befleißen.

Dreizehntes Kapitel

Als die Feierlichkeiten alle zu Ende gebracht waren, in großer Fröhlichkeit, da rüsteten sich die Christen mit frischem Mut, fielen auf das heidnische Heer hinaus, und kämpften so tapfer den Tag, daß die Heiden alle erschlagen wurden, auch König Pynart, und Helding, mußten ihr Leben lassen. Was sich retten konnte, das entfloh, und räumte das Land. Die reichen Gezelte, und viel herrliches Geräte, Geld und Gut, ward den Christen zur Beute. Den Tag wurden viel hunderttausend Heiden erschlagen, doch mußte auch viel Christenblut vergossen werden, denn die Heiden hatten tapfer gestritten.

Lother blieb noch in Konstantinopel, bis die sieben Jahre um waren, während denen sein Vater, König Karl, ihn verbannt hatte; dann sprach er zu Zormerin, wie er wünsche nach Frankreich zurückzukehren, um sie seinem Vater vorzustellen. Zormerin war dies auch gleich zufrieden. Lother ging zu König Orschier, und bat ihn um Urlaub, mit seiner Tochter nach Frankreich ziehen zu dürfen, da seine Verbannungsjahre um waren. Ich will Euch das wohl erlauben, sprach Orschier, nur müßt Ihr mir versprechen, wieder nach Konstantinopel zu kommen, wenn Ihr Euern Vater gesehen habt; darum bitte ich Euch gar freundlich, denn nach meinem Tode sollt Ihr mein Reich regieren, und sollt Kaiser von Konstantinopel sein. – Lieber Herr, sprach Lother, ich will noch ehe ein Jahr vergangen ist, wieder bei Euch sein.

Sie machten sich alle reisefertig; Lother und die

schöne Zormerin, ihr geliebtes Fräulein Scheidechin, mit Maller, dem treuen Gesellen, nebst all ihrer Ritterschaft, nahmen Abschied von dem König Orschier, der seiner Tochter den Segen gab. Er sah sie nicht eher wieder, bis sie große Leiden erfahren hatte, und allesamt machten sich auf den Weg, begleitet von wohl hundert Bewaffneten. Als sie nach Rom kamen, erzeigte der Papst ihnen viel Ehre, und sie blieben vier Tage lang daselbst. Da erfuhr Otto von einem Spion, daß Lother mit seiner Gemahlin, wie auch Maller und die übrigen auf der Reise nach Frankreich seien, und daß sie ihren Weg über Pavia nehmen würden. Da ersann Otto die größte Verräterei, die jemals ist erhört worden; er versammelte nämlich zwanzigtausend Bewaffnete, und ließ damit alle Wege besetzen, auf welchen Lother mit den Seinigen kommen konnte.

Herr, sagte Maller, laßt uns lieber nicht über Pavia reisen, oder uns wenigstens gehörig rüsten, und wohl waffnen, weil Otto, dem Schalk, der nun König zu Pavia geworden, nicht gut zu trauen ist. Lother gab ihm hierin recht, und sie waffneten sich allesamt. Sie wurden aber von einem Späher bemerkt, der von Otto war hingeschickt worden, um sichre Kundschaft von Lother und seinem Gefolge zu haben. Der Spion ritt eilends zu Otto zurück, und brachte ihm die Botschaft, wie Lother und Maller mit ihren Weibern jetzt die Straße heraufgezogen kämen, und nur sehr wenige Leute mit ihnen; aber sie haben sich alle gewaffnet, so viel habe ich hinter einer Hecke, wo ich mich verbarg, wohl gesehen, danach richtet Euch, Herr König. Bei meiner Treu, sprach Otto, ihre Waffen sollen ihnen wenig helfen, denn ich will so viele Leute über sie schicken, daß wohl zehn auf einen von ihnen kommen sollen. Nun will ich mich an ihnen rächen; Lother und Maller sollen an dem Galgen hängen, und Zormerin will ich zum Weibe nehmen. Hiermit ritt er, von seiner Ritterschaft begleitet, in den Wald, wo Lother durch mußte, der auch sehr bald den Weg daherkam. Otto rannte wohl mit fünftausend Gewaffneten, mit eingelegten Speeren, auf Lother ein, den Gott in seinen Schutz nehmen wolle, weil nun ihm sowohl als seiner treuen Zormerin großes Leiden bevorsteht.

Mit großem Geschrei rannten sie auf ihn zu; Lother von Frankreich, riefen sie, du kommst nicht lebendig durch, hier mußt du sterben! Und damit liefen sie so grimmig auf sie los, wie Wölfe auf eine Herde Schafe. Zormerin, als sie dieses sah, sprang sogleich von ihrem Wagen herunter, und lief in den Wald, ganz allein, und verbarg sich daselbst.

Die Lombarden umgaben den Wagen, und suchten sie, sie fanden sie aber nicht, da nahmen sie Scheidechin gefangen, nebst allen ihren Frauen. Lother schlug auf die Lombarden kühnlich, und wehrte sich als ein Held, aber sein Pferd wurde unter ihm erschlagen, so daß es mit ihm auf die Erde fiel; da umringten sie ihn, und nachdem er viele Wunden erhalten hatte, nahmen sie ihn mit Gewalt gefangen.

Maller erschlug der Lombarden wohl zwanzig an der Zahl, er ward aber schwer verwundet, wohl dreißig Wunden hatte er, deren jede tödlich war; auch sein Pferd fiel tot unter ihm nieder, und so sank er ohnmächtig um, und lag wie tot unter den Toten. Lother ward, gebunden wie ein Dieb, mit verbundenen Augen nach Pavia geführt. Sein Herz war sehr betrübt, da er sich in der Gewalt des arglistigsten Verwandten befand, und er seufzte tief, als er an Zormerin und Maller dachte, und empfahl sie in Gottes Schutz.

Otto begab sich in seinen Palast, versammelte seine Räte und vornehme Ritterschaft, und fragte sie um Rat, was er mit Lothern machen, und wie er sich an ihm rächen solle? Er war zweifelhaft, ob er ihn aufhängen oder welche Todesart er ihn leiden lassen solle. Da trat einer der Lombarden vor Otto, und sprach: Gnädiger Herr, mich dünkt in meinem Sinn, es wäre gar übel getan, wenn Ihr Euer eignes Fleisch und Blut so jämmerlich verderbtet. Dazu ist er der edelste und tapferste Ritter, der jemals in Euerm Geschlechte geboren ward; habt Ihr auch einigen Verdruß durch ihn gehabt, so hat er doch deshalb den Tod nicht verschuldet. Tötet Ihr ihn, und König Karl erfährt es, so gewinnt weder Ihr noch Euer Geschlecht jemals Frieden, und Ihr müßtet stets in Furcht vor ihm leben. Darum, Herr, legt ihn in einen Turm, darinne haltet ihn so hart, als es Euch beliebt; wird Euch jemals dieser Rat gereuen, so folgt mir niemals wieder, ist aber jemand an Euerm Hof, dem der Rat mißfällt, der tue es kund, so will ich mit ihm kämpfen. Der Lombarde, der dies sprach, war von einem großen Geschlecht. Er selbst hatte ehedem bei Lothers Vater, dem Kaiser Karl, gedient, und war mit ihm gegen Marsilien gewesen, wo er ihm half den Grafen Ganelon gefangennehmen, darum mußte Otto seine Worte achten, und dem Rat folgen. Lother wurde also in einen Turm gelegt.

Otto schickte nach den gefangnen Frauen, da aber Zormerin nicht gefunden ward, ärgerte er sich sehr. Wo ist Eure Frau? fragte er Scheidechin. Herr, antwortete diese, vierzehn Lombarden führten sie fort, soviel ich sah, ich weiß nicht woher sie kamen, oder welche es waren, doch fürchte ich sehr, sie bringen meine Frau zu Schaden und Unehre. Otto betrübte sich über diesen Bescheid, und ließ die Frauen in ein besonderes Gemach führen, wo ihnen hinlänglich Speise und Trank gereicht ward. Lothern ward auch ein Wundarzt geschickt, der ihm seine Wunden heilen mußte.

Otto schickte darauf Boten herum, so weit als die Lombardei reichte, welche Zormerin suchen sollten; sie ward aber nicht gefunden. Da ward Otto sehr grimmig, daß ihm sein Plan so mißglückt war, denn ihm war es hauptsächlich darum zu tun gewesen, Zormerin in seine Gewalt zu bekommen.

Lother war jetzt mit Hilfe des Arztes wieder hergestellt, nachdem er viele Schmerzen hatte ausstehen müssen. Aber er betrübte sich und klagte innig um Zormerin, denn er glaubte, sie sei in Ottos Hände gefallen. Er klagte mehr um Zormerin als um sich selber.

Vierzehntes Kapitel

Wir lassen hier Lothern eine Weile, und wenden uns zu Maller, seinem Gesellen. Er erholte sich wieder aus seiner Ohnmacht, und als er den Kopf ein wenig in die Höhe hob und sich umsah, da fand er nichts als Tote um und neben sich. Er kroch mit vieler

Mühe unter den Toten hervor, und in den Wald. Hier setzte er sich nieder, und da seine Wunden sehr bluteten, zog er sein Wams aus, und riß sein Hemd in Binden, damit verband er sich die Wunden so gut als es gehen wollte. Darauf sah er sich um, und erblickte ein Pferd, das aus der Schlacht gelaufen war. Mit vieler Mühe ging er hin zu dem Pferde, setzte sich darauf, und ritt langsam durch den Wald.

Nicht lange war er geritten, als er eine schöne Frau erblickte, die schnell entlief, als sie ihn kommen sah; er ritt ihr nach, aber sie lief nur um desto schneller. Ach fliehet nicht, schöne Jungfrau, rief Maller, so laut er konnte; erwartet mich, ich will Euch nichts tun! – Zormerin war die Fliehende, und als sie Mallers Stimme erkannte, da stand sie still und erwartete ihn. – Ach Maller! bringst du mir Nachricht von meinem Herrn Lother? – Ja, teure Frau, mein Herr ist nach Pavia gefangen fortgeführt; ich hoffe aber, Otto ist nicht so kühn, daß er ihm das Leben nimmt. Hilft mir Gott, daß meine Wunden geheilt werden, so soll der Verräter Otto es mit seinem Königreiche büßen, dahin will ich es bringen. Aber ich nehme jetzt kein Königreich dafür, daß ich Euch, werte Frau, gefunden habe; wir wollen nach Frankreich gehen, und wollen den König Karl um Hilfe anflehen für seinen Sohn, gegen den falschen verräterischen Otto. Aber ich leide jetzt so große Schmerzen, daß ich immer fürchte, ich sterbe und komme nicht weiter. – Lieber Gesell, seid getrost, ich will Gott inbrünstig für Euch bitten, daß er Euch helfe, und auch meinem teuern Gemahl, und daß er uns räche an dem falschen Schalk Otto, der uns so viel Leid zufügt. Wer

Übles tut, der entgeht seiner Strafe nicht, habe ich immer sagen hören, darum, lieber Maller, hofft auf Gottes Hilfe.

Zormerin war froh, daß sie Mallern hatte, aber er war sehr krank an seinen Wunden und litt viel Pein. Besonders hatte er eine sehr große Wunde von einem Speer im Leib, die verursachte ihm gar bittre Schmerzen. Sie ritten Schritt vor Schritt, und kamen endlich zu St. Bernhard an. Hier gingen sie in eine Herberge, wo sie beinah vier Monate lang bleiben mußten. Vierzehn Tage lang glaubte Zormerin täglich, daß Maller sterben müsse. Endlich aber ward er besser, und nach vier Monaten ging er mit Zormerin wieder hinaus. Alles, was sie besaßen, hatten sie verzehrt, und nun gingen sie arm und barfuß hinweg. Zormerin suchte ihn mit sanften Worten zu trösten, wie sie nun nach Frankreich ziehen wollten, und wie sie auf den Kaiser Karl ihre Hoffnung setzte. Maller tröstete sie wiederum, wie sie Lother aus dem Gefängnis erlösen, und sich an dem verruchten Schalk rächen wollten. So ermunterte und tröstete eins das andere, aber sie ahnten nicht, daß sie keine Hilfe bei seinen Anverwandten finden würden.

Fünfzehntes Kapitel

Als Kaiser Karl merkte, daß er sterben müsse, schickte er in seinem ganzen Reich nach allen Herren und seiner ganzen Ritterschaft, bezahlte ihnen alles, was er ihnen schuldig war, dann ging er in die St. Kilianskirche, hier legte er Beichte ab und ließ eine herrliche Messe singen. Wie die Geschichte sagt, fand der Priester einen Brief auf dem Altar, darin stand eine Sünde aufgeschrieben, welche der Kaiser Karl begangen, aber zu beichten unterlassen hatte. Der Priester zeigte den Brief dem Kaiser, der bekannte und beichtete auch alsobald dieselbe Sünde, und dankte Gott von ganzem Herzen für diese Gnade.

Kaiser Karl starb bald, und sein Sohn Ludwig ward zum Kaiser erwählt und gekrönt, nachdem er Blancheflure, die Tochter des Grafen von Narbonne, zur Gemahlin genommen hatte. – König Ludwig war noch nicht lange zu Paris, als Zormerin und Maller auch daselbst ankamen. Maller ging sogleich an den Hof vor König Ludwig, der von den Großen und Mächtigen des Reichs umgeben war, unter denen die Brüder seiner Gemahlin waren, denen er große Güter gegeben, wodurch sie sehr mächtig geworden waren. Maller hatte einen ganz zerlumpten Rock an, und sein ganzer Aufzug war sehr armselig; darum wollte ihn niemand von seinen ehemaligen Bekannten wiedererkennen, und alle verschmähten und verstießen ihn. Verflucht sei der böse Reichtum, sprach Maller in sich, weil einem reichen Schalk große Ehre angetan wird, während der Fromme, wenn er arm ist, verachtet wird. Ewiger Gott, wie ist es doch so gar verkehrt auf Erden!–

Maller fiel dem König Ludwig zu Füßen, der eben nicht viel auf ihn achtete, da er ihn in so ärmlichem Aufzuge sah. Herr, fing Maller an, mir scheint, Ihr wollt mich nicht erkennen, obgleich Ihr mich ehedem sehr wohl kanntet, und ich auch noch sehr viel Verwandte an Euerem Hof habe, nun aber so arm bin, erkennt mich niemand. Ich heiße Maller, König Galyens Sohn, bin an Euerm Hof erzogen; mit Eurem Bruder Lother ritt ich hinweg, da sein Vater ihn verbannte. – Lieber Maller, antwortete König Ludwig, ja wohl kenne ich dich nun; willst du bei mir am Hofe bleiben, so will ich dir Gutes tun, und du sollst wie die andern Diener gehalten sein. – Herr, erwiderte Maller, es wäre wunderlich, wenn ich Euch dienen wollte, da ich selber eines Königs Sohn bin! – Und indem er in seinem Herzen dachte, welch ein Bruder ist dies, daß er mich nicht einmal nach seinem Bruder fragt, von dem ich ihm gesprochen, nicht einmal fragt, ob er noch lebt, oder ob er tot ist; hätte ich einen solchen Bruder, fürwahr ich schickte ihn hin, wo er sonst in tausend Jahren nicht hinkäme; so sagte er: Edler König, wie habt Ihr doch gegen Euern Bruder einen ehernen Sinn! Mich dünkt wohl, Ihr habt gar wenig Liebe zu Eurem leiblichen Bruder, der in Unglück und Elend geraten ist, und bei Euerm verräterischen Vetter in Fesseln schmachtet, während Ihr hier in Ruhe und Frieden Kaiser und König seid. Darauf erzählte er dem König Ludwig, wie alles sich mit Lother zugetragen seit seiner Verbannung, und bat ihn, nachdem er alles umständlich vorgetragen, um Hilfe, daß er den Lother aus der Gefangenschaft rette, und sich an dem ungetreuen Otto räche.–

König Ludwig hätte seinen Bruder gern gerettet und ihm Hilfe geschickt, aber es lebten an seinem Hofe alle die falschen Verräter, die stets Lothers Feinde gewesen waren, diese zogen den König Ludwig beiseite. Herr, sprachen sie, laßt Euern Bruder fahren, er tut doch nie Gutes. Eure hohe Ritterschaft hat er alle, um der

Frauen willen, gegen sich aufgebracht, weswegen Euer Vater ihn auch, wie Ihr Euch noch erinnern möget, auf sieben Jahre lang verbannte; empfangt Ihr ihn nun wieder an Euerm Hof, so habt Ihr niemals Ruh und Frieden mit diesen Herren. Bedenkt dann auch, daß Ihr das väterliche Erbe mit ihm teilen müßt; kömmt er wieder, so will er sicher entweder König oder Kaiser sein. – Bei meiner Treu, sprach der König, Ihr sprecht die Wahrheit; Otto wird ihn auch wohl wegen irgendeiner Untugend gefangengenommen haben. Maller, fuhr er fort, sich zu diesem wendend, meine Freunde raten mir, keinen Krieg ins Land zu ziehen um meines Bruders willen. Lother wollte immer nach seinem eignen Sinn leben, er wollte auch meinem Vater nie folgen; darum, hat er nun meinen Vetter Otto beleidigt, so ist es billig, daß dieser ihn dafür bestraft; obgleich er ihn gefangen hat, so gibt er ihm doch genug zu leben. Ich werde also nimmermehr einen Harnisch anlegen, um ihm aus dem Gefängnis zu helfen, wo er recht gut ist; meinen Räten will ich hierin folgen. – Das sind lauter Verräter, rief Maller, die Euch solchen Rat gaben. Jammer ist es, daß Ihr Euerm leiblichen Bruder nicht wollt zu Hilfe kommen; Otto hat ihn verräterisch gefangen! – Damit kehrte Maller sich um und ging hinaus. König Ludwig rief ihm nach, ob er nicht mit ihm frühstücken wollte? Nimmermehr! rief Maller, eher will ich fastend schlafen gehn, ehe ich mit Verrätern essen will! – Das sprach Maller gar kühnlich; er hätte sich um König Ludwigs willen nicht herumgedreht, denn er war eines ebensogroßen Königs Sohn, als Ludwig.

Er ging zurück in seine Herberge zu Zormerin. Frau,

rief er voller Zorn, an Ludwig fand ich den ungetreuesten Mann, der da lebt. Er läßt seinen Bruder in der Not, und folgt dem Rat falscher Verräter; möge Gott ihn verdammen dafür! Ach Gott, ich fürchte sehr, Lother kommt wohl nimmer wieder los. – Zormerin weinte. Ach ich Unglückliche! rief sie, litt jemals eine Frau, was ich leiden muß? Verflucht sei die Stunde, in der ich geboren ward! – Werte Frau, fing Maller wieder an, laßt uns wieder nach Konstantinopel zu Euerm Vater gehen. Ich will ihn bitten, daß er der großen Treue gedenke, die Lother ihm geleistet; daß er dem zu Hilfe komme, der ihn in seiner Not gegen die Heiden doch auch nie verließ. Ich will dann sehen, ob noch Treue auf Erden zu finden ist.

Sechzehntes Kapitel

Sie verließen Paris und reisten manchen Tag. Von ihrer Reise sage ich nichts; sie gingen so lange, bis sie wieder in die Lombardei kamen, da gingen sie miteinander zu Rate, wie sie sich unkenntlich machen wollten, um unerkannt durch das Land zu kommen. Zormerin verkaufte ihren schönen Pelz, den sie anhatte, und kaufte sich eine Laute dafür, denn sie konnte gar schön die Laute schlagen. Maller, der die Kräuter wohl zu finden wußte, färbte sich und auch Zormerin das Antlitz und die Hände damit; es konnte kein Mensch sie in dieser Gestalt erkennen. – Maller, lieber Geselle, sprach Zormerin, als sie sah, wie entstellt sie beide waren, laßt uns nach Pavia gehen, und dort erfahren, ob

Lother tot ist oder noch lebt, ich bitte Euch gar sehr darum, denn niemand erkennt uns in dieser Verkleidung. – Weil Ihr denn ein so schönes Handwerk versteht, sagte Maller, so bin ich dies gern zufrieden; ihr könnt mit Euerm Lautenspiel so viel verdienen, als wir nötig haben, um nicht Hungers zu sterben. Auch kleiden soll mich König Otto noch dazu; ich will sagen, ich sei Euer Gemahl, Ihr sollt Maria heißen und ich will mich Dietrich nennen. – Das ist recht, sprach Zormerin, und nun nur schnell, so rasch wie möglich, nach Pavia, daß wir von Lother hören.

Unterdessen, daß diese so wanderten, lag Lother in einem tiefen Turm; zu essen und zu trinken ward ihm auf Ottos Geheiß genug gereicht. Nun begab es sich am heiligen Pfingstfeste, da man König Otto ein neues Gewand brachte, und als er es anlegen wollte, fand es sich, daß es um eine Handbreit zu lang war. Da er nun den Schneider, der es gemacht hatte, sehr schalt, sprach einer der Kammerdiener: Herr, Ihr habt seit langer Zeit schon Lothern von Frankreich in Eurer Gefangenschaft, und er ist seitdem noch nicht neu gekleidet worden. Er ist von hoher Geburt und Euer nächster Verwandter, darum wäre es wohl schicklich, Ihr schicket ihm das Gewand, zumal es Euch zu lang ist; ihm wird es aber ganz recht passen, da er viel länger ist als Ihr seid. – Es mag sein, sprach Otto, geh, bringe es ihm.

Der Kammerdiener ging mit dem Gewand zu Lothern, den er sehr betrübt in dem Turm liegend fand. Der Diener grüßte ihn und redete ihn freundlich an: Mein Herr, der König Otto sendet Euch dies Gewand, Ihr möchtet es anlegen. – Lother stand auf, zog es an, und es paßte ihm trefflich. Da entfuhr dem Kammerdiener ein unvorsichtiges Wort, das er nachmals wünschte, nicht gesagt zu haben. Er sagte nämlich: Herr, das Kleid ist Euch so ganz passend, als ob es für Euch gemacht wäre, meinem Herrn, dem Könige, war es etwas zu lang. – Was heißt das? rief Lother, werde ich so in der Welt verachtet, darf Otto mir schicken, was ihm nicht paßt? O muß ich dies erleben! Weh mir! bin ich denn so verstoßen, so will ich nicht Essen oder Trinken mehr je verlangen! – Zog damit das Kleid wieder aus, schnitt und riß es in kleine Stücken entzwei, und trat mit Füßen auf die Stücke. Geh nun, sagte er dem Kammerdiener, sag dem Turmhüter, ich will weder essen mehr noch trinken, ich will nicht länger leben, daß mir niemand etwas bringe! – Dem Kammerdiener tat es sehr leid, so gesprochen zu haben; er ging traurig zum König Otto und erzählte ihm den Verlauf, auch alles, was Lother geredet hatte. Da fing es den Otto an ein wenig zu erbarmen, und es tat ihm sehr leid, daß der Kämmerer das gesagt hatte.

An demselben Tage kamen Zormerin und Maller zu Pavia an. Sie gingen auch sogleich an den Palast, und fragten den Türsteher: ob es erlaubt sei, vor dem König zu spielen und zu singen, dann sollte er sie hinauf in den Speisesaal führen. Der Pförtner wollte Scherz mit Zormerin treiben, und ihr um den Hals fallen, aber sie wehrte sich und gab ihm einen so kräftigen Stoß, daß ihm zwei Zähne ausfielen. Nun ward der Pförtner falsch, und wollte sie nicht hinauflassen. Dies sah ein Ritter, der nahm sich ihrer an, und führte sie beide grade hinauf in den Speisesaal, wo der König mit dem ganzen Hof, vielen Rittern und auch viel schönen Frauen an der Tafel saß. Otto dachte es wohl nicht, daß Zormerin und Maller ihm so nahe wären; hätte er sie unter dieser Gestalt erraten können, er würde Maller ohne Gnade haben töten lassen, denn diesen haßte er ganz besonders. Zormerin und Maller gingen an die Seite, wo sie die andern Spielleute sahen, und setzten sich bei ihnen nieder. Maller langte sogleich nach der Schale mit Wein, und trank sie auf einen Zug aus. Gott helf dir, sprachen die Pfeifer, wir sehen wohl, du bist unser einer. Als die Mahlzeit halb vorbei war, standen die Spielleute auf, einer pfiff, der andre orgelte, so daß jedermann sein Spiel trieb. Dann nahm Zormerin ihre Laute, und spielte darauf so süß und wohl, daß sie Otto stets ansah, ohne daß er sie doch erkannte. Ihr Lautenspiel gefiel ihm so wohl, daß er die andern Spielleute alle schweigen hieß, und nur ihr allein zuhorchte; sagte auch zu einem der Diener: Laß die Lautenspielerin reich begaben, weil sie mich so wohl ergötzt hat, daß sie auch von mir nicht sagen könne, ich sei karg oder unbemittelt. Diese Leute wandern überall mehr umher, als andre, wenn sie dann anderswohin kommt, so mag sie auch meinen Hof rühmen.

Edler Herr, sprach einer der Ritter, Ihr mögt wohl diese Spielleute begaben, damit sie Euer Lob an andern Orten preisen; gedenkt doch aber auch in solcher Stunde Euers Vetters Lothers, der in Euerm Turm gefangen liegt. Er ist Euer nächster Anverwandter, und wenn es nach dem Recht geht, so muß er Kaiser zu Rom werden. Ich habe gehört, Euer Kammerknecht habe ihn sehr betrübt, um eines Rockes willen, Ihr solltet wirklich nicht zugeben, gnädiger Herr, daß er nun so erbärmlich verderbe. Mein Rat ist, Ihr schickt ihm gute Speise und Trank, laßt ihm sagen, er solle guten Mutes sein, seine Sache würde noch wohl besser werden, Ihr würdet Euch mit ihm aussöhnen. Es wäre auch wohl gut, Ihr schicktet die Lautenspielerin zu ihm in den Turm, vielleicht, daß sie ihn ergötzt, und er wieder Mut faßt, ich weiß gewiß, er wird es Euch danken. – Es mag sein, sagte der König, und rief einen seiner Diener. Nimm Speise und Wein, sagte er, trage es meinem Vetter in den Turm. Dann befahl er auch Zormerin, sie solle ihre Laute nehmen, und mit dem Diener gehen, zu einem Gefangenen in den Turm, dem sollte sie auf ihrer Laute vorspielen, und ihn ergötzen. Ich will Euch eine gute Gabe dafür geben, sprach er. – Herr, was Ihr mir gebietet, das tue ich sehr gern, sagte Zormerin, und daran sagte sie gewiß die Wahrheit, denn keine noch so große Gabe hätte sie froher machen können, als daß sie den geliebten Gemahl sehen sollte. Ihr Herz klopfte sehr vor großer Freude und Erwartung; so auch dem treuen Maller, der sich nur fürchtete, man möchte ihnen die große Freude anmerken.

Sie gingen mit dem Kammerdiener, der die Speisen trug; als sie in den Turm kamen, fanden sie Lother sehr krank auf dem Bett liegend. – Nehmt die Speisen wieder mit hinaus, sprach er, ich mag weder essen noch trinken. Hat König Otto mir diese Spielleute aus Spott geschickt? Er weiß es sehr gut, daß mich dies nicht ergötzen wird. Geht wieder hinaus mit Euerm Spiel, gute Frau, mich wird es nicht ergötzen. Zormerin sagte darauf zu dem Kammerdiener und dem Turmhüter:

Liebe Freunde, geht Ihr nur hinaus, und schließt mich hier ein bei dem Herrn; ich will so süß spielen, daß es ihn doch ergötzen soll, dazu will ich ihm so süße Worte sagen, daß er mit Freuden jeden Heller mit mir teilen soll. Über diese Rede lachten der Kammerdiener und der Turmhüter, sie meinten, Zormerin sei eine Corinne. – Lother war erstaunt, als er sie reden hörte, doch konnte er weder sie noch Maller erkennen. Zormerin fing an zu spielen, der Diener ging hinaus samt dem Turmhüter, und ließ die beiden allein bei dem Gefangnen. Als Zormerin überzeugt war, daß die beiden weit genug entfernt, und alle Riegel und Schlösser zu waren, da fiel sie Lothern um den Hals, und weinte, und küßte ihn wohl tausendmal. O Lother, kennst du deine treue Zormerin nicht? Hier ist auch Maller, dein Geselle; um dich zu sehen, haben wir uns so verkleidet. Lother fing gar heiß zu weinen an, als er sie erkannte, und drückte beide an sein Herz, umarmt' und küßte sie unzähligemal. Küsset mich, lieber Herr, sagte Maller, denn ich habe Euch lieber, als alle Eure Freunde Euch haben. Euer Vater ist tot, und Euer Bruder, Ludwig, ist zum Könige gekrönt; dieser folgt aber Euern verräterischen Feinden, so daß Ihr bei ihm keinen Trost suchen dürft. Es kümmert ihn gar nicht, daß Ihr hier gefangen liegt. Eure Hausfrau und ich, wir waren zu Paris, und da ich so üblen Trost von Euerm Bruder erhielt, so habe ich sie hierhergeführt, damit wir erführen, wie es mit Euch steht, ob Ihr tot oder lebendig seid. Dann will ich sie nach Konstantinopel zum König Orschier führen, wir wollen mit ihm reden, daß er Pavia belagere, und Otto verderbe; König Orschier muß Euch helfen, wenn er bedenkt, wie Ihr ihn gegen die Heiden unterstütztet. Und nun, lieber Herr, wißt Ihr nichts von Scheidechin, meiner Hausfrau? Ist sie tot oder lebt sie? – Lieber Geselle, sie ist nicht tot, sie ward mit andern gefangen, und in eine andre Stadt geführt, dort ist sie wohl noch. Zormerin, du geliebtes Weib, wir haben in unsrer Ehe wenig Freude gehabt, möchte Gott uns aus dieser Betrübnis helfen! – Und nun weinten sie beide heftig, und jammerten sehr. Maller versuchte sie zu trösten: Ihr habt Unrecht, sagte er, daß Ihr Euch so übel gehabt, ist es Gottes Willen, so mag er Euer Leid bald in Freude verkehren. Ich wollte nur, daß ich Scheidechin, mein liebes Weib, bei mir hätte, ich wollte mich recht wohl mit ihr ergötzen. Ihr solltet Euer Leid vergessen, weil ihr beisammen seid. Ich will ein wenig in das Kämmerlein gehen, und euch allein lassen, denn ich gehöre nicht zu euch in Euern heimlichen Rat. – Geselle, sagte Lother, gebenedeit sei die, welche dich trug; dies Wort hieß Gott dich reden!

Sie waren solang beisammen, bis sie den Turmhüter kommen hörten, der die Türen aufriegelte, da mußten Lother und Zormerin mit betrübtem Herzen scheiden. Lother küßte Maller auf den Mund; gehab dich wohl, getreuer Geselle, arbeite nach besten Kräften, daß ich aus dem Gefängnis komme. – Ja Herr, mein Herz wird nimmer froh, Ihr seid denn aus der Gefangenschaft, und arbeiten will ich soviel als möglich, das schwöre ich Euch bei allen Heiligen. – Nun kam der Turmhüter, und hieß sie hinausgehen. Zormerin konnte sich fast nicht entschließen, auch ihre Tränen kaum zurückhalten, sehr weh tat ihr das Herz, als sie nun hinausging und Lothern zurücklassen mußte. – König Otto ließ Maller ganz neu kleiden, und Zormerin einen goldnen, reich mit Perlen bestickten Gürtel geben; behielt sie dann noch drei Tage an seinem Hof, und ließ es ihnen wohl gehen, dann nahmen sie Urlaub von König Otto und gingen aus der Stadt Pavia wieder hinaus. Als sie auf das Feld hinausgekommen waren, dankten sie Gott, daß sie nicht erkannt worden und ihren geliebten Herrn gesehen hatten, und empfahlen sich und ihn ferner in den Schutz des allmächtigen Gottes.

Siebzehntes Kapitel

Sie kamen nun nach Konstantinopel und gingen sogleich in den Palast vor König Orschier. Als Zormerin ihren Vater sah, konnte sie vor Tränen kein einziges Wort sprechen. Orschier sah sie an, konnte sie lange nicht erkennen, endlich erkannte er sie. – Geliebte Tochter, wo kommst du her? Kaum daß ich dich wieder erkannte! Wer sah je eine Königin in diesem Zustand? Verflucht sei die Stunde, da ich Euch Lothern gegeben! – Da sprach Maller: Davon schweigt, Herr, Ihr habt sie dem frömmsten Ritter gegeben, der auf Erden lebt; und dazu ist er so wohlgeboren, als nie einer aus Euerm Geschlechte geboren ward! Ich bitte Euch, Ihr wollet der großen Treue gedenken, die er Euch bewiesen hat; Ihr wißt wohl, daß, hätte er nach Gott nicht getan, so hätten die Heiden Euch ganz und gar verderbt. Könntet Ihr seine Treue vergessen, Ihr tätet fürwahr groß Unrecht. – Und nun fing er an, und erzählte dem König Orschier alles, wie es ihnen ergangen, und wie Lother nun durch die Verräterei des Otto gefangen in einem Turm in Pavia liege; auch wie König Ludwig in Frankreich bösem Rat folge, und seinem Bruder nicht helfen wolle. – Gedenkt, edler König, sprach er, wie die Heiden Euch gefangen hatten, und wie mein Herr, Lother, Euch wieder befreite, erbarmt Euch also über meinen Herrn, und kommt ihm zu Trost und zu Hilfe. – Darauf antwortete König Orschier: Ich höre ja von Euch, daß sein leiblicher Bruder von ihm absteht, warum sollte ich ihm dann beistehen? Warum sollte ich meinem Lande einen so schweren Krieg zuziehen? Ich würde ein Gespött der Welt, wenn ich nicht gewinne, welches doch wohl sein kann. Da sei Gott vor, daß ich solches tue. Meine Tochter will ich besser versorgen, Lothern soll sie nimmermehr wiedersehen, ich will wohl einen reichern Fürsten für sie finden, als Lother ist. – König, rief Maller, nimmer werde ich wieder dein Freund! Wo ich dir je schaden kann, da will ich es sicher nicht unterlassen, sondern dir schaden, wo ich kann. Ich schwöre dir ewige Feindschaft, und kündige dir Fehde an! – Hiermit stand er auf und ging stracks hinaus.

Da ging er zu Zormerin, die saß traurend in ihrer Kammer und vergoß viel tausend Tränen; auch sie hatte ihren Vater für Lothern gebeten, aber alles war umsonst. – Was sollen wir nun tun, lieber Maller? rief sie weinend. – Ich gehe jetzt zu meinem Vater, sprach Maller, um ihn um Hilfe für Lother zu bitten, dies ist das letzte, was ich zu tun weiß. – Tut so, lieber Maller, ich will Euch ein gutes Roß geben und einen Mantelsack voll Gold. – Gott wird es Euch vergelten, edle Frau! Nun bitte ich Euch, bleibt fest und getreu. – An mir soll es nicht fehlen; doch ich werde wohl nicht lange mehr leben, denn ich besorge sehr, Lother kommt nimmer wieder los. – Maller weinte, als er sie so traurig reden hörte, und nahm Urlaub von ihr; sie ließ ihm das beste Pferd aus dem Stall geben, und er ritt sogleich zur Stadt hinaus.

Maller war herzlich betrübt. Nimmer, sprach er, als er auf das Feld hinauskam, nein, nimmer will ich rasten, bis ich Euch, teurer Herr, erlöst habe. Er wollte jetzt zu seinen Eltern reisen, die er in vielen Jahren nicht gesehen hatte. Er ward als ein Kind von Ogier von Dänemark auf dem Wasser gefunden, als dieser hinausgegangen war, mit dem Falken Enten zu beizen; davon erhielt er den Namen Maller, der in welscher Sprache soviel bedeutet, als Enterich im Deutschen. Ogier von Dänemark gab das Kind an König Karl von Frankreich; dieser hatte erfahren, wie der König Galyen sein Kind verloren hätte; er dachte also, wie dieses dasselbe verlorne Kind sein müsse, und schickte es dem König Galyen wieder zu. Dieser erzog den Sohn bis zu dem Alter, da er dienen konnte, und schickte ihn dann dem König Karl wieder zu; dort blieb er, bis er wohl zweiundzwanzig Jahre alt war, dann ging er mit Lother nach Konstantinopel, und während dieser ganzen Zeit hatte er seine Eltern nicht wiedergesehen.

Maller kam auf seiner Reise durch eine Reichsstadt. Er war zwar wohl gewaffnet, hatte aber kein Wappen auf seinem Schild; da er also in der Reichsstadt ankam, da ritt er gleich vor eines Malers Haus und ließ sich ein

Wappen malen, nämlich drei goldne Jungfrauenköpfe im blauen Felde, über den Köpfen ein Leopard, und mitten in dem Schilde einen halben Löwen. Als es fertiggemalt war, bezahlte es Maller reichlich und ritt weiter bis nach der Champagne. Hier kam er an eine große Stadt, mit einer schönen Burg, er wußte aber nicht, wem sie gehörte. Indem er sich besann, begegnete ihm ein Bote mit Briefen, diesen redete er höflich an, und fragte ihn um den Namen der Stadt und ihres Herrn. Herr, erwiderte der Bote, diese Stadt heißt die Neuenstadt und gehört dem König Galyen, dem Wiederhersteller. Über dieser Antwort ward Maller sehr froh, und fragte den Boten noch mehr: Wo willst du hingehen, lieber Freund? – Nicht weit von hier, edler Herr, dort in das Schloß soll ich zehn Werkmeister holen, daß sie morgen in der Neuenstadt Fenster machen, und alles rüsten zu dem großen Turnier, welches in der Neuenstadt soll gehalten werden. – Was für ein Turnier soll denn gehalten werden? – Herr, König Ansys' Tochter von Hispanien, die soll dem Sohn des Königs Galyen, Otger, vermählt werden. Wer den Dank bei dem Spiele verdient, der soll ein schönes Roß haben, dessen Sattel von Gold und die Satteldecke mit Perlen bestickt ist, ein köstlicherer Dank ward nie gesehen. Da wird man nun prüfen die Blume der Ritterschaft; Herolden und Spielleuten soll auch die große Gabe verehrt werden. Ein Mann mag wohl fröhlich turnieren um schöner Frauen willen, denn die Jungfrau, König Ansys' Tochter von Hispanien, ist so schön, als man nicht leicht in der Welt eine Schönheit findet.

Maller verließ den Boten und ritt weiter gegen die

Stadt; er nahm sich vor, sich nicht eher seinen Eltern zu erkennen zu geben, bis er zehn der stärksten Ritter turniert hätte. Dann befahl er sich Gott, seiner heiligen Mutter und St. Julian; dieser ist ein Heiliger, den man anzurufen pflegt, daß einem Gott gute Herberge beschere.

Als er in die Stadt einritt, da sah er viel edle Herren, Ritter und Knappen, auch viel schöne Frauen. Dabei ertönten ihm allenthalben Pfeifen, Posaunen und mancherlei Saitenspiel entgegen. Ewiger Gott, sprach da Maller, wie ist eines armen Mannes Leben doch unglücklich, jetzt habe ich dies erfahren; wie muß sich einer quälen, der keinen Reichtum hat, während der Reiche sich das Leben so trefflich schmücken kann. O Gott, wie ist dies alles so nichtig! Wäre nicht Lother, mein Herr, und mein geliebtes Weib Scheidechin, die ich so gern aus dem Gefängnis befreite, so verließ ich die weltliche Ehre und alle ihre Lust und Freude, ginge einsam in einen Wald, da möchte ich Gott dienen, denn nur dann wäre ich unvergänglicher Freude gewiß.–

Er ritt weiter in die Stadt hinein und bat an vielen Orten um Herberge, aber jedermann spottete seiner und hieß ihn weitergehen. Da lachte er in seinem Herzen, denn er wußte wohl, hätte er sich zu erkennen gegeben, er würde allenthalben Herberge gefunden haben. Endlich ward er in eines reichen Kaufmanns Hause aufgenommen. Hier sah er, wie jeder, der in dem Hause herbergte, seinen Helm vor das Fenster gestellt hatte, er bat also seinen Wirt, er möchte dafür sorgen, daß auch sein Helm an ein Fenster aufgehängt würde, damit man sehen möge, daß er mit turnieren wollte, und versprach dem Wirt zehn Gulden dafür. Der Wirt war des Geldes begierig, und befahl seinem Knecht, er solle den Helm an ein Fenster aufhängen. Maller gab dem Knecht einen Gulden, dafür ihm dieser dankte, und wie im Spott hinzufügte: Ich will es Euch besorgen, wenn Ihr mir versprechen wollt, mich zum Ritter zu schlagen, wenn Ihr morgen den Dank verdient, denn ich habe schon lange begehrt, Ritter zu werden. Maller antwortete lachend: mehr als du verlangst, sollst du von mir haben. Der Knecht nahm den Helm und hing ihn spottweise höher als alle anderen Helme auf, damit er recht in die Augen fiele. Und so verspottete der Knecht ihn auf alle Weise, und bei allem, was Maller von ihm verlangte, denn er hielt ihn für einen gar armseligen Ritter, der auf Abenteuer herumzieht, um etwas zu gewinnen. Maller lachte aber über den Knecht, und wußte ihn so zu gewinnen, daß er sowohl als der Wirt ihm alles zuliebe taten, was er verlangte.

Maller ging hierauf in der Stadt umher spazieren und kam auch vor den Palast; hier begegnete er Otger, seinem Bruder, mit ihm ging sein Vater, König Ansys, und der Bastard von Cüneber, König Ansys' Sohn. Als Maller die Fürsten alle kommen sah, fragte er einen Diener, wer sie wären, und da er seinen Vater nennen hörte, da traten ihm Tränen in die Augen. Die Fürsten machten Otger auf Maller aufmerksam, weil er ihm vollkommen ähnlich sah. König Galyen, sein Vater, kam auf ihn zu, da verneigte Maller sich ehrerbietig. Sage mir, lieber Geselle, sprach der König, wo kommst du her? – Herr, antwortete Maller, das sollt Ihr morgen wohl gewahr werden, wenn man turnieren wird. Ich bin ein armer Geselle, suche Abenteuer, und bin hergekommen, den Dank zu verdienen; verdiene ich ihn aber, so soll Gott den verdammen, der ihn mir streitig machen wird. – König Galyen lachte und wandte sich wieder zu den Fürsten. Welch ein närrischer junger Mensch ist dies, sprach er, wonach ich ihn fragte, darauf antwortete er nicht, und sagte mir dafür allerlei törichte Dinge.

Darauf begegnete Maller seiner Mutter, da wallte sein Blut ihm heftiger in den Adern, er wußte nicht, sollte er sie anreden und sich ihr zu erkennen geben oder nicht; doch besann er sich auf seinen Schwur, er wolle sich nicht eher zu erkennen geben, bevor er gegen die tapfersten und berühmtesten Ritter gestochen habe.

Die Herren und Damen fingen nun einen schönen Tanz an; da nahm Maller die schönste Frau aus der Reihe, und tanzte mit ihr so schön, und sprang so leicht mit ihr, wie ein Vögelchen, so daß alle Frauen ihn liebgewannen, und auch die Ritter sprachen: welch ein schöner Jüngling ist dies, alles, was er tut, steht ihm wohl an.

Achtzehntes Kapitel

Den andern Morgen früh legte Maller eine schöne Rüstung an, die er von Zormerin bekommen hatte, und ritt auf den Platz vor dem Palast, wo das Stechen sollte gehalten werden; der Knecht aus der Herberge, Gernier genannt, begleitete ihn als sein Knappe. Zuerst sah Maller, wie sein Bruder mit König Ansys'

Tochter zusammengegeben wurde; sobald dies geschehen war, begab sich ein jeder hin zu turnieren. Zehn Fürsten hielten auf dem Rennplatz, um gegen jedermann zu stechen, der es verlangen würde. Die Frauen gingen auf ein schönes Gerüst, welches eigentlich dazu verfertigt war. Ihrer waren wohl dreihundert an der Zahl; Rosemunde, Mallers Mutter, saß in der Mitte bei König Ansys' Tochter, und die Frauen von beiden Seiten um sie her. Vortreffliche Schönheit, Anmut und Zierde war genug da zu sehen; aber auch genug Hoffart und Übermut. Mancher schöne Ritter hatte seine Liebste dort, und manche Frau, die von Herzen wünschte, ihr Mann möchte nicht lebendig aus dem Turniere kommen.

Maller ritt hin zu den Leuten, welche die Speere austeilten, und verlangte auch einen Speer. Als sie ihn aber nur von einem einzigen Knechte begleitet sahen, da sprachen sie: Wer seid Ihr? wo kommt Ihr her? wes Landes? waren Eure Wappen zur Schau gestellt? – Sie sind zur Schau gestellt worden, mein Knecht wird es bezeugen. – Man wollte es ihm dennoch nicht glauben, als zwei Herolde, welche zufällig dabei standen, darauf schwuren, das Wappen den Tag vorher zur Schau gestellt gesehen zu haben. Nun erst bekam Maller einen Speer. Er führte ganz seines Vaters Wappen, bis auf den halben Löwen, diesen hatte er dazusetzen lassen. Als er nun in die Schranken einritt, wunderte sich ein jeder über dieses Wappen; selbst der alte König Galyen war erstaunt, woher der Fremde dies Wappen habe. Da Maller nun in die Schranken ritt, und vor dem König vorbeikam, neigte er sich höflich und ehrerbietig vor ihm. Der König dankte ihm freundlich und redete ihn an: Ich wundere mich des Wappens, das du führst, Geselle, denn es ist ganz mein Wappen, ausgenommen den halben Löwen. Drum sage mir, wo hast du es her? – Herr, ich habe mir das Wappen nach meinem Willen malen lassen; nicht Euch damit zu kränken, sondern Euch zu ehren und zu preisen; darum bitte ich Euch, daß Ihr mir vergönnt, damit zu stechen. – Was, rief einer von den Rittern, du übermütiger Lecker, wie darfst du dich unterstehen, des Königs Wappen zu führen? – Macht nicht so viel Worte, entgegnete Maller, und erzürnt Euch nicht so sehr, ich bitte Euch gar sehr darum! Bringt mir einen Eurer tapfersten Gesellen, ich will dies Wappen an ihm bewähren! – König Galyen mußte lachen über des Mallers kecke Rede. Geselle, sprach er, dies Wappen soll dir zu führen erlaubt sein, unter der Bedingung, daß du gegen einen Ritter stichst, den ich dir zuschicken will, und machst du dem Wappen alsdann keine Ehre, so will ich dir so mitspielen, daß alles dem Wappen verkehrt werde, das oberste soll zuunterst kommen. – Das geschehe, Herr, erwiderte Maller, doch habe ich zuvor noch ein Begehren, das Ihr mir gnädigst zusagen möchtet. – Es sei dir gewährt, was ist dein Begehren? – Man hat ausgerufen, daß man vier Lanzen brechen müsse, ehe man den Dank verdient, ich bitte mir aus, acht Lanzen brechen zu dürfen. – Der König, nachdem er eingewilligt, ritt fort und ließ sich waffnen. Er legte eine unbekannte Rüstung an, als ein fremder Ritter, zog in die Schranken, und begehrte gegen Maller zu stechen, der auch gleich dazu bereit war. Sie rannten beide gegeneinander. Maller aber traf seinen Vater grade an das Visier an seinem Helm, so daß ihm der Helm vom Kopfe fiel und seine Lanze dabei zerbrach. Der König mußte fallen, er mochte wollen oder nicht. Da liefen mehr denn hundert hinzu, den König wieder aufzuheben; Maller konnte vor den Leuten nicht erkennen, daß es sein Vater selber gewesen, den er heruntergestochen, er wäre sonst gewiß niedergekniet und hätte ihn um Gnade und Verzeihung gefleht. Man trug den König hinweg in seinen Palast, hier ließ er sich entwaffnen und einen Becher mit Wein reichen, den trank er aus, dann setzte er sich wieder zu Pferde und sagte zum Bastard von Cüneber: Ich bitte Euch, brecht gegen den Abenteurer ein paar Speere. Wo Ihr ihn niederstecht, will ich Euch alsdann reich beschenken. – Der König erwählte den Bastard dazu, weil er sehr groß und stark und tapfer war. – Er rannte auch sogleich gegen Maller, und ward von ihm, so wie der König, niedergestoßen, indem er ihn in das Visier traf, dabei fiel das Pferd dem Bastard so hart auf, daß ihm ein Bein zerbrach. Er schrie so entsetzlich vor Schmerz, bei dem Fall, daß alle, die es hörten, glaubten, er würde sterben. König Ansys ließ seinen Sohn von der Stechbahn tragen, und alle Fürsten betrübten sich um ihn. Da rief König Galyen einen frommen Grafen, der schon in vierzehn Schlachten das Panier vor dem Könige getragen hatte. Graf Richard, lieber Neffe, sprach Galyen, ich bitte Euch, brecht eine Lanze mit dem Abenteurer. Herr, antwortete der Graf, mich dünkt, es ist heute kein guter Stern, gegen den Abenteurer zu stechen, ich will bis morgen warten. – Geon, König Ansys' ältester Sohn, winkte nun Mallern mit der Hand, und

Maller war auch gleich bereit; er wäre lieber gleich gestorben, als an diesem Tage den Dank nicht zu gewinnen, weil er dann hoffte, sich von seinen Eltern und Freunden desto lieber als den Ihrigen erkannt zu sehen, und desto eher auf Hilfe für Lother zählen zu dürfen. Denn seinen Freund hatte er beständig im Sinn und vergaß ihn nicht einen Augenblick bei allem, was er tat. Maller stach auch den Geon hinunter, daß er mit einem Fuß im Steigbügel hängenblieb, und so ward er vom Pferde in der Bahn herumgeschleift. Es entstand ein Getümmel und Geschrei unter dem Volk bei diesem Anblick, als ob die Erde bebte. Da ritt sein Bruder Otger zu ihm, und bat ihn, eine Lanze mit ihm zu brechen. Das geschieht nimmermehr, entgegnete Maller, ich wollte um alles in der Welt nicht gegen Euch rennen; mich selber halte ich für sehr gering, und achte mich keineswegs, aber Eurentwegen täte es mir sehr leid, Euer Vater und Mutter und Eure Braut die möchten mich wohl verfluchen, wenn ich Euch herunterstäche, darum renne ich nicht gegen Euch. Bei meiner Treue, sprach Otger, Ihr seid ein sehr tugendhafter Ritter; wollt Ihr bei meinem Vater und bei mir hier bleiben, so wollen wir Euch gut halten. – Ich danke Euch sehr, erwiderte Maller, es möchte sich vielleicht tun lassen, wenn ich einen guten Herrn fände, so diente ich ihm wohl. Darauf ritt Otger wieder fort.

Maller brach die acht Speere gar ritterlich und mit schönen Turnieren; obgleich er bei dem vierten schon den Dank verdient hätte, und die Herolde schon anfingen sein Lob und seinen Sieg mit vielen schönen Worten auszurufen, so ließ er es doch nicht dabei bewenden, bis er seine acht Speere allesamt gebrochen und acht Ritter damit heruntergestochen hatte. König Galyen befahl seinen Pfeifern und Spielleuten, den Maller nach seiner Herberge zu geleiten, und auch die Herolde zogen mit schönen Gesängen vorauf, da ließ Maller eine schöne Mahlzeit zubereiten von Geflügel, Fisch und Wildbret, auch Wein genug, und bewirtete alle, die da kommen wollten.

Unterdessen er in seiner Herberge für seine Gäste alles bereitete, kam König Galyen und brachte den Dank zu ihm in die Herberge. Es war ein vortreffliches Roß, darauf lag ein goldner Sattel, die Steigbügel waren von seidnem Gewebe, mit Edelsteinen und Perlen wohl verziert. Zwei Königinnen führten es, die eine war die schöne Rosemunde, Mallers Mutter, und die andere König Ansys' Tochter. König Ansys selber, König Galyen und sein Sohn, Otger, und viele andere Fürsten kamen mit und folgten dem Roß, so wie auch viel schöne Frauen und die beste Ritterschaft folgte. Auf dem Rosse saß ein kleiner Edelknabe, der war mit seidnem Gewand wohl gekleidet und mit köstlichen Kleinodien geziert, auf dem Kopf trug er einen goldnen Kranz, der war mit Edelsteinen reich besetzt; auch die beiden Königinnen, welche das Roß führten, waren mit goldnen Kronen aufs herrlichste geschmückt und mit reichen Gewändern gekleidet. In so schöner Ordnung, und mit so herrlichem Gefolge, gingen sie durch die Stadt, bis nach Mallers Herberge. Als Maller sie kommen sah, ward sein Herz froh und er dankte Gott im stillen.

König Galyen sprach: Herr, empfangt diesen Dank, Ihr habt ihn mit Eurer ritterlichen Tugend wohl verdient. – Habe ich den Dank verdient, entgegnete Maller, so verdanke ich es Gott, der mir die Kraft dazu verliehen, und dann den schönen Frauen, die mir im Sinne lagen. Darauf nahm er den Becher, gab seinem Vater zu trinken, dann seiner Mutter, und dann seinem Großvater, gleichfalls Galyen genannt, dann seinem Bruder Otger. Das nahm König Ansys übel, daß er den vieren vor ihm zu trinken gab, er glaubte verschmäht zu sein, kehrte sich um und wollte hinausgehen. Edler König, rief Maller, laßt es Euch nicht verdrießen, daß ich den vieren habe zuerst zu trinken gereicht: denn der erste, dem ich gab, das war der, der mich erzeugte; die zweite die, welche mich getragen; dann gab ich meinem Ahnherrn, von dem mein Vater und ich abstammen, und dann meinem Bruder. Mit diesen Worten fiel er seinem Vater um den Hals, drückte und küßte ihn, dann umarmte er seine Mutter auch und rief: Seht Euern Sohn, Maller, den König Karl von Frankreich erzogen! Da war die Freude gar groß, Maller wurde von allen willkommen geheißen, und sehr geliebkost von allen Verwandten und Freunden. Der Knecht Gernier drang durch das Volk, fiel Maller zu Füßen und bat ihn um Verzeihung, daß er seinen Scherz mit ihm getrieben und ihn verspottet hatte. Du hast mir wohl gedient, sprach Maller, ich will dich dafür lohnen. Er schlug ihn zum Ritter, und gab ihm ein Land nebst großem Gut. Dem Wirt gab er das Roß nebst den Schätzen, welche er zum Dank erhalten, bat ihn, daß er zu Gott flehe, daß er ihm in seinem Vorhaben beistände; dies versprach auch der Wirt, und darauf lud Maller ihn und seine Frau zur Tafel ein, und sie begaben sich allesamt nach dem Palast, wo die Tische mit vortrefflichen Speisen schon bereitstanden. Ehe sie sich aber zu Tische setzten, trug Maller noch sein Begehren vor, und bat um Hilfe für Lothern und für seine Hausfrau Scheidechin, erzählte auch alles, was ihnen begegnet, und die Verräterei des falschen Otto. Ich gehe nicht eher zu Tische, will mich nicht eher ergötzen, nicht ruhen oder rasten, bis ich Hilfe gefunden für meinen Herrn, Lother, und für meine Hausfrau. – Lieber Sohn, rief Mallers Ahnherr, ich werde dich nicht verlassen! Auch ich nicht, sprach Galyen, ich helfe dir mit fünfzehntausend Gewaffneten. Auch ich, lieber Bruder, rief Otger, helfe dir nach bestem Vermögen. Und ich nicht minder, sagte König Ansys, ich will Lother, meinen Anverwandten, nicht in Not stecken lassen. Da war Mallers Herz hoch erfreut, er dankte allen und umarmte sie; dann fiel er vor seinem Vater auf die Knie nieder und bat ihn um Verzeihung, daß er gegen ihn gestochen hatte. Das verzieh ihm sein Vater willig und segnete seine ritterliche Kraft. Rosemunde konnte nicht aufhören ihn zu liebkosen, zu herzen und zu küssen, sie war voller Freude, einen so tapfern Sohn zu haben; und alle setzten sich fröhlich und voll Freude an die Tafel nieder, wo sie vergnügt aßen und tranken und miteinander kosten, bis Otger mit seiner Braut sich schlafen legte.

Des andern Tages schrieben die Fürsten sogleich die Briefe und schickten sie nach allen ihren Ländern, daß jeder, der waffenfähig wäre, sich rüste, und daß jeder sich zu ihnen versammle. Maller blieb dabei und trieb sie an, daß alles desto eher in Ordnung kam und alles auf das rascheste zum Zuge bereit war.

Neunzehntes Kapitel

Unterdessen hatte Otto erfahren, daß Zormerin wieder in Konstantinopel bei ihrem Vater lebte, er schickte also eine sehr große Gesandtschaft zum König Orschier und ließ ihm entbieten, Lother von Frankreich sei tot, und wenn er seine Tochter Zormerin nun dem König Otto zur Frau geben wollte, so würde dieser einen Bund mit ihm schließen, und ihm mit aller Macht gegen die Heiden zu Hilfe kommen, und wenn Zormerin einen Sohn von ihm bekäme, so sollte dieser das ganze Königreich Lombardei erben.

König Orschier war mit diesem Vorschlag wohl zufrieden, nahm die Gesandten sehr wohl auf, und sandte sogleich nach König Otto. Dieser kam auch sogleich mit herrlichem Gefolge und mit solchem Reichtum, daß jedermann darüber sich verwunderte.

Zormerin war ganz in Verzweiflung, als ihr die Sache gemeldet ward, sie raufte ihr Haar aus, und zerschlug mit ihrer Hand das schöne Gesicht und den weißen Busen. O weh mir armen, elenden Frau, schrie sie; will mir denn Gott nicht aus dieser Not helfen? O Maria, Mutter Gottes, du reine Jungfrau, rette mich, daß ich nicht muß meinen Leib dem falschen Verräter hingeben, und meine Seele in Verdammnis komme! So schrie sie, betete und weinte gar jämmerlich. Synoglar, welche sich unter ihren Frauen bei ihr hielt, und sie sehr liebte, suchte sie zu trösten mit Liebe und sanften Worten, aber sie vermochte es nicht. Zormerin blieb untröstlich, und als König Orschier zu ihr schickte und ihr sagen ließ, daß sie vor König Otto kommen sollte, da ließ sie ihm zurücksagen, sie wäre sehr krank und könnte nicht erscheinen; legte sich auch wirklich ins Bett, denn sie fühlte sich sehr elend; nahm sich aber da im Herzen vor, wenn sie sollte zur Ehe mit Otto gezwungen werden, so wolle sie ihn töten, und sollte sie darum auch ihr Leben verlieren. Darauf rief sie Synoglar zu sich und sagte: Synoglar, ich möchte dir wohl einen Einfall vertrauen, den ich habe, und zu dessen Ausführung du mir helfen mußt, wenn du mir versprichst, mir treu zu sein und verschwiegen. – Redet, geliebtes Fräulein, erwiderte Synoglar, so helfe Gott mir und seine Mutter, wie ich Euch treulich helfen will, wollte Gott, Ihr hättet etwas gefunden, wodurch wir Euern Gemahl aus dem Gefängnis erlösten, denn nimmermehr glaube ich dem Schalk Otto, daß Lother tot sei. – Das ist es eben, fiel Zormerin ein, worin du mir helfen sollst. Geh hin, und rufe mir Otto her, sag ihm, ich sei zwar krank, aber nicht so sehr, daß ich ihn nicht gern sprechen sollte, denn ich liebte ihn heimlich, und die Liebe zu ihm verzehre mich ganz. Suche ihn von meiner Liebe ganz zu bereden, daß er sie fest glaubt und mit Zuversicht zu mir kömmt; ich will ihm dann mit List seinen Siegelring zu entwenden suchen, mit diesem einen Brief untersiegeln, den ich in seinem Namen an seinen Burgvogt zu Pavia schreiben will; darein will ich setzen, er solle sogleich Lother und die andern Gefangenen frei hinausgehen lassen. Ihr, Synoglar, müßt der Bote sein und den Brief dem Burgvogt nach Pavia bringen; habt Ihr dann Lother erst heraus ins freie Feld, dann sagt ihm die Wahrheit von allem, und gebt Euch ihm zu erkennen. – O geliebtes Fräulein, rief Synoglar, welch eine treffliche Erfindung habt Ihr ersonnen! Ich will auch sogleich hingehen und es ins Werk setzen. – Sie eilte zu Otto und richtete ihren Auftrag aufs beste aus. Eure unglückliche Flucht und Gefangenschaft, redete sie schmeichelnd zu ihm, und Lothers Sieg war schuld, daß Zormerin ihrem Vater gehorchen und Lother heiraten mußte, aber sie liebte ihn nie und liebte immer nur Euch, Herr Otto. – Otto ließ sich von diesen Reden betören und glaubte ihnen, denn er bildete sich ein, den Frauen wohl zu gefallen, und folgte der listigen Synoglar in Zormerins Zimmer. Hier begegnete ihm das böse Vorzeichen, daß er über die Schwelle stolperte und der Länge nach auf seinen Bauch so hart in das Zimmer hineinfiel, daß die Erde davon erdröhnte. Er stand beschämt wieder auf; Synoglar konnte sich des lauten Lachens kaum enthalten, Zormerin aber wünschte im stillen, daß er den Hals gebrochen hätte.

Darauf tat sie sich Gewalt an und rief ihn mit freundlicher Stimme zu sich, bat ihn auch schmeichelnd, daß er sich zu ihr aufs Bett setzen möchte. Er war ganz blind vor verliebtem Eifer, setzte sich zu ihr, und indem sie ihm von ihrer Liebe zu ihm klagte, und gar freundlich und lieblich mit ihm koste, er auch nicht wußte, vor großer Freude, wie ihm geschah, da griff sie nach einem seidnen Beutel, der an seinem Gürtel hing. Herr, fing sie an, was habt Ihr in diesem Beutel? Sind es schöne Ringlein, so wollte ich wohl eins davon haben, ich trüge es dann Euch zulieb an meiner Hand. – Nehmt daraus, schöne Zormerin, was Euch gefällt, sprach der entzückte Otto. – Da suchte sie lang in dem Beutel und zog ein kleines Ringlein heraus, das sie sich an den Finger steckte, zugleich aber stahl sie ihm den Siegelring, ohne daß er es merkte, indem er sie unverwandt mit seinen verliebten Blicken anschaute, und nicht achtgab, was sie tat. Zormerin war so froh, als sie den Siegelring hatte, daß sie guten Mutes und fröhlich mit ihm scherzte, und ihn völlig um seine Sinne brachte. Und da er sie sehr bat, daß sie ihn zum Gemahl annehmen möchte, da klagte sie ihm, wie sie sich jetzt zu krank fühle, sobald sie aber wieder gesund sei, wolle sie seine Gemahlin werden. Darauf ging Otto wieder von Zormerin zu König Orschier, der ihn zur Tafel hatte rufen lassen.

Zormerin blieb allein mit Synoglar, und nun machte sie sich gleich an den Brief. Sie schrieb ihn ganz so, als wenn der König an seinen Burggrafen einen Befehl ergehen läßt, unterschrieb Ottos Namenszug, und drückte sein Petschaft darunter. Darauf übergab sie ihn Synoglar, die sich, während jene geschrieben, als ein Botschafter angetan und ihr Pferd bereitet hatte, worauf sie sich sogleich mit dem Brief auf den Weg nach Pavia machte. Zormerin warf den Siegelring vor die Tür ihres Gemachs auf die Erde. Nach der Tafel ging Otto sogleich wieder zu ihr, da fand er ihn vor der Türe liegen; er hob ihn auf und meinte, er müsse ihn erst haben fallen lassen, da Zormerin den Beutel durchsuchend ihn nicht recht wieder zugemacht habe, und beunruhigte sich nicht weiter darüber, sondern ging wieder zur schönen Zormerin und sprach mit ihr von seiner Liebe. Sie redete freundlich mit ihm, aber ihr Herz war bei Lother.

Synoglar kam ohne Verhinderung zu Pavia an und

ließ sich sogleich vor den Burggrafen führen, vor diesem kniete sie nieder, grüßte ihn im Namen seines Herrn, Otto, und übergab ihm den Brief. Als der Burggraf ihn durchgelesen, und seines Herrn Insiegel erkannt hatte, ward er der Botschaft sehr froh, denn er liebte den Lother sehr, er wußte auch wohl, daß er mit Unrecht gefangen lag. Er ging also mit fröhlicher Gebärde zu Lother in den Turm. Herr, gebt mir ein gutes Trinkgeld, sagte er, ich bringe Euch gute Botschaft. Ihr seid frei! König Otto hat mir geschrieben, daß ich Euch und die übrigen Gefangenen losgeben und Euch zu ihm nach Konstantinopel führen soll, dort will er sich mit Euch aussöhnen. Wie froh bin ich, daß mein Herr, der König Otto, sein Unrecht einsieht. Mir war es immer um Euch leid, Herr Lother, und ich danke Gott, daß es nun so weit mit Euch gekommen ist. Lother wollte erst den Worten gar nicht glauben, und hielt dafür, der Burggraf wolle seiner spotten, doch als er hörte, wie dieser so gar ernstlich sprach, und so gütlich zu ihm redete, da dankte er ihm gar freundlich für seine gute Freundschaft, und ging mit ihm aus dem Turm, in welchem er so manches Jahr trauernd verlebte. Alle Leute zu Pavia wunderten sich, da sie Lothern frei umhergehen sahen; da ließ der Burggraf den Brief, den er vom König Otto empfangen, laut vorlesen, und jedem, der ihn lesen wollte, zeigen, da freute sich jedermann, und man ging zu Lothern hin und wünschte ihm Glück. Synoglar ging in dem Palast, wo Lother war, aus und ein, sprach auch mit ihm, aber er konnte sie nicht erkennen, sie war in fremder Tracht und hatte sich Gesicht und Hände mit Kräutern gefärbt.

Der Burggraf schickte nun auch zu Scheidechin und zu den andern gefangnen Frauen, die in einer andern Stadt lagen, und ließ sie allesamt nach Pavia führen. Scheidechin war ehemals unter die schönsten Jungfrauen, die auf Erden lebten, gezählt worden, aber nun war ihre Schönheit dahin und ganz verblichen, denn sie hatte in ihrem Gefängnis Frost und Hunger, und an allem Mangel gelitten, was die Schönheit einer Frau erhält. Lother umarmte sie, und küßte sie mit vielen Tränen, da er sie so gar verblichen sah. Ach Herr, sprach sie, ich habe meinen Gatten, Euern treuen Gesellen, verloren, ich sah ihn fallen, als ich noch auf dem Wagen saß. Gott und seine liebe Mutter wissen es, nun kann ich niemals wieder froh werden, denn er war der getreueste Mann, den man wohl je finden mag. – Seid guten Mutes, junge Frau! Euer Mann lebt noch; mein Geselle, Maller, und meine Hausfrau, Zormerin, die waren bei mir als Spielleute. – Nun ward Scheidechin erst ihrer Freiheit froh. – Der Burggraf ließ hierauf Wasser bringen, sie wuschen sich, und setzten sich allesamt zu Tisch. Denselben ganzen Tag blieben sie zu Pavia. Des andern Morgens aber, ganz früh, machten sie sich alle auf den Weg nach Konstantinopel. Die Frauen wurden auf einen Wagen gesetzt, der Burggraf und Lother ritten, von zwanzig bewaffneten Lombarden begleitet, und Synoglar, auf einem guten Pferde sitzend, eröffnete den Zug.

Vier Tage reisten sie schon, ohne daß sie hätte Gelegenheit gefunden, sich dem Lother zu erkennen zu geben, oder ihm ein Wort zu sagen. Nun machte es sich aber eines Tages, als sie vor einem schönen kühlen

Brunnen vorbeikamen, daß Lother abstieg und zu dem Brunnen hinging, um zu trinken. Die Lombarden ritten alle weiter, ohne sich aufzuhalten, dies nahm Synoglar wahr; Herr Lother, ich will auch trinken! rief sie, wandte ihr Pferd und ritt hin zu dem Brunnen, wo Lother abgestiegen war. Sie stieg gleichfalls vom Pferde, anstatt aber zu trinken, nahte sie sich ihm und sprach eilend: Seht mich an, Herr Lother, ich bin Synoglar; Frau Zormerin hat dem Verräter Otto sein Insiegel entwendet, hat den Brief an den Burggrafen geschrieben, den ich, als Bote gekleidet, überbrachte, und so seid Ihr aus dem Turm gekommen. König Orschier will seine Tochter dem Verräter Otto geben, der Euch für gestorben ausgab. Jetzt aber seht zu, wie Ihr Euch und die übrigen losmacht; ich muß mich davonmachen und auf einem andern Weg nach Konstantinopel zu meinem gnädigen Fräulein Zormerin reiten. – Lother hatte sie, während sie redete, erkannt, und sprach: Grüßt meine Hausfrau freundlich von mir, ich will sie binnen kurzem sehen, es koste auch was es wolle. Darauf stieg Synoglar wieder auf ihr Pferd, wandte sich, und ritt einen andern Weg. Darauf gab der Burggraf nicht acht und meinte, sie wäre hinten bei dem Zuge, oder hätte sich irgend verweilt.

Lother ritt hin zu Scheidechin an den Wagen und erzählte ihr heimlich die ganze Sache. Dann setzte er hinzu: Liebe Scheidechin, Ihr müßt nun sehen, wie Ihr Euch losmacht, denn ich kann Euch weiter nicht helfen.

Die Nacht blieben sie in einem Dorfe liegen, um auszuruhen. Da sie aber nichts zu essen oder zu trinken vorfanden, mußten sie sehr bald zu Bette gehen. Scheidechin, als sie merkte, daß die Lombarden fest eingeschlafen waren, stand auf, weckte die andern Frauen, erzählte ihnen kurz, was sich alles zugetragen, und wie sie sich nun davonmachen müßten, worauf sich alle die Röcke kürzten, so daß sie wie Knappen alle leicht einhergingen, schlichen leise aus dem Hause, worauf sie denn, so eilends als möglich, sich nach dem nahen Walde flüchteten. Lother zerschnitt sein Bettuch, knüpfte es an den Fensterpfosten und ließ sich daran hinab. Er lief nach dem nächsten Dorf, hier stellte er sich, als sei er sehr krank, legte sich ins Bett, und ließ den Pfarrer holen. Unterdessen erwachte der Burggraf, und da er sah, daß der Tag angebrochen war, stand er auf und ging hinaus, Lothern und die übrigen aufzuwecken. Da er Lother nicht fand, erschrak er; er sah die zerschnittenen Bettücher im Fenster, und nun merkte er, daß Lother entflohen sei, worüber er nicht wußte, was er denken sollte, und ganz wie ein Unsinniger umherlief. Da nun auch an den Tag kam, daß die Frauen gleichfalls entflohen waren, merkte er, daß irgendeine Verräterei im Spiele sein müsse, und sah zu seinem Schrecken voraus, daß er es mit dem Leben würde büßen müssen. Er ließ seine Gesellen zehn verschiedene Wege nehmen, allenthalben nachsuchen, ob sie keinen wiederfinden würden, und bestellte sich mit ihnen in eine Stadt, wo sie wieder zusammenkommen wollten. Ihr Nachsuchen war aber umsonst; Lother hielt sich still wie ein Kranker im Bett, und ließ niemand vor sich als den Geistlichen, bis er ungefähr wohl denken konnte, daß die Lombarden die Gegend verlassen hätten.

Der Burggraf ging nun betrübt mit seinen Gesellen nach Konstantinopel, und kniete vor Otto nieder, der bei Zormerin saß. Gott grüße Euch, Burggraf, sprach Otto, welch ein Geschäft führt dich hierher zu mir in diesem fremden Lande?–Herr, ich bringe Euch böse Nachrichten. Ich wollte Euch Lother herführen, so wie Ihr mir es in Eurem Briefe befahlt, er ist aber entflohen. Über diese Botschaft erstarrte Otto fast vor Entsetzen. Was? schrie er, was sagst du, Burggraf? Ich habe nie den Gedanken gehabt, dir zu schreiben, daß du Lothern sollst herauslassen. Du falscher Bösewicht, hast du ihn herausgelassen, so mußt du ohne Verzug sterben. Er rief seine Räte zusammen und klagte ihnen die Verräterei. Wie soll ich es doch machen, rief er, um zu erfahren, wer mir diesen Streich gespielt. Die Räte sprachen: Herr, es kann nicht fehlen, es ist sicher durch Frauen geschehen. Die weisesten und stärksten Männer sind durch Frauen betrogen worden; wenn diese auf eine Sache ihren Sinn gesetzt haben, so hilft nichts, wie man sich auch vorsehen mag.–Ja, ja, rief der Burggraf in seiner Not, Herr, Eure Räte reden die Wahrheit!–Aber diese Reden halfen dem armen Burggrafen nicht; Otto ließ in seiner Wut sowohl ihn als alle seine Gesellen an den Galgen hängen.

Zwanzigstes Kapitel

Darauf ging Otto zu König Orschier, und führte Klage gegen Zormerin, daß sie ihm sein Insiegel gestohlen und damit einen falschen Brief an seinen Burggrafen in Pavia geschrieben, daß dieser mußte Lothern freilassen. Herr König, sagte er, wegen dieser Verräterei verlange ich Urteil und Recht gegen Eure Tochter. – Hat sie diese Bosheit getan, sagte König Orschier, so will ich sie verbrennen lassen. Hiermit schickte er einen Ritter zu ihr, der mußte sie rufen; sie saß eben und ließ sich von Synoglar alles erzählen, wie es mit Lothern ergangen war, und was sich alles mit ihr zugetragen. Da sie die Botschaft vom König, ihrem Vater, vernahm, ging sie sogleich zu ihm. Als König Orschier sie sah, rief er ihr mit zorniger Stimme entgegen: Tochter, König Otto klagt dich an, du habest ihm sein Insiegel gestohlen, damit habest du einen falschen Brief gemacht, und diesen an seinen Burggrafen nach Pavia geschickt, daß er Lothern aus dem Gefängnisse lassen solle. – Vater, wäre ich ein Mann, ich wollte das verantworten, Leib gegen Leib, gegen jeden, der mich dessen beschuldigt. Aber ich bin eine Frau, und kann mich nun nicht verteidigen. – Ihr könnt nicht leugnen, sprach Otto, ich fand meinen Siegelring vor Eurer Türe liegen. Das Blut in den Adern erstarrte mir vor Schrecken, als ich ihn liegen sah, aber Eure schönen Worte, und Eure freundlichen Gebärden machten, daß ich es gleich wieder vergaß. – Herr, erwiderte Zormerin, war ich Euch freundlich mit Worten und Gebärden, so geschah es aus Liebe, wie Ihr wohl werdet wissen, denn ich glaubte damals, mein Gemahl, Herr Lother, wäre tot, so wie Ihr es bezeugtet. Nun dieser aber noch lebt, hat alles sich zwischen uns verändert, und Gott behüte mich, daß ich einen andern Mann nehmen sollte; auch bin ich unschuldig an dem, wessen Ihr mich anklagt.–Da trat einer von Ottos Gesellen, Herna genannt, hervor, es war derselbe, der damals das Kleid zu Lother in den Turm getragen, und ihn mit unvorsichtigen Reden beleidigt hatte. Gnädige Frau, sprach Herna, Ihr könnt es nicht leugnen, Ihr habt meinen Herrn verraten; sucht Euch nun einen Ritter, der für Euch kämpfe, den will ich bestehen für meinen Herrn, König Otto, so soll Euch dann Euer Vater nach Euerm Verdienste richten. – Es muß gekämpft sein, sprach Orschier, darum, Tochter, gehe und suche dir einen, der für dich kämpfe.

Zormerin ging hinaus, und schickte wohl nach dreißig ihrer Diener, zu deren jedem sie das Zutrauen hatte, daß er für sie in den Tod gehen würde; aber sie fand nicht einen, der den Kampf für sie bestehen mochte, denn Herna war als ein starker Kämpfer im Lande bekannt. Nun lag Zormerin auf ihren Knien und flehte zu Gott, daß er sie nicht verlassen möchte, da sie alles nur getan hatte, um ihrem Eheherrn getreu zu bleiben und ihm zu helfen. Gott erhörte Zormerins Gebet, und Lother war schon ganz nah an Konstantinopel. In der letzten Herberge, wo er die Nacht zubrachte, eh er in die Stadt hineinging, kaufte er einen falschen Bart von einem Bettler, der ihn immer getragen, und den Leuten vorgeredet hatte, er sei ein Pilger und käme vom heiligen Grabe, dafür gaben ihm die Menschen Almosen.

Diesen Bart kaufte Lother nebst einem vollständigen Pilgeranzug, und ging so verkleidet nach Konstantinopel. Hier kehrte er bei seinem alten Wirt, Salomon, ein, doch gab er sich ihm nicht zu erkennen, er wollte von niemand gekannt sein, und traute sich keinem Menschen an. Salomon und seine Hausfrau nahmen ihn auf, als einen frommen Pilger, und bewirteten ihn sehr wohl.

Wir lassen Lother hier in der Herberge und kehren zu Zormerin, die keinen Kämpfer fand. Unterdessen sprach Herna eines Tages zu Otto: Herr, es dauert lang, eh Zormerin einen Kämpfer findet, und Ihr könnt Euch nimmer an ihr rächen, solange ihr Vater, König Orschier, noch lebt, dieser läßt sich wohl von ihren Bitten noch erweichen. Wollt Ihr aber mir meinen Willen lassen, so will ich Euch bald von König Orschier befreien, dann seid Ihr Herr von Konstantinopel und von Zormerin. – Kannst du dies, sprach Otto, so soll es dir wohl gelohnt werden. Da bereitete Herna ein Gift, das war so stark, daß man des Todes war, sobald man es hinuntergenommen hatte. König Orschier aber trug einen goldnen Ring, darin war ein köstlicher Edelstein gefaßt; dieser Stein hatte unter dem heiligen Kreuze gelegen, als unser Herr Jesus Christus daran die Marter litte, und als Longinus ihn mit dem Speer in die Seite stach, da floß etwas von dem heiligen Blut über den Stein, davon behielt er die Eigenschaft, daß er jedes schädliche Gift merkte, wenn man es nur auf dreißig Schritte nahe brachte, und sogleich aus dem Ring sprang. Niemand wußte um die Eigenschaft des Steines als König Orschier.

Als er nun bei der Tafel saß, und seinen großen goldnen Becher forderte, da wußte Herna das Gift hineinzutun, daß niemand es merkte. Als aber der Becher vor dem König niedergesetzt ward, da sprang der Edelstein aus dem Ring wohl dreißig Schritte weit in den Saal. König Orschier stand sogleich von der Tafel auf, voller Schrecken. Wie, habe ich es wohl verschuldet, rief er, daß man mich vergiften will? Ich wüßte doch niemand, dem ich etwas zuleid getan hätte. – Herr, sagte Otto, das Gift ist sicher nicht Eurentwegen hergestellt worden, ich will also nur lieber heimreiten in mein Land, eh ich mich hier vergiften lassen soll! – Sie gaben den Wein einem Hunde zu saufen, der sogleich davon starb, da war es also gewiß, daß es Gift sei. – Ach, ach weh mir! rief Orschier klagend, wer mag es wohl sein, der meines Todes so sehr begehrt? – Herr, sprach Herna, keiner kann dies sein als Eure Tochter; sie kann keinen Kämpfer finden, also meint sie, Euch auf die Seite zu schaffen, um dann hier im Reiche allein zu regieren, dann meint sie des Kampfes entladen zu sein. Eure Tochter Zormerin klage ich darum an, und wer mir widerspricht, der muß mit mir kämpfen! – Wohlan, sprach Orschier, bringt meine Tochter her. Da liefen wohl zehn Ritter zu Zormerin, und ergriffen sie hart. – Ihr lieben Herren, sprach sie, was wollt Ihr mit mir? – Einer von ihnen sagte: Fräulein, Ihr müßt verbrannt werden wegen des Giftes, das Ihr Euerm Herrn Vater vorgesetzt habt. Leugnen hilft Euch nichts, denn es ist mit dem Ringe bewährt. – Jesus behüte mich, sagte Zormerin, welche Reden führt Ihr da? Ewiger Gott, in deinen Schutz befehle ich mich, sie gehen verräterisch mit mir um. Sie wurde wie eine Verbrecherin hinweggeführt. Als sie vor ihrem Vater erschien, da fiel sie auf ihre Knie vor ihm nieder: Vater, rief sie, erlaubt, daß ich mich verantworte, denn nie kam solche Freveltat mir in den Sinn! Schnöde Verbrecherin, rief Orschier, du kannst die Tat nicht leugnen, du hast mich vergiften wollen! Nein, nimmermehr, bei dem Tod, den ich leiden soll und muß. – Frau, sprach Otto, Ihr sollt verbrannt werden, das habt Ihr an mir wohl verdient, denn für mich habt Ihr das Gift bereitet, auch habt Ihr meinem Todfeind herausgeholfen; und wer dies leugnet, der mag hervortreten, und es gegen meinen Kämpfer bestreiten. Herna warf bei diesen Worten seinen Handschuh hin, es fand sich aber niemand, der ihn aufnahm. Da rief König Orschier seinen Marschall, und sprach: Marschall, ich befehle sie dir, richte du sie, und schone ihrer nicht, denn sie soll nicht mehr meine Tochter sein, ich verleugne sie, und will nicht essen oder trinken, bis sie ihre gerechte Strafe empfangen. – Zormerin weinte bitterlich, und ward hinweggeführt; und vor dem Palast ward ein Pfahl an einem Holzstoß aufgerichtet, daran sollte sie verbrannt werden.

Als dies die Bürger in der Stadt erfuhren, da ward der Jammer um Zormerin allgemein. Männer, Weiber und Kinder, und alles was in der Stadt war, das klagte und weinte um sie. Salomo, der Wirt, nebst seiner Frau, die weinten auch gar kläglich; da fragte sie Lother um die Ursache des großen Trauerns. Weh uns, rief die Wirtin, sollten wir nicht weinen? Des Königs einziges Kind, die schöne Zormerin, soll heute verbrannt werden. –

Lother erschrak so, daß ihm sein Blut ganz kalt zum Herzen fuhr. Ohne Abschied zu nehmen, und ohne sich zu bedanken, ging er aus der Herberge hinaus nach dem Palast zu. Vor dem Palast war ein Gedränge, daß Lother kaum hindurchkommen konnte. Eben führte man Zormerin herbei; sie hatte kein andres Gewand an, als einen schlechten Unterrock, so hatte der Marschall es befohlen. Er stellte sich hoch auf ein Gerüst, daß jedermann ihn sehen konnte, und nachdem er dem Volke Stille geboten, fing er an: Ihr Herren, wir müssen unser Fräulein zum Tode verurteilen, wenn ich zuvor dreimal werde gefragt haben, ob niemand für sie gegen Herna kämpfen wollte. Findet sich einer, der für sie kämpft und den Streit für sie gewinnt, so ist sie frei, und der im Kampf verliert, muß hängen; findet sich aber niemand, der für sie streiten will gegen Herna, oder, der für sie streitet, verliert, so muß sie nach Urteil und Recht verbrannt werden. Da fragte der Marschall einmal, aber da war niemand, der für sie antworten wollte. Zormerin fiel auf ihre Knie und weinte heiße Tränen; sie sah die Ritterschaft an: Ihr lieben Herren, erlöst mich von dieser unverschuldeten Todesstrafe, man beschuldigt mich falsch, mir geschieht Unrecht! So rief sie immerfort, aber die Ritterschaft schwieg stille; da fragte der Marschall zum zweitenmal, und jetzt erst gelang es dem Lother sich durchzudrängen; er trat hervor mit seinem langen Bart und seinem Pilgerstab. Hört mich, ihr Herren, rief er laut, vergönnt mir für das Fräulein zu kämpfen, denn mich dünkt, man geht verräterisch mit ihr um; ich komme soeben vom heiligen Grabe, und habe nichts, als was ich am Leibe trage, wollt Ihr mich aber waffnen, so will ich kämpfen gegen diesen Schalk, der da steht, und überwindet er mich, so sollt Ihr mich an den Galgen hängen; aber ich vertrau auf Gott, der den Unschuldigen beisteht, denn ich weiß, das Fräulein ist unschuldig der Tat, der man ihr Schuld gibt. Als er ausgeredet, da erhob sich ein Murmeln unter dem Volke; einer sprach zu dem andern: Ich hoffe, der Pilgrim ist von Gott hergesendet worden, unser Fräulein zu erlösen. Zormerin sprach bei sich: Ach, soll der Pilgrim für mich streiten, und er ist viel kleiner als Herna, o Gott, nimm mich in deinen Schutz! Sie rief den Pilgrim zu sich: Lieber Bruder, kämpfe mutig für mich, ich schwöre dir, es geschieht mir Unrecht, ich bin unschuldig an der Verräterei, deren man mich beschuldigt. – Fräulein, ich kämpfe von Herzen gern für Euch, nur sorgt, daß ich Waffen und ein gutes Pferd erhalte. – Das soll Euch nicht fehlen; zuvor laßt mich den Stab küssen, der das heilige Grab berührte. Lother reichte ihr den Stab, und zwar so, daß sie den Ring an seiner Hand erblicken mußte, den sie wohl kannte, weil sie ihm denselben einst an den Finger gesteckt. Als sie den Ring sah, da lebte ihr innerstes Herz; sie sah den Pilgrim an, konnte ihn aber nicht erkennen vor dem langen Bart; da besah sie seine Hände, die waren weich und weiß; an diesen Händen und an seinen braunen Augen erkannte sie ihn endlich. Da sagte sie dem Marschall: Ich bin zufrieden mit diesem Kämpfer; ich hoffe, Gott der Herr hat ihn mir gesendet: wird er überwunden und aufgehenkt, so sollt Ihr mich zur Stunde verbrennen, und ich will Euch nicht um mein Leben bitten. – Da mußte Herna sein Pfand wieder hinwerfen, und der Pilgrim hob es auf. – Bist du ein Edelmann? fragte ihn Herna. – Niemand rühme sich selber, antwortete der Pilgrim, mein Schwert wird dir die Antwort geben.

Man erzählte dem Könige, was sich mit dem Pilger zugetragen, aber es war ihm ein Spott. – Herna ging fort, sich zu waffnen, denn der Pilger drang darauf, der Kampf solle sogleich beginnen. Der Marschall nahm Lother mit in sein Haus, hier gab er ihm eine gute Rüstung, die wußte der Pilger sich so gut anzulegen, und verstand alles so wohl, was zur Rüstung gehört, daß der Marschall sich sehr darüber wunderte. Darauf setzte er sich zu Pferd, hing seinen Schild über, und ergriff die Lanze; darauf setzte er sich fest in den Sattel, ritt hin und her, besah alles Zeug genau an dem Pferde, und versuchte sich mit ihm von allen Seiten. Mein Gott, dachte da der Marschall, wer sah je einen Pilgrim wie diesen! – Lieber Herr Marschall, sagte Lother, indem er sich bei ihm beurlaubte, nun bittet Gott für mich! – Hiermit ritt er auf den Platz, hier fand er Herna, der schon auf ihn wartete; und das war nicht mehr als billig, weil Herna den Handschuh hingeworfen hatte, mußte er auch der erste auf dem Platz sein. Lother ritt zu Zormerin, und reichte ihr die Hand, die sie an ihren Mund drückte mit heißer Liebe. Gott wolle dich behüten, dachte sie in ihrem Herzen; mit dem Gift geschieht mir Unrecht, und darum hoffe ich, du sollst den Sieg davontragen; aber den Brief habe ich freilich geschrieben, und hoffe, es wird nicht eine so schwere Sünde sein. – König Orschier saß an einem Fenster, und sah, daß der Pilgrim sehr wohl zu Pferde saß, darüber freute er sich.

Geschieht meiner Tochter Unrecht, so wolle dir Gott helfen, dachte er auch still in seinem Herzen.

Die Reliquien wurden gebracht, Herna und Lother schworen darauf, dann setzten sie sich wieder auf, und entfernten sich voneinander; nun ritten sie wieder zusammen, und trafen sich beide so hart, daß ihre beiden Pferde tot niederfielen unter ihnen. Sie sprangen wieder auf, zogen ihre Schwerter und schlugen so entsetzlich aufeinander ein, daß das Volk meinte, der Pilger müßte gleich vom ersten Streiche fallen, denn Herna war ein sehr großer starker Mann. Lother wehrte sich als ein tapferer Mann, er gab ihm einen Streich, daß das Blut durch den Harnisch niederfloß. Schalk, rief er ihm zu, seh dich vor, solche Streiche lernte ich am heiligen Grabe führen! – Herna ergrimmte über diese Rede, und drang hart auf Lother ein. Heiliger Gott, betete Zormerin inbrünstig, behüte den Mann, den ich liebe: wird er überwunden, und muß er sterben, so begehr auch ich keinen Tag länger zu leben. Herna führte einen solchen Streich gegen Lothern, daß er ihm den vierten Teil seines Schildes hinunterschlug. Wäre der Streich nicht von dem Schilde aufgefangen worden, so hätte er den Lother auseinandergehauen. Lother fehlte auch nicht, er schlug so auf Hernas Helm, daß ihm sein Schwert gegen den Helm zerbrach; da fluchte er dem, der das Schwert gemacht hatte. Das Volk schrie laut auf: Ach, unser Fräulein muß verbrannt werden! – König Orschier war sehr betrübt. Ach Tochter, seufzte er, muß ich die Stunde verfluchen, in welcher du mir geboren wurdest! – Zormerin fiel auf ihre Knie nieder, und begann gar andächtig und inbrünstig zu beten, und als sie ihr Gebet in großer Angst und im tiefen Jammer des Herzens ausgesprochen hatte, da vergingen ihre Sinne, und sie fiel ohnmächtig zur Erde nieder. –

Die beiden kämpften noch mutig, Herna schlug auf Lother, und dieser wich den Streichen aus, oder deckte sich mit seinem Schild. Endlich führte Herna einen so gewaltigen Streich, daß sein Schwert in Lothers Schild steckenblieb, so, daß er es nicht wieder herausziehen konnte. Als Lother dies sah, da ergriff er das Schwert bei der Spitze mit beiden Händen; Herna zog auf seiner Seite bei dem Griff, und Lother auf der seinigen bei der Spitze. Endlich, als Herna mit aller Kraft zog, da gab Lother auf einmal nach, so, daß Herna rücklings auf die Erde fallen mußte. Nun sprang Lother auf ihn, und stach ihm ein Messer in den Leib, daß es im Rükken wieder durchkam, doch war sein Herz nicht durchgestochen, so daß er nicht davon starb. Er ließ aber sein Schwert fallen, das ergriff Lother und warf es über die Schranken, lief dann wieder zu Herna und zog ihm den Helm ab; darüber ermunterte sich Herna wieder und sprang wieder auf seine Füße; nun rangen sie miteinander, keiner konnte den andern niederwerfen; endlich stieß Lother den Herna um, als dieser sich nach seinem Schwert umsah; Lother nahm wieder sein Messer und hieb ihm das Ohr, mit einem Teil der Backe, herunter. Du kannst nun dem Galgen nicht entlaufen, rief er ihm zu, denn wer dich mit einem Ohre sieht, der wird den Dieb wohl erkennen! Pilgrim, du hast mich gar übel zugerichtet, sprach Herna, willst du dich aber jetzt freiwillig von mir überwinden lassen, so will ich dir Gold und Geld genug, auch sonst viel köstliche Gaben geben. – Falscher Bösewicht! rief Lother, welche Schandtat mutest du mir zu! Und wisse, du Schalk, keinen Pilger hast du vor dir; ich bin Lother von Frankreich, dem du ein Gewand in den Turm brachtest. – Da erschrak Herna so, daß ihm sein Herz entfiel. Edler Herr, fing er an, ich ergebe mich Euch, ehe Ihr mich aber tötet, so laßt mich zum Könige Orschier gehen, daß ich ihm meine Verräterei bekenne, denn ich war es, der ihm das Gift bereitete. – Lother setzte sich nieder, denn er war gar sehr ermüdet, und wollte die Rede Hernas anhören; da setzte Herna sich ihm gegenüber, als wollte er gemächlich mit ihm sprechen, nahm aber sein Messer, ehe Lother sichs versah, und warf es nach ihm, das Messer durchfuhr aber nur den Panzer, verwundete aber Lothern zum Glück nicht, denn wäre es tiefer gegangen, es hätte ihm eine tödliche Wunde gemacht. Da sprang Lother wütend auf, zog sein Messer, und schlug damit so kräftig nach Herna, daß er ihm den Kopf bis auf die Zähne zerspaltete; da fiel Herna tot nieder zur großen Freude der schönen Zormerin und ihres Vaters. Alles Volk rief voller Freude: Gott, der Barmherzige, schickte uns den Pilgrim. Gesegnet sei die Stunde, da er hergekommen ist. – Lother ging zu Zormerin, nahm seinen Helm ab, und küßte sie auf den Mund mit seinem langen Bart, darüber lachte alles Volk sehr.

Darauf führte sie ihn bei der Hand zu ihrem Vater und sprach: Ihr seht nun, mein Herr Vater, wie mir von den Lombarden ist Gewalt und Unrecht geschehen, nie habe ich Übels gegen meinen Herrn Vater zu tun gedacht, und werde es nimmer denken. – König Orschier sprach: Ich sehe es nun wohl ein, liebe Tochter; geh, nimm den Pilgrim mit dir, bewirte ihn wohl, gib ihm auch reiche Gaben, und wenn er weggeht, so will ich ihm ehrenvolles Geleit geben, soweit als er will. Lother dankte dem König höflich, darauf führten ihn Zormerin und Synoglar in eine heimliche Kammer, hier wusch er sich, daß ihm seine Farbe wieder hervorkam, und zog sich sauber an, dann ging er zu Zormerin in ihre Kammer, die ihn freudig umarmte, und wohl hundert und tausend Küsse auf seinen Mund drückte. Von ihrer großen Freude, daß sie beisammen waren, will ich schweigen, doch kann ein jeder sichs wohl denken. Zormerin verband seine Wunden, deren er viele hatte, und pflegte ihn wohl. Geliebte Frau, sprach Lother, wißt Ihr mir denn nicht zu sagen, wo Maller, mein treuer Geselle, geblieben ist? – Nein, ich weiß nichts von ihm, antwortete Zormerin, ich habe nichts von ihm gehört, seitdem er hier auf dem Saal dem Könige, meinem Vater, den Frieden aufkündigte; damals hatte der treue Mann im Sinn, er wolle zu seinem Vater ziehen, und den um Hilfe für Euch bitten, auch wolle er nicht eher ruhen oder rasten, bis er Euch aus der Gefangenschaft erlöst habe. – Ach, rief Lother aus, könnte ich ihm doch seine Treue je vergelten! –

Vierzehn Tage waren sie schon beisammen gewesen, da kam Scheidechin, Mallers Hausfrau, endlich auch nach Konstantinopel, und zu Zormerin, die sich herzlich freute sie wiederzusehen; auch nach ihren andern Frauen schickte sie sogleich, die sich in einer Herberge in der Stadt aufhielten, und ließ sie alle zu sich kommen. Als Scheidechin vernahm, daß Maller, ihr Gemahl, wohl noch am Leben sei, sie auch von Zormerin wohl gepflegt und genährt ward, sowohl mit Speisen und Getränk als auch mit Bädern und herrlichen Kleidern, da blühte sie wieder auf, und ward so schön als sie vorher gewesen war.

Hier wollen wir Zormerin und Lother ein wenig lassen, und uns einmal nach Maller, dem treuen Gesellen, umsehen.

Einundzwanzigstes Kapitel

Maller und seine Freunde hatten ein gewaltiges Heer versammelt, damit brachen sie in die Lombardei ein und zerstörten das ganze Land, weder Kirchen noch Klöster wurden verschont. Als er gegen Pavia kam, da schickte er einen Herold in die Stadt zu den Bürgern, mit dem Auftrag, sie sollten ihm Lothern herausbringen, und auch Otto, ihren König, sollten sie in seine Hände liefern, auf ein Pferd gebunden mit Händen und Füßen. – Denn Maller bestand darauf, er müsse den Otto aufhängen, das hätte ihm kein Mensch aus dem Sinn geredet. – Die Bürger antworteten dem Herold: Lother von Frankreich ist nach Konstantinopel geführt worden, dort hat er sich ausgesöhnt mit unserm König Otto. – Als Maller die Antwort von dem Herold vernahm, da wäre er bald unsinnig geworden vor Ungeduld. Er schwur zu Gott, König Orschier samt König Otto müßten des bittersten Todes sterben, wenn sie nicht seinen Herrn freiließen; denn an die Aussöhnung konnte er nicht glauben. Darauf ließ er die Stadt Pavia mit Sturm erobern, und so wie die Historie sagt, ließ er keine Seele in Pavia mit dem Leben davonkommen, Männer und Weiber, Greise und Kinder, alles wurde mit dem Schwerte erschlagen, weil er die Lombarden alle haßte als falsche verräterische Leute. Nachdem er die Stadt mit zwanzigtausend seiner Gewaffneten besetzt hatte, zog er mit dem übrigen Heere weiter gegen Konstantinopel; sobald er in des Königs Orschiers Land kam, ließ er alles verheeren und verbrennen, und erschlug alles, was ihm begegnete. Da lief einer nach Konstantinopel, fiel dem König zu Füßen und schrie: Herr, bewacht Eure Stadt, denn Maller kommt mit hunderttausend Gewaffneten und will Euch belagern, er ist nicht mehr zwei Meilen weit von hier, und wo er durchkam, da hat er alles verbrannt und verheert, und alles totgeschlagen. König Orschier erschrak heftig, und sprach zu Otto: Ich bitte Euch, versöhnt Euch mit meiner Tochter, und steht mir bei gegen Maller! Sicher ist Lother auch bei ihm, und der wird nicht unterlassen, sich in den Palast zu meiner Tochter zu schleichen, dann wollen wir ihn fangen, und Ihr könnt dann mit ihm machen was Euch gefällt, und dann meine Tochter ehelichen. – Gebt Ihr mir Euer Wort, sagte Otto, daß Ihr dies tun wollt, so bleibe ich hier und ziehe gegen Maller. König Orschier ließ Zormerin zu sich rufen, und sagte ihr, sie solle sich mit Otto versöhnen und seine Gemahlin werden, damit er ihm gegen Maller zu Hilfe käme. Zormerin sprach: Gnädiger Herr Vater, weil Ihr es befehlt, so will ich mich mit ihm versöhnen, obgleich er sehr unrecht an mir gehandelt, und ich viel Schmach um seinetwillen erleiden mußte. Seine Ehefrau werde ich aber nimmermehr, auch werdet Ihr solches nicht verlangen, da Ihr wohl gehört habt, daß mein Herr, Lother, lebt. Nun versöhnte sie sich gutmütig mit Otto, dann entfernte sie sich eilend, und ging wieder in ihr Gemach zu Lother, diesem erzählte sie, daß Maller mit einem gewaltigen Heere nicht weit von der Stadt sei, und daß er sie belagern wolle. Da sprang Lother auf und rief: So will ich zu ihm hinausreiten, zu dem Treuen, der mir zu Hilfe kommt. Geliebter Herr, fing sie wieder an, ich flehe Euch an, verderbt meinen Vater nicht; er folgte bösem Rat, aber ich weiß gewiß, er wird es einst bereuen. – Geliebte Frau, beruhigt Euch, Euerm Vater soll nichts geschehen, aber Otto, den Verräter, will ich töten, obgleich er mein Vetter ist, denn er hat große Bosheit an mir verübt. – Als die Nacht hereinbrach, da bewaffnete sich Lother und legte eine herrliche Rüstung an, dazu gab ihm Zormerin ein gutes Pferd. Dann ging sie mit ihm und ließ ihm die Pforte öffnen; die Pförtner durften das der Königstochter nicht versagen. Da ritt Lother hinaus, und dankte Gott von ganzem Herzen, als er sich im freien Felde sah; Zormerin ging weinend wieder in ihre Kammer.

Als der Tag anbrach, da begegneten dem Lother viele Leute, die flüchteten. – Wen flieht Ihr, liebe Leute? fragte sie Lother. – Wir müssen wohl fliehen, antworteten sie, und auch für Euch wäre es gut zu fliehen, denn es zieht ein großes Heer daher, das verdirbt das ganze Land, verbrennt und zerstört Kirchen und Klöster, und schlägt alles tot, was ihm begegnet. – Lother war froh, als er hörte, sein Geselle Maller sei ihm so nah, und ritt weiter. Da sah er einen Ritter von gutem Ansehen, der war von seinem Pferde abgestiegen, und bei ihm war eine schöne Jungfrau, die klagte und weinte sehr, und gebärdete sich gar jämmerlich, denn er rang mit ihr und wollte sie zu seinem Willen zwingen. O töte mich, rief sie weinend, nimm dein Schwert, schlag mir den Kopf ab, denn ich will viel lieber sterben, als deinen Willen tun. – Liebe Jungfrau, sagte der Ritter, erst will ich mich an Euch erfreuen, dann will ich Euch den Kopf abschlagen. – Da rief die Jungfrau mit lauter Stimme: O Maria, Mutter Gottes, komm mir zu Hilfe, hilf mir meine Ehre erhalten und mein Leben! Lother, der ihnen hinter einem Busch zugehört, der sprang nun hervor und rief: Falscher Ritter, sitze auf dein Pferd, du mußt mit mir kämpfen, ich will dieses Fräuleins Ritter sein. – Der Ritter hörte nicht sobald diese Worte, als er auf sein Pferd sprang und seine Lanze einlegte. – Es war Dietrich von Karthago, ein Bastard des König Ansys; er hatte diese Jungfrau um ihrer Schönheit willen mit Gewalt entführt, und ihren Vater, den König von Hispanien, getötet, darum ward in der Folge ganz Hispanienland verwüstet.

Die beiden kämpften nun, und schlugen so gar greulich aufeinander, daß sie beide sehr verwundet waren; dies sah ein Reiterknecht, der dahergeritten kam, der wandte sein Pferd und ritt zu Maller, der nicht weit mehr zurück war. Herr, rief der Reiter, kommt dem Bastard von Karthago zu Hilfe, er ist im Kampf mit einem fremden Ritter, der ihm gar sehr zusetzt. Da blies Maller auf seinem Horn, und spornte sein Pferd, daß es sehr schnell laufen mußte; ihm nach eilten wohl zehntausend Mann. Da Maller auf den Platz kam, wo die beiden kämpften, da drang er auf sie ein, und wollte dem Dietrich zu Hilfe kommen; Lother aber, der ihn gleich an seinem Wappen erkannte, zog eilend seinen Helm ab, da erkannte ihn Maller auch, beide sprangen von ihren Pferden, umarmten und küßten sich voll Freude, beide mußten vor Freude weinen, daß sie sich nun wieder hatten. Unterdessen waren die andern Herren mit dem Heere auch herzugekommen; König Galyen, Otger, Mallers Bruder, und König Ansys, die hießen alle den Lother willkommen, und waren froh ihn zu sehen; nun kam auch Dietrich von Karthago näher und versöhnte sich mit Lother, und alles war voller Freude. Maller erzählte seinem Freunde, was sich mit ihm begeben, während er ihn nicht gesehen, so tat auch Lother, und beide beschlossen Konstantinopel zu belagern, und nicht eher zu ruhen, bis sie den Otto an den Galgen gehenkt.

Nun zogen sie weiter, und belagerten die Stadt Konstantinopel. König Orschier beschloß sogleich, auf sie zu fallen mit einem großen Heere, noch ehe sie sich von der Reise ausgeruht hätten. Dies war seine Ritterschaft auch wohl zufrieden, und sie zogen wohl mit sechzigtausend Gewaffneten gegen den Feind. Maller bestellte auch sein Heer; sowohl er als Lother und König Ansys, König Galyen, Otger und Dietrich von Karthago führten jeder einen Haufen an. König Orschier und seine Griechen schlugen tapfer in den Feind, aber diese fehlten auch nicht. Otger, Mallers Bruder, erwischte Salomon, den Wirt, zog ihm seinen Helm ab, und wollte ihm den Kopf herunterschlagen, das sah Maller und sprach: Mein Bruder, verschone diesen, er ist mein guter Freund. Ergib dich mir! rief er ihm zu. Da reichte ihm Salomon, der Wirt, sein Schwert, und man führte ihn in Mallers Zelt. Es war eine große Schlacht, wobei mancher Mann sein Leben einbüßte. Maller drang so weit vor, daß er König Orschier erblickte. Du törichter König, rief er ihm zu, jetzt ist deine Stunde gekommen, du hast schon zu lange gelebt; mit diesen Worten stach er mit seinem Speer nach ihm, und warf ihn aus dem Sattel, so daß er vom Pferde herunterfiel. Maller ergriff ihn und zog ihm den Helm ab. Otto hatte nun dem Könige bei allen Heiligen geschworen, er wolle ihn nicht verlassen, da er ihn aber unterliegen sah, da hätte er nicht König Salomons Schätze genommen, den Maller zu verhindern. Dieser holte mit dem Schwert aus und wollte Orschier den Kopf abschlagen, da eilte Lother hinzu und hielt seinen Arm. Lieber Maller, töte mir den König nicht, übergib ihn mir. Maller tat es ungern, doch folgte er Lothers Worten und ließ den König los. Edler König, sprach Lother, Ihr seht nun, was des Ottos Reichtümer Euch helfen, Ihr habt Euch selbst betrogen. Da schickte er ihn in sein Zelt, und ließ ihn genau bewachen.

Otto schaute hin und her, und wäre gern weit weg gewesen, aber er konnte vor dem Volke nicht herauskommen. Maller drang immer weiter ein, endlich sah er Otto, und machte sich Raum, um zu ihm zu gelangen; dies ward Otto gewahr, und bat einen lombardischen Ritter, die Waffen miteinander zu tauschen. Ich will es dir wohl lohnen, lieber Ritter, sagte er, denn ich möchte Mallern nicht erwarten, für kein Gut in der Welt. Der Ritter war der kühnste und tapferste unter den Lombarden, er tauschte sogleich die Waffen mit Otto, und dieser zog sich aus dem Streit gegen die Stadt zu. Maller kam nun auf den lombardischen Ritter zu, und gab ihm einen solchen Streich, daß er tot vom Pferde fiel. Nun meinte Maller, es sei Otto, und schleifte ihn nach dem Zelt, um ihn dem Lother zu überliefern. Das Volk meinte auch, Otto sei erschlagen, und zog sich zurück. Maller nahm, als er in seinem Zelt war, dem Erschlagenen den Helm ab. Als er nun sah, daß es Otto nicht war, da ärgerte er sich sehr. Einen verzagteren Buben, rief Lother, gibt es nicht auf Erden, als diesen Rotkopf.

Nun ließ Lother den König Orschier kommen und sagte: Edler König, ich mag Euch kein Leides tun, ich weiß wohl, daß mein Vetter Otto Euch geraten hat, so töricht zu handeln. Ihr seid ein verständiger Mann, bedenkt, daß ich Eurer Tochter vor dem Altar von dem Priester bin zum ehelichen Gemahl gegeben worden; Ihr wißt, daß keine Ehe zu scheiden ist, der Tod scheide sie denn. Ich schwur ihr Treue vor dem Altar, bei dem Gott, der für uns die Marter litt. Was also auch geschehen mag, und was Ihr mir auch tun mögt, ich werde Euch nie Übels erzeigen, und Euch immer als meinem Schwager ehrerbietig begegnen. – König Orschier, als er Lothern so reden hörte, fiel vor ihm nieder, umfaßte seine Knie, und wollte ihn um Verzeihung bitten; Lother gab dies aber nicht zu, dazu war er zu tugendhaft. – Gefällt es Euch, sprach Orschier, so will ich nach Konstantinopel reiten und will Euch morgen die Pforten öffnen lassen, und Otto in Eure Hand liefern. – Reitet in Gottes Namen, Herr König. – Ei, das soll er wohl nicht! rief Maller ein; ich werde ihn nicht reiten lassen, er habe mir denn in meine Hand vorher gelobt, was er Euch versprach; denn wer so oft gelogen hat wie er, dem kann man nicht so leicht trauen.

Nun gelobte Orschier mit lauter Stimme, und vor allen Anwesenden bei seinem königlichen Ehrenwort, daß er dem Heere wolle die Tore von Konstantinopel öffnen und ihnen den Otto ausliefern. Darauf ließ ihn Maller reiten; Lother begleitete ihn, und indem sie beide zusammen ritten, erzählte ihm Lother, wie er der Pilgrim sei, der Herna erschlagen und seine Tochter erlöst. Da weinte König Orschier, als er diese Erzählung anhörte, und segnete den Lother für seine Treue und seinen Heldenmut.

Sobald als König Orschier in Konstantinopel auf seinem Palast angekommen war, schickte er einen Haufen Gewaffneter nach Otto, um ihn zu suchen und zu fangen. Sie fanden den Rotkopf in einer Kammer versteckt, da lag er und schlief. Er ward gebunden vor den König geführt. Was heißt denn das? fragte er. – Gestern hast du arger Schalk mich verlassen, sprach der König, als du mich in großer Not sahst, und nun, bei dem Gott, der mich erschaffen hat, ich überliefere dich deinem Vetter Lother und Maller, seinem Gesellen. Nun erschrak Otto sehr, schrie und weinte, aber es half ihm nichts, er ward mit Händen und Füßen fest an eine Säule gebunden.

Darauf ließ der König die Pforten weit auftun, und ließ Lother mit seinem Heere einziehen. Zormerin lief Lothern entgegen, und Scheidechin Mallern, sie umarmten sich mit Liebe und gar großer Freude. Maller, fing Scheidechin an, ich glaubte schon, Ihr würdet Euch eine andere Jungfrau erworben haben. Liebes Weib, antwortete ihr Maller, und hätte ich ihrer hundert erworben, du wärst doch und bliebst die Gebieterin. Aber sei ruhig, ich habe mich wohl gehütet, und bin dir immer treu geblieben. – Sie zogen nun mit großer Freude, und unter dem Getön von Pfeifen und Cymbeln und Spielen aller Art, nach dem Palast, so daß es ein Wunder war zu hören. Lieber Gemahl, sprach Zormerin, ich wünschte nun, an dem bösen Schalk, Otto, gerächt zu sein, aber ich weiß wohl, Ihr werdet das niemals selbst tun, darum bitte ich Euch, tragt es Euerm Freund Maller auf, denn ich schwöre zu Gott, ich will nicht eher Speise oder Trank genießen, bis Otto nicht mehr lebt. Lother rief seinen Gesellen Maller, und sprach: Ich bitte dich, du wollest Otto den Kopf abschlagen, denn ich wollte um keinen Preis meine Hand an ihn legen. – Herr, antwortete Maller, habe ich nur erst Urlaub von Euch, für das übrige laßt mich sorgen. Damit band ihn Maller von der Säule ab, und führte ihn an einem Arm die Stiege hinab; Otto sah aus, als ob er schon gestorben wäre. Er ward hinaus an den Galgen geschleppt und aufgehängt.

Sie lebten nun in großer Freude zusammen; Lother und Zormerin, Maller und Scheidechin waren die glücklichsten Eheleute, die man sehen konnte; auch ward Jungfrau Synoglar mit Dietrich, dem Bastard von Karthago, vermählt. Bald darauf nahmen König Galyen und sein Sohn Otger, König Ansys und die übrigen Herren vom Hof zu Konstantinopel Abschied, und ein jeder begab sich wieder in sein Land.

Zweiundzwanzigstes Kapitel

Die Bürger von Konstantinopel und das ganze Griechenland erwählten Lother von Frankreich zum Könige; denn König Orschier war ein alter Mann, und mochte nicht länger regieren. Als nun Lother zum König und Kaiser von Griechenland gekrönt war, und deshalb große Feste und Gastierungen hielt, da kam ein Botschafter vor ihn, der kniete nieder und sprach: Gott, dem alle Dinge bekannt sind, der wolle den Kaiser und die ganze Ritterschaft heut und alle künftige Tage in seinen Schutz nehmen. – Gott grüße dich, lieber Bote, sprach der Kaiser, sage an, was bringst du uns? – Herr, ich bin zu Euch gesandt von dem frommen Bonifazius, unserm geistlichen Vater. Er entbietet Euch durch mich, daß Ihr ihm doch wollet zu Hilfe kommen; vierzehn heidnische Könige haben Rom belagert, unter ihnen ist der Sultan von Babylonien, und der König von Mohrenland, der so schwarz ist, wie auch sein Volk, daß sie den höllischen Teufeln gleichen. Sie haben dreißigtausend Gewaffnete, und besonders sind der schwarzen Teufel so viel, sie besetzen die ganze Gegend, und verwüsten das ganze Römerland. Darum bittet Euch unser geistlicher Vater, Ihr möchtet ihn in der größten Not nicht verlassen. Es betrifft die ganze Christenheit. – Lieber Bote, hat der heilige Vater nicht zu meinem Bruder Ludwig, dem König in Frankreich, geschickt, und ihn um Hilfe angerufen? – Herr, ich glaube wohl, es ist auch zu ihm geschickt worden, aber ich weiß nicht, ob er kommt oder nicht, denn man spricht allgemein, er ließe sich von bösen Verrätern verleiten, und tue nach ihrem Rat. Da schickte Lother den Boten mit der Antwort zurück: er wolle in kurzem mit seiner ganzen Macht dem Heiligen Vater zu Hilfe kommen. Maller erbot sich gleich mit ihm zu ziehen, denn ihn verlangte sehr, einmal wieder gegen die Heiden zu ziehen. Ich scheide nie von Euch, Herr, sagte er, der Tod müßte uns denn scheiden. – Dafür sei Gott gelobt und gedankt, sagte Lother. Gesegnet ist die Stunde, in welcher du mein Gesell wardst. – Lother schrieb sogleich Briefe an alle seine Fürsten und Grafen, soweit sein Land reichte, und ließ sie nebst allen ihren Gewaffneten entbieten, und als sie in kurzer Zeit sich zusammen in Konstantinopel versammelt hatten, da nahm Lother von seiner Gemahlin Abschied, sie weinte bitterlich, als er fortging, auch sah sie ihn dann nimmer wieder. Maller nahm auch Abschied von seiner treuen Scheidechin. Der Abschied war bitter und sehr schmerzhaft für die vier Eheleute, die sich sehr von Herzen liebhatten.

Lother und sein Heer stiegen zu Schiff, und kamen mit gutem Wind bis zum Römerland, dann stiegen sie aus, und ritten nach Rom. Vorher sagte Lother zu Maller: Ich will dem Papst klagen über meinen Bruder Ludwig, daß er sein Reich nicht mit mir teilt, und daß er mir nicht aus dem Gefängnis zu Pavia hat helfen wollen. Verhilft mir dann der Papst nicht zu dem Meinigen, so will ich mir mit gewaffneter Hand wohl Recht verschaffen.

Als sie vor Rom ankamen, da fanden sie die Heiden eben im harten Streit mit den Christen begriffen. Höre ich recht, sprach Lother, ich vernehme ein Geschrei

Montjoye, das ist der Franzosen Feldgeschrei; geschwind, lieber Maller, laßt uns hinzu, denn ich gönne es den Franzosen nicht allein, den Tag zu gewinnen. Sie stürmten nun in hellen Haufen hinzu, und fielen den Heiden in den Rücken, die dadurch in gar großes Gedränge gerieten; die Historie sagt, ohne Lother und Maller wären die Franzosen noch an diesem Tag geschlagen worden. Lother sah einen Haufen Heiden, die da sehr hart stritten, und hörte die Franzosen Montjoye rufen, da drang er ein, wo der Haufen am dicksten war, da sah er seinen Bruder Ludwig von Heiden umringt, zu Fuß fechtend; sein Pferd war erschlagen, und er selber sehr verwundet. Lother erkannte ihn sogleich an seinem Wappen; da er ihn in solcher Not erblickte, da vergaß er seinen Unwillen gegen ihn, schlug um sich her auf die Heiden, mit solcher Kraft und Wut, daß es bald weiter um Ludwig ward; die Heiden flohen vor Lother wie der Teufel vor dem Weihwasser, er war aber auch ein gar tapfrer Ritter, er schlug dem, der das heidnische Panier führte, den Arm mit der Schulter herunter, so daß der Arm samt dem Panier auf die Erde fiel. Desselben Heiden sein Pferd faßte er, und führte es König Ludwig zu. Ludwig saß auf, und betrachtete Lother, da sah er, daß dieser das griechische und das französische Wappen im Schilde führte. Das griechische Wappen war ein Greif, halb von Gold und halb von Silber, nebst einem Sessel, dieser Sessel bedeutete das Gericht. Lieber Freund, fing Ludwig an, wie ist Euer Name? Danach muß ich schon fragen, weil Ihr mich vom Tode erlöst habt; zudem sehe ich Frankreichs Lilien auf Euerm Schild, nebst dem griechischen Greifen, welches mich sehr Wunder nimmt. – Ich will Euch meinen Namen nicht verhehlen, sprach Lother. Einen Greif führe ich, denn ich bin ein Kaiser in Griechenland, und so führe ich die Lilien, weil ich ein Sohn bin König Karls von Frankreich. – Da erschrak Ludwig gar heftig. O lieber Bruder, rief er, ich bitte Euch um Gnade, denn ich habe gegen Euch gehandelt, ich bekenne es, und will es nach Euerm Willen und Begehren bessern. Ihr habt mir viel Liebe bewiesen, die ich Euch verdanke, aber ich habe es nicht um dich verdient. – Von dieser Bitte ward Lothers Herz bewegt. Bruder, sagte er, ich verzeihe Euch, was Ihr gegen mich getan, wiewohl Ihr unser väterliches Erbe gar ungleich geteilt habt; Ihr habt Frankreich, und dazu das Kaisertum von Rom. Seid Ihr es nun zufrieden, so wollen wir dem Papst zu Rom unsre Sache vorlegen, und er mag über uns entscheiden, und teilen. Es geschehe also, sprach König Ludwig.

Nun ritten sie wieder in den Streit, und schlugen mutig alle Heiden, die ihnen zu nahe kamen; auch Maller tat denselben Tag viel herrliche Taten, und erschlug viele heidnische Riesen. Der Papst stand auf der Mauer, und bat beständig zu Gott um Sieg und Schonung der Christen. Als es nun Nacht ward, da ritten die Herren zusammen und hielten Rat, was sie nun tun wollten. Da gab ihnen Maller den Rat, daß sie einen Waffenstillstand mit den Heiden schließen sollten, um die Toten zu begraben, die sonst so übel riechen würden, daß eine Pest im Lande entstehen müsse. Diesen Rat genehmigten alle; sie sandten einen Herold zu der Heiden Lager, und ließen einen Waffenstillstand von vierzehn Tagen vorschlagen, welches die Heiden auch zufrieden waren. – Darauf zog das christliche Heer in Rom ein, wo sie vom Papst mit großer Ehre empfangen wurden; er ging ihnen entgegen und gab ihnen den heiligen Segen. Er sprach zu König Ludwig: Seid mit Gott willkommen, mein Sohn, in diesem fremden Lande, ich bedurfte Eurer gar sehr. Damit ging er weiter, und sprach zu Lother: Seid mit Gott willkommen, mein lieber Sohn, ich habe vieles schon von Euch vernommen, Ihr seid ein Schirm und Schwert der ganzen Christenheit, und der Gerechtigkeit. Ihr seht Euerm Vater sehr ähnlich. Er hat Euch sieben Jahre lang verbannt, aber das ist nun vorbei, und soll Euch weiter nicht schaden, denn Ihr und Euer Bruder, Ihr sollt Euch in das väterliche Erbe teilen. Heiliger Vater, sprach König Ludwig, wir haben uns beide vorgenommen, die Sache Eurer Entscheidung zu überlassen. Habe ich gegen meinen Bruder gefehlt, so will ich es vergüten, und bitte ihn wegen jeder Beleidigung um Verzeihung.

Wohl gesprochen, lieber Sohn! antwortete der Papst. Nun gingen sie zusammen in den päpstlichen Palast, und setzten sich zu Tisch, wo sie alle gar trefflich bedient wurden.

Nach verfloßnem Waffenstillstand zogen die Christenvölker wieder hinaus gegen die Heiden. Von diesem Tage, und der greulichen Schlacht, wo viel tausend Christen und noch viel mehr Heiden ihr Leben verlieren mußten, wäre gar viel zu sagen. Ehe die Christen aus Rom zur Schlacht gezogen waren, hatten sie in großer Andacht die Messe gehört, welche der Papst ihnen gelesen, dann hatten sie auch reiche Opfer gebracht; der Papst gab ihnen den heiligen Segen, und bestrich sie in Andacht mit den heiligen Reliquien. Der Sieg war ihrer, und die Heiden wurden alle erschlagen, die sich nicht durch Flucht retteten. Nun zogen sie alle wieder in Rom ein, wo der Papst sie mit großer Ehre und in Fröhlichkeit empfing. Die Leichname der Christen wurden alle in geweihter Stätte begraben, die der Heiden aber den reißenden Tieren und Vögeln preisgegeben.

Der Christen Seelen wolle Gott trösten,
Und der Teufel die Heiden rösten.

Dreiundzwanzigstes Kapitel

Vierzehn Tage waren Lother und die übrigen zusammen zu Rom gewesen, als ein Bote ankam, der dem Kaiser Lother einen Brief brachte. Lother gab den Brief seinem Schreiber, daß er ihn ihm vorlesen möchte, und als dieser ihn geöffnet, und anfing zu lesen, da weinte er gar bitterlich. Was ist Euch, Schreiber? Weswegen weint Ihr? – Herr, sprach der Schreiber, König Orschier und Euer Schwager melden Euch, Eure Gemahlin, Frau Zormerin, sei tot; sie ist von einem Kinde entbunden worden, das so groß war, daß man es von ihr schneiden mußte, davon ist sie gestorben, und man fürchtet sehr, das Kind möchte auch nicht leben bleiben. – Da fiel Lother vor Schrecken ohnmächtig zur Erde nieder, und blieb so lang, daß man meinte, er sei gestorben. Da er endlich wieder zu sich kam, da zerraufte er sein Haar, und war in großes Leid versenkt um seine schöne Gemahlin; König Ludwig lief hinzu, und versuchte, ihn zu trösten. Aber Lother hörte nicht auf die Worte, die man zu ihm redete. – Ach du schöne, du getreue Zormerin! so klagte er immerfort; ach meine geliebte Frau, nie kann ich dich vergessen, und deine große Liebe, die du zu mir trugst! Ach Tod! warum hast du uns getrennt, warum hast du der Welt genommen die Schönste und die Huldreichste, die Frömmste und Tugendsamste, die je auf sie gekommen? Ach Tod, mich, mich hättest du nehmen sollen viel eher als sie! – Ihr solltet Euch in Gott ergeben, sprach König Ludwig, denn was Gott will, das muß geschehen. – Ach Bruder, ich bin zum Unglück geboren, nun habe ich die verloren, die ich so einzig habe geliebt. O Erde, tu dich auf, verschlinge mich in deinem Abgrund. – Und nun raufte er wieder sein Haar, und rang die Hände; nie ist wohl eines Mannes Herz so hart geboren, hätte er den Jammer gesehen, und Lothers Klage gehört, es hätte ihn erbarmen müssen. Zwei Tage und zwei Nächte klagte er so, daß niemand ihn zu trösten wagte. Am dritten Tage ward er etwas stiller. Nie ist ein Leid so groß, daß wir es nicht doch vergessen; das können wir auf Erden wohl täglich schauen, an Männern ebenso wie an guten Frauen.

Der Papst schickte nach den beiden Brüdern, Lother und Ludwig, und nach den andern Fürsten, die mußten sich alle bei ihm versammeln. Liebe Söhne, fing der Papst an in der Versammlung zu reden: Ihr seid beide Kaiser Karls von Frankreich Söhne. Die Franzosen haben Ludwig zu ihrem Herrn und König erkoren, Lother aber hat von seinem ganzen väterlichen Erbe nicht eines Sporns wert. Doch ist er Kaiser Karls leiblicher Sohn, und kein Bastard, wir halten ihn nicht dafür. Nun, ihr lieben Herren und Freunde, was meint Ihr dazu? Sagt mir Eure Meinung; mir scheint es billig: Ludwig bleibe König in Frankreich, und ließe Lother Kaiser in Rom sein. – Heiliger Vater, fing König Ludwig an, Euer Rat scheint mir gut, und ich will ihn befolgen. – So dachte der Papst die beiden Brüder zu vereinigen, aber um dieser Vereinigung willen wurden in der Folge mehr als zweimal hunderttausend Menschen erschlagen. – Es waren viele schlechte und boshafte Menschen unter den Räten König Ludwigs, die noch zu Lothers alten Feinden gehörten, diese erschraken sehr, daß Ludwig dem Papst so folgsam war, und daß er dem Lother das Kaisertum so willig abgetreten hatte, und hieraus entstand großes Unglück und der blutigste Krieg, der jemals geführt worden ist.

Lother ward auf den päpstlichen Stuhl gehoben, ihm die Kaiserkrone auf das Haupt gesetzt, und in die eine Hand das Schwert, in die andere der Reichsapfel gegeben. Da geschah dem Lother große Ehre, denn er ward zum römischen Kaiser mit vieler Festlichkeit und großem Pomp gekrönt, aber er war dennoch nicht vergnügt, und da jedermann fröhliches Herzens war, da war er es nicht, um seiner Gattin willen, die er Nacht und Tag nicht aus dem Sinne verlor, und im Herzen tief betrauerte.

Nicht lange hernach nahm König Ludwig Urlaub vom Papst, um wieder nach Frankreich zu reisen. Er ging auch zu Maller und nahm von ihm Abschied, denn

Maller lag an seinen Wunden krank im Bett, er hatte in der letzten Schlacht wohl an dreißig Wunden erhalten, die alle gefährlich waren. Zuletzt kam König Ludwig auch zu seinem Bruder, dem Kaiser, um sich von ihm zu beurlauben. Er umarmte ihn und küßte ihn gar zärtlich, dann sprach er: Lieber Bruder, nehmt keine andre Ehefrau, ohne meinen Rat einzuholen, darum bitte ich Euch sehr. – Mein Bruder, antwortete Lother, das täte ich nicht, um viele Tonnen Goldes, denn hättet Ihr mich gefragt, ehe Ihr Eure Gemahlin freitet, ich würde Euch wahrscheinlich nicht dazu geraten haben. – Hierauf antwortete König Ludwig nicht, sondern er beurlaubte sich beim Kaiser, und ritt nach Frankreich zurück.

Jene falsche Verräter, die Feinde Lothers, sprachen nun zu Ludwig: O Herr, wie töricht habt Ihr gehandelt, daß Ihr das Kaisertum von der französischen Krone getrennt habt. Ihr habt ihr die größte Herrlichkeit geraubt, und werdet nun doch niemals Freundschaft und Vertrauen mit Euerm Bruder haben können, und Eure Erben werden es in Jahrhunderten entgelten müssen. Das Kaisertum wird sich nun über die französische Krone weit erheben, und diese wird sich gar nicht mehr frei bewegen können. Nein, nie hat ein König schmählicher gehandelt; Kinder, die jetzt noch ungeboren sind, die werden Eure Seele deswegen noch verfluchen. – Solche Reden führten die Verräter so oft gegen den König, und er mußte so viel davon reden hören, daß er endlich anfing, seinen Bruder Lother im Herzen zu hassen. – Da sie ihm nun rieten, Lothern zu verraten, und mit Krieg zu überziehen, sprach Ludwig: Ihr seid meine geheimen Räte und vertraute Freunde, aber davon Ihr redet, das will ich gar nicht wissen, sprecht mir also nicht mehr davon, ich gebe es nicht zu.

Die Verräter waren mit diesem Bescheid übel zufrieden; sie hätten dem Lother gerne ein Leid getan, sie konnten es nicht vergessen, daß er ehedem bei ihren Weibern und Töchtern gefunden ward. Dem Könige sagten sie diesesmal nichts mehr, aber sie beschlossen unter sich, daß sie des Königs Gemahlin, Weisblume, auf ihre Seite ziehen wollten, damit diese den König, ihren Gemahl, dazu bringe, daß er seine Einwilligung gäbe. Wenn eine Frau einen Mann hat, der sie von Herzen liebt, die bringt ihn, wozu sie will; je weiser der Mann ist, zu desto größerer Torheit kann sie ihn verleiten.

Vierundzwanzigstes Kapitel

Nachdem Ludwig von Rom gereist war, bekam Lother eine Botschaft, sein Sohn wäre am Leben, und sei frisch und gesund; er habe zwei rote Kreuze mit auf die Welt gebracht, auch sei sein rechter Arm, mit dem er das Schwert führen sollte, ganz rot wie Blut, der andre Arm aber sei weiß. Dieser Botschaft war Lother froh, und sagte zu Maller: Lieber Geselle, ich muß nach Konstantinopel reiten, und muß meinen Sohn sehen. Laß dich unterdessen von den Ärzten wohl pflegen, daß du genesen mögest. Lieber Herr, sprach Maller, ich bitte Euch, bringt mir Scheidechin, meine Hausfrau, mit her zu mir. Das soll geschehen, sprach Lother; hiermit ritt er fort, setzte sich zu Schiffe, und fuhr ohne Aufenthalt nach Konstantinopel.

Als König Orschier und Lother sich wiedersahen, da fingen beide an gar sehr zu weinen, und ihr beider Leid ward wieder erneut um die schöne Zormerin. Die Amme brachte Lothern seinen kleinen Sohn herbei; Lother nahm ihn auf seine Arme, und sah ihn an, da flossen seine Tränen reichlich über das Kind: Marphone, du lieber Sohn, sprach er, die schönste frommste und treueste Frau auf dem Erdboden, die mußte um deinetwillen sterben. – Bei meiner Treue, sagte König Orschier, der Name soll ihm bleiben. Marphone bedeutet auf deutsch: Weh, daß du geboren. – Zwanzig Monate blieb Lother zu Konstantinopel, dann beurlaubte er sich bei seinem Schwager, um wieder nach Rom zu reisen. Beim Abschied sagte ihm König Orschier: er wolle Marphone in Konstantinopel bei sich behalten, und ihm das griechische Kaisertum geben; er solle wieder eine Frau nehmen, um einen Erben für das römische Reich zu haben. – Ich will Euch gehorchen, antwortete Lother, aber nie werde ich eine Frau lieben, wie ich die treue Zormerin liebte. – Da blieb Marphone zu Konstantinopel, und ward schön und groß, Lother aber reiste mit Scheidechin, Mallers Ehefrau, nach Rom. Hier fanden sie Mallern wieder völlig hergestellt, und die Freude die er hatte, Scheidechin wiederzusehen, war sehr groß.

Lother verlebte nun noch vier Jahre zu Rom, und zog mitunter gegen die Heiden, denen er vielen Schaden zufügte. Eine Ehefrau zu nehmen, konnte er sich aber nicht entschließen, Zormerin lebte immer noch in seinem Herzen. Unterdessen hatten die bösen Verräter nicht geruht; sie brachten Weisblume, die Königin von Frankreich, dahin, daß sie ihren Gemahl beredete, und er gab endlich nach vielem Zögern seine Einwilligung zum Kriege. Auch Lother versammelte ein großes Heer; viele Herren und Fürsten kamen ihm zu Hilfe. Auch Marphone, Lothers Sohn, der unterdessen ein starker mächtiger Ritter, und nach König Orschiers Tode Kaiser von Griechenland geworden war, kam seinem Vater mit einem mächtigen Heere zu Hilfe; auch Maller und die Seinigen fehlten nicht. So ward der blutigste Krieg geführt, wo Christen gegen Christen fochten, von dem je ist gehört worden. Viele Jahre dauerte der Krieg, wo ganze Länder zerstört, Kirchen und Klöster verbrannt, und mehr denn sechsmal hunderttausend Christen ihr Leben verloren, deren Blut die Ströme und Flüsse im Lande rot färbten. Endlich versöhnte sich Lother sanftmütig mit Ludwig, nachdem die verräterischen Räte alle gefangen und getötet waren.

Dann nahm Marphone wieder Abschied von seinem Vater Lother und zog mit seinem Heer zurück nach Konstantinopel. – Maller bekam Botschaft, wie seine liebe Ehefrau, Scheidechin, gestorben sei, da trauerte er viel um sie, und beweinte sie aufrichtig, konnte auch nimmer froh werden von da an, und da er seinen Herrn und Freund Lother auf Lebenszeit unglücklich wußte. Es kam ihm in den Sinn, er möchte wohl Vater und Mutter noch einmal sehen, er beurlaubte sich also von dem Kaiser Lother, und ritt nach Montsysson. Vorher mußte er aber Lothern versprechen, wieder nach Rom zu kommen, und nicht zu lange zu verweilen. Zu Montsysson fand er seinen Vater und seine Mutter, auch seinen Bruder, König Ansys und seine Söhne, auch den wilden Bastard, Dietrich von Karthago. Sie alle freuten sich sehr, Maller wiederzusehen, er aber konnte keine Freude mehr haben; da er kaum vier Wochen bei ihnen sich aufgehalten hatte, da sagte er, er wolle wieder nach Rom zu Kaiser Lother, nahm Abschied von allen Freunden, küßte seine Mutter mit weinenden Augen, und ritt fort. Als er vor die Stadt kam, da ward sein Herz mit Traurigkeit umfangen, und ihn gereute so sehr all das Christenblut, das er vergossen, daß er vom Pferde absteigen, und sich niedersetzen mußte. Hier dünkte ihm, als rief eine Stimme vom Himmel ihm zu, er solle ein Einsiedler werden, ein hartes Leben führen, und seine Sünden im Gebete und in der Einsamkeit büßen. Da ließ er sein Pferd laufen, ging tief in den Wald hinein, wo keines Menschen Fuß je hinkam, und hier lebte er als ein Einsiedler, schlief auf der harten Erde, trug den eisernen Harnisch auf seinem bloßen Leib, ohne ihn abzulegen, weder bei Tag noch bei der Nacht; aß wilde Wurzeln, die er sich selber ausgrub, trank Wasser, und kasteite seinen Leib sehr.

Kaiser Lother war zu Rom, und wunderte sich sehr, daß Maller, sein Geselle, nicht wieder kam. Und als es sich gar zu lange verzog, da saß Lother selber auf mit einigen Gesellen, und sie ritten nach Montsysson, um nach Maller zu fragen. Keiner aber wußte etwas von ihm, sondern sie meinten alle, er müsse in Rom sein, und der Schrecken war so groß, als sie von Lother vernahmen, er sei nicht daselbst angelangt. Lother und die andern suchten ihn überall im ganzen Lande, aber er ward nirgends gefunden; da legte sich Rosemunde, Mallers Mutter, nieder, und starb vor großem Leid um ihren Sohn. Lother ritt wieder nach Rom. Drei Jahre gingen noch wohl darüber hin, und man konnte nichts von ihm erfahren. Da ward auch Lother krank, und wäre beinah vor Gram gestorben; er klagte und weinte ohne Unterlaß um ihn; und so oft jemand von Maller redete oder seinen Namen nannte, da mußte er immer wieder aufs neue weinen. Endlich ward er so krank, daß er zu Bette liegen mußte, und er ward ganz schwach von Sinnen. Da sagten die Ärzte: er müsse die große Klage zu führen aufhören. Lother ließ also in seinem ganzen Reiche den Befehl ergehen, niemand solle von Maller sprechen oder seinen Namen nennen; wer den Namen nennte, der müßte sterben. Da ward also Mallers vergessen, und sein Name nicht mehr gedacht. Nach drei Jahren, da war es gerade die Zeit, daß man die heilige Veronika in Rom vorzeigte, diese ward nur alle hundert Jahre einmal gezeigt. Nun gedachte Maller auch nach Rom zu gehen, um die heilige Veronika zu sehen. Er kam zu Rom an, und hatte einen langen Bart, sein Antlitz war bleich, und ohne Farbe oder Licht, denn er hatte in drei Jahren keine menschliche Speise zu sich genommen, und hatte kaum sein Leben erhalten. Er ging wie ein Pilger gekleidet, keiner seiner Freunde hätte ihn so erkannt. Er ging sogleich nach der St. Peterskirche, und sah Lother, seinen Gesellen, alle Tage vor sich hinein- und herausgehen. Da ging Maller einen Sonntag auf den Palast, wo Lother saß. Als dieser den Pilgrim sah, da bebte er zusammen, denn er erinnerte sich wie Maller ihm einmal gesagt hatte, er wollte noch einmal ein Pilgrim werden. Ach Maller, seufzte er bei sich selber, wüßte ich dich zu finden, ich wollte dich suchen von einem Ende der Welt bis zum andern. Maller hatte nichts von dem Verbote gehört, daß man vor dem Kaiser nicht seinen Namen nennen durfte, er ging also zu ihm, und bat ihn um Almosen um Gotteswillen, und auch um Eures Gesellen Mallers willen, wenn Ihr ihn je lieb gehabt. Bei diesem Namen da vergingen dem Kaiser die Sinne, sein Herz ward kalt, und so nahm er sein Messer, warf es nach dem Pilgrim, das Messer fuhr ihm tief in den Leib. O Lother, ich bin Maller, dein Geselle, den du erstochen hast, komm her zu mir, küsse mich, daß ich dir die Tat verzeihe.

Da sprang Lother hinzu, nahm den Pilger in seine Arme, und besah ihn von Kopf zu Fuß; da er ihn endlich erkannte, da fiel er in Ohnmacht neben ihm nieder; da er wieder zu sich kam, und den Jammer bedachte, den er angerichtet, da schrie er vor großem Schmerz, verfluchte sich und die Stunde in welcher er geboren, und wollte sich selber töten; Maller aber sammelte seine Kräfte, und hielt ihn ab. Herr, sagte er, mehrt nicht Eure Sünden, denkt an Gott; schreit auch nicht so sehr, daß man nicht gewahr wird, ich sei Maller, den Ihr getötet, denn wenn mein Vater es erfährt, und mein Bruder, so werden sie meinen Tod an Euch rächen wollen, welches Gott verhüten wolle. Gott und seine liebe Mutter wollen Euch verzeihen, ich verzeihe Euch von ganzem Herzen. Als er dies gesagt hatte, da sah er Lother an mit freundlichem Lächeln, und verschied in seinem Arm; seine Seele war so treuer Liebe voll, und ward in einem so bußfertigen Leben abgerufen, daß sicher ihm die ewige Seligkeit zuteil worden ist. Sein Körper ward von den Rittern in geweihter Erde bestattet; Lother aber verfiel in eine so große Krankheit, daß man glaubte, er würde nicht länger leben können. Endlich ward er doch so weit hergestellt, daß er wieder herauskonnte; er redete aber mit niemand mehr ein Wort, und war in tiefe Traurigkeit versenkt, woraus ihn nichts zu ziehen vermochte. Und als er einmal allein hinausgeritten war, und keine Begleitung mitnehmen wollte, da erwartete man vergebens seine Zurückkunft, er kam nicht wieder nach Rom. Als sein Sohn, Marphone, durch den kalabrischen Wald kam, da fand er ihn als Einsiedler in einer Klause am Walde, wo er auch bald darauf starb, in seines Sohnes Armen.

Hier endigt das Buch von Lother und Maller, den beiden treuen Gesellen.

Nachwort

Rittersinn, Zauberei und Liebe bilden den Inhalt und den Geist jener schönen alten Romane, welche den größten deutschen Dichtern der schwäbischen Zeit, und etwas später auch den italienischen den Stoff zu ihren herrlichen Ritterliedern gaben.

Die erfindungsreichsten und bedeutendsten unter diesen alten Romanen sind wohl überhaupt diejenigen, welche sich auf die Tafelrunde und den König Artus beziehen; und unter diesen ist wiederum nicht leicht einer wunderbarer und eigentümlicher, als der vom Zauberer Merlin.

Die gegenwärtige deutsche Bearbeitung dieser Dichtung ist aus den besten französischen Quellen auf der Pariser Bibliothek in den Jahren 1803 und 1804 gezogen worden.

Die Geschichte von Lother und Maller ist, einer Nachricht am Schlusse der Handschrift zufolge, von der Frau Margaretha, Gräfin von Wiedemont und Herzogin zu Lothringen, in welscher Sprache verfaßt, im Jahr Christi 1405. Ins Deutsche übersetzt aber ward sie von der Frau Elisabeth, Gräfin zu Nassau-Saarbrück, Tochter der vorgenannten Frau Margaretha und Herzogs Friedrich von Lothringen, im Jahr 1437 und aus dieser deutschen Handschrift ist die gegenwärtige Darstellung bearbeitet worden. Nach den Worten der Einleitung zu schließen, müßte die erste Verfasserin ein noch älteres lateinisches Original vor Augen gehabt haben.

Die Mitteilung der Handschrift, welche nicht viel jünger scheint, verdankte ich der Güte meines verehrungswürdigen Freundes, des Kanonikus Wallraff zu Köln; und ist diese deutsche Bearbeitung in jener Stadt in den Jahren 1804 und 1805 vollendet worden.

Außer dem Verdienste der Erfindung und manches Eigentümlichen in der Darstellungsart, war es vorzüglich das darin aufgestellte Bild der ritterlichen Freundschaft, was den Herausgeber bestimmte, diesen Roman der Vergessenheit zu entreißen; und nach diesem Gesichtspunkte ist auch der Auszug gemacht worden. Manche Fehden und Abenteuer, besonders gegen das Ende des Buchs, die von der Art sind, wie sie in allen Rittergeschichten vorkommen, hat man deshalb weggelassen; in der Katastrophe selbst ist einiges, was an sich nicht tadelnswert, für das sittliche Gefühl der jetzigen Zeit zu fremd war, gemildert und in den Hintergrund gestellt worden.

Inhalt

Zu dieser Ausgabe

insel taschenbuch 930
Friedrich Schlegel, Romantische Sagen
des Mittelalters

Der vorliegende Text folgt der Ausgabe: Friedrich Schlegel, Sämmtliche Werke. Siebenter Band: Romantische Sagen und Dichtungen des Mittelalters. Wien, Jakob Mayer und Compagnie 1823. Das Geleitwort schrieb Hermann Hesse für eine in den zwanziger Jahren geplante, aber nicht realisierte Ausgabe »Deutscher Geist 1750–1850«. Volker Michels hat den Editionsplan und den Text des Geleitwortes aus dem Nachlaß Hermann Hesses zugänglich gemacht und den Wortlaut der Schlegelschen Nacherzählung behutsam der heutigen Schreibweise angeglichen.

Umschlagabbildung: Moritz von Schwind, Der Ritt Kunos von Falkenstein. Öl auf Leinwand, 1843/44. Museum der bildenden Künste, Leipzig

Anthologien, Märchen, Sagen

Aladin und die Wunderlampe
Aus dem Arabischen von Enno Littmann. Mit Illustrationen einer französischen Ausgabe von 1865/66. it 199

Ali Baba und die vierzig Räuber
und die Geschichten von den nächtlichen Abenteuern des Kalifen aus 1001 Nacht. Aus dem Arabischen von Enno Littmann. Mit Illustrationen einer französischen Ausgabe von 1865/66. it 163

Allgemeines deutsches Reimlexikon
Herausgegeben von Peregrinus Syntax. Mit einer Gebrauchsanleitung von Hans Magnus Enzensberger. Zwei Bände. it 674

Alt-Prager Geschichten
Gesammelt von Peter Demetz. Mit Illustrationen von Hugo Steiner-Prag. it 613

Hans Christian Andersen. Märchen
Mit Illustrationen von Vilhelm-Pedersen und Lorenz Frølich. Aus dem Dänischen von Eva-Maria Bluhm. Drei Bände in Kassette. it 133
– Märchen meines Lebens. Eine Skizze.
Mit Porträts des Dichters. it 356
– Glückspeter
Mit Scherenschnitten von Alfred Thon. it 643

Das Anekdotenbuch
Mit zeitgenössischen Illustrationen. Herausgegeben von Willi Pumin. it 708

Giovanni Battista Basile. Das Pentameron
Das Märchen aller Märchen. Deutsch von Felix Liebknecht. Herausgegeben von Walter Boelich. it 345

Micha Josef bin Gorion. Born Judas
Altjüdische Legenden und Volkserzählungen. Aus dem Hebräischen von Rahel bin Gorion. Auswahl und Nachwort von Emanuel bin Gorion. it 529

Elisabeth Borchers. Das Adventbuch
it 449

Anthologien, Märchen, Sagen

Elisabeth Borchers/Louise Brierley. Der König der Tiere und seine Freunde
it 622

Clemens Brentano. Gockel, Hinkel und Gackeleia
Nach der Frankfurter Erstausgabe von 1838. Mit den Initialen und Lithographien von Caspar Braun nach Entwürfen von Clemens Brentano. it 47
– Italienische Märchen. Mit einem Nachwort von Maria Dessauer. it 695

Das Buch der Liebe
Gedichte und Lieder, ausgewählt von Elisabeth Borchers. it 82

Chinesische Volkserzählungen. Ausgewählt und mit einem Nachwort versehen von Kuan Yu-Chien. Mit Illustrationen von I-Ching Cheng. it 522

Die großen Detektive
Detektivgeschichten mit Auguste Dupin, Sherlock Holmes und Pater Brown. Herausgegeben und mit einem Nachwort von Werner Berthel. Mit Illustrationen von George Hutchinson. it 101
– Die großen Detektive II
Nick Carter, Nat Pinkerton, Sherlock Holmes, Percy Stuart. Herausgegeben von Werner Berthel. it 368

Deutsche Heldensagen
Nacherzählt von Gretel und Wolfgang Hecht. it 345

Deutsche Sagen
Herausgegeben von den Brüdern Grimm. Mit Illustrationen von Otto Ubbelohde. it 481

Günter Eich/Edda Köchl. Der 29. Februar
Ein Märchen von Günter Eich mit Bildern von Edda Köchl. it 616

Die Eisenbahn
Gedichte. Prosa. Bilder. Herausgegeben von Wolfgang Minaty. it 676

Erotische Geschichten aus den 1001 Nächten
Aus dem arab. Urtext übertragen und herausgegeben von Felix Tauer. it 704